Saliya Kahawatte

mit Nele-Marie Brüdgam

Mein Blind Date
mit dem Leben

BASTEI
LÜBBE
TASCHENBUCH

BASTEI LÜBBE TASCHENBUCH
Band 60841

Billing Block: Mein Blind Date mit dem Leben
STUDIOCANAL PRÄSENTIERT EINE ZIEGLER FILM PRODUKTION
IN KOPRODUKTION MIT SEVENPICTURES STUDIOCANAL FILM
MIT KOSTJA ULLMANN JACOB MATSCHENZ ANNA MARIA MÜHE
JOHANN VON BÜLOW ALEXANDER HELD MICHAEL A. GRIMM
KIDA KHODR RAMADAN NILAM FAROOQ SYLVANA KRAPPATSCH
CASTING STEFANY POHLMANN KAMERA BERNHARD JASPER SZENENBILD CHRISTIAN EISELE
KOSTÜMBILD RAMONA KLINIKOWSKI MASKENBILD CHARLOTTE CHANG KATHARINA DE MALOTKI
TONMEISTER FRANK HEIDBRINK SCHNITT CHARLES LADMIRAL
FILMMUSIK MICHAEL GELDREICH JEAN-CHRISTOPH "SCHOWI" RITTER
SOUND DESIGN ALEX SAAL MISCHUNG TSCHANGIS CHAHROKH
PRODUKTIONSLEITUNG ISMAEL FEICHTL POST-PRODUCTION SUPERVISOR THOMAS LÜDEMANN
HERSTELLUNGSLEITUNG HARTMUT KÖHLER PATRICK ZORER
KOPRODUZENTEN STEFAN GÄRTNER ISABEL HUND RODOLPHE BUET KALLE FRIZ
AUSFÜHRENDE PRODUZENTIN ANJA FÖRINGER
PRODUZENTINNEN TANJA ZIEGLER YOKO HIGUCHI-ZITZMANN
DREHBUCH OLIVER ZIEGENBALG RUTH THOMA
NACH DER GLEICHNAMIGEN BIOGRAFIE VON SALIYA KAHAWATTE MIT NELE BRÜDGAM
ERSCHIENEN IM EICHBORN VERLAG
GEDREHT AN ORIGINALMOTIVEN DES HOTELS BAYERISCHER HOF
REGIE MARC ROTHEMUND

STUDIOCANAL ZIEGLER ■ SevenPictures

DEUTSCHER FILMFÖRDERFONDS FFF Bayern medienboard FFA·· amazon Prime

© ZIEGLER FILM GMBH & CO. KG, SEVENPICTURES FILM GMBH, STUDIOCANAL FILM GMBH

MIX
Papier aus verantwortungsvollen Quellen
FSC www.fsc.org FSC® C083411

Dieser Titel ist auch als E-Book erschienen

Vollständige Taschenbuchausgabe
der bei Eichborn erschienenen Hardcoverausgabe

Copyright © 2017 by Bastei Lübbe AG, Köln
Umschlaggestaltung: Tanja Østlyngen
Titelmotiv: © STUDIOCANAL
Satz: hanseatenSatz-bremen, Bremen
Gesetzt aus der Dante MT-Regular / Bell Gothic
Druck und Verarbeitung: CPI books GmbH, Leck – Germany
Printed in Germany
ISBN 978-3-404-60841-6

2   4   5   3   1

Sie finden uns im Internet unter www.luebbe.de
Bitte beachten Sie auch: www.lesejury.de

FÜR MEINE MUTTER

INHALT

EINS

Heute. Klarheit

Mein Lieblingsweg führt an der Außenalster entlang. Ich gehe unheimlich gern spazieren, möglichst ein- bis zweimal pro Woche, meistens abends nach der Arbeit. Der Startpunkt ist für mich am Schwanenwik, direkt am Wasser, und der Wind sagt mir, wie die Alster gerade aussieht: spiegelglatt, ein bisschen wellig oder richtig aufgewühlt. Ich spaziere Richtung Norden, am Gästehaus des Hamburger Senats vorbei, wo immer ein Polizeiauto steht. Oft lassen die Polizisten die Standheizung laufen, ich erkenne das Auto am Dieselgeruch und am Geräusch. Wenn es Sommer ist und hell, bemerke ich den Wagen nur manchmal – aus einem bestimmten Blickwinkel und bei günstigem Licht. Als Nächstes kommen ein Ruderclub und eine Moschee, ein kleiner Park. Später geht es etwas bergab, danach ändert sich der Boden, da spüre ich Baumwurzeln. Wenn ich sehr viel Zeit habe, laufe ich noch bis zur großen Brücke, wo eine leichte Brise oft den Pommesgeruch eines Restaurants herüber weht. Dann kehre ich um und spaziere denselben Weg zurück.

Normalerweise erzähle ich so was nicht gern, weil die Leute schnell denken: Voll der Spinner! Fast blind, dazu noch gehbehindert – aber allein im Dunkeln an der Alster herumspazieren! Manche denken es nicht nur, sondern sagen es auch. Und wahrscheinlich machen sie dabei ein entsetztes Gesicht, aber das sehe ich zum Glück nicht.

Immer wieder höre ich auch den Ratschlag: »Sei vernünftig,

nimm wenigstens deinen Stock mit.« Wie soll ich darauf angemessen reagieren? Ich will nicht zynisch klingen, aber mir bleibt nichts anderes übrig, als zu fragen: »Welchen Stock meinst du denn? Den Blinden- oder den Gehstock?«

Mein Sehvermögen beträgt gerade mal fünf Prozent – in Umgebungen, die ich nicht kenne, brauche ich den Blindenstock tatsächlich. Außerdem sind meine beiden Hüften kaputt, das verdanke ich einer Chemotherapie. Rechts habe ich seit Langem ein künstliches Hüftgelenk, mittlerweile ist es so abgenutzt, dass die Prothese bald ausgetauscht werden muss. Das linke, noch nicht operierte Hüftgelenk ist ebenfalls stark angegriffen. Rein theoretisch wäre es also vernünftig, einen Gehstock zu benutzen. Aber in der Praxis ist es ein Unding, gleichzeitig mit zwei Stöcken zu hantieren. Selbst wenn ich es hinbekommen würde, wäre ein Spaziergang dann kein Genuss mehr. Deshalb verzichte ich auf beide Stöcke.

Bevor ich den Weg an der Alster das erste Mal allein gegangen bin, hat mich ein Freund begleitet. Dabei habe ich mir die verschiedenen Untergründe eingeprägt, sie sind verlässliche Anhaltspunkte: Asphalt, Platten, Schotter, festgetretener Sandboden, Gras. Gut für die Orientierung, wenn der Asphalt mal Wellen hat, gut, wenn sich kleine und große Gehwegplatten abwechseln. Das spüre ich unter meinen Füßen, ich höre es auch an meinen Tritten und den Tritten anderer Menschen. Außerdem orientiere ich mich an allem, was sonst noch zu hören, spüren, riechen ist: Stimmen, Wind in den Bäumen, Gläserklirren, Musik, Fahrradreifen, Motoren, Speisen, Pflanzendüfte … Für alle Fälle habe ich auch im Kopf, wie viele Schritte es von einem markanten Punkt bis zum nächsten sind.

Wenn ich so beschwingt vor mich hin spaziere, merken mir die anderen Passanten meine Sehbehinderung kaum an. Es ist schon vorgekommen, dass mich jemand nach dem Weg gefragt hat. Auch meine Gehbehinderung fällt nicht sofort auf – nicht mal mir selbst. Natürlich habe ich Schmerzen, aber wenn ich gut drauf bin, blende ich sie aus. Zudem sorge ich mit gezieltem Training im Fitnessstudio dafür, Muskeln aufzubauen, die die Gelenke entlasten.

Vielleicht bin ich wirklich manchmal ein Spinner. Aber das Spazierengehen und der Sport sind für mich keine Extravaganzen, sondern lebenserhaltende Maßnahmen. Ich brauche sie für die Balance. Damit meine ich: seelische Ausgeglichenheit, körperliche Ausgeglichenheit, das Gleichgewicht zwischen Körper und Seele. Nur wenn alles ausgewogen ist, kann man aufrecht durchs Leben gehen. Und da die Balance von Natur aus nicht zu meinen Gaben gehört, fördere ich sie, indem ich mich möglichst viel an der frischen Luft bewege und täglich Sport treibe. Einen Tag Krafttraining, einen Tag Ausdauertraining, immer im Wechsel, immer 45 Minuten. Bis vor einiger Zeit war ich sogar öfters mit einem Kumpel an der Alster joggen. Doch nach einem gefährlichen Sturz bin ich dazu übergegangen, meine Kondition auf dem Laufband oder im Schwimmbad zu trainieren. So viel Vernunft besitze ich dann doch.

Seitdem ich mich intensiv um meine Balance kümmere, komme ich sehr gut mit mir und meinem Leben klar. Dass ich offiziell zu hundert Prozent schwerbehindert bin, leugne ich nicht. Aber diese Behinderungen stehen mir nicht mehr im Weg – weder auf meinen Spaziergängen noch auf meinem Lebensweg. Ich bin mit mir selbst im Reinen, ich kenne meine Ziele, ich erreiche sie. Und ich stelle immer wieder fest, dass das gar nicht so schwierig ist. Eigentlich braucht man neben der Balance nur wenige Voraussetzungen zu erfüllen. Erstens: Lass dir deine Ziele nicht aufdrängen, sondern setze sie dir selbst. Zweitens: Vertraue auf deine Sinneswahrnehmung und nutze die Sinne, die dir zur Verfügung stehen, ganz intensiv. Drittens: Such dir qualifizierte, vertrauenswürdige Helfer. Viertens: Investiere Energie. Ich glaube, die Energie ist das Einfachste an der Sache. Der Mensch hat so viel Kraft. Schade, dass sie oft ungenutzt bleibt.

Meiner Erfahrung nach halten die allermeisten Leute das, was sie sich nicht vorstellen können, für unmöglich. Dadurch beschränken sie sich und andere in ihrem Denken, ihrem Handeln, sie lassen enorme Potenziale brachliegen. Und sie reagieren ungläubig oder verunsichert, wenn einer wie ich ihnen ein scheinbar unmögliches Leben vorlebt. Manche würden mich aufgrund meiner Behinderungen wohl am liebsten einfach nur bemitleiden. Es strengt sie an, sich auf Augenhöhe mit einem beruflich erfolgreichen und körperlich durchtrainierten Mann auseinanderzusetzen, der nebenbei ein paar Handicaps hat.

Als Unternehmensberater, Personal Coach und Trainer habe ich täglich viele Stunden mit Menschen zu tun. Alle meine Kunden wissen, dass ich fast blind bin, und kommen bestens damit klar. Sie denken sich: Der Kahawatte hat vielleicht ein Problem, aber es ist sein Problem, nicht unseres. Wir kaufen bei ihm Leistungen ein, er macht seinen Job. Die Kunden labern nicht lange herum, nehmen keine unnötige Rücksicht, sondern denken ergebnisorientiert, immer schön geradeaus. Das gefällt mir.

Vielen Kunden ist meine Sehbehinderung egal – andere sind sich bewusst, dass ich aufgrund des Handicaps besondere Fähigkeiten entwickelt habe, von denen sie profitieren. Ich verfüge nämlich über eine extrem feine auditive Wahrnehmung und erspüre Dinge, die Sehenden verborgen bleiben.

Oft heißt es ja, die Augen seien der Spiegel der Seele. Damit kann ich nichts anfangen, für mich schwingt die Seele in der Stimme mit. Wer versucht, mir mit seiner Stimme etwas vorzumachen, hat sich gründlich verkalkuliert. Angst, Freude, Lügen, Ehrlichkeit, Unsicherheit, Gefühlskälte, Warmherzigkeit, Ablehnung, Zuneigung und, und, und – höre ich alles sofort, auch wenn mein Gegenüber sich für noch so cool hält.

Kürzlich sagte ein anderer Unternehmensberater zu mir: »Weil du deine Umgebung auditiv wahrnimmst, speicherst du die Informationen auch anders ab, wertest sie anders aus und kommst zu anderen Ergebnissen. Das ist eine sehr wertvolle Befähigung. Ich finde, bei dir darf man nicht von Behinderung sprechen, sondern es ist eine Leistungswandlung.«

Wäre es nach all den Behindertenberatern und Fachbehörden gegangen, mit denen ich im Laufe meines Lebens zu tun hatte, würde ich heute in einem Beruf arbeiten, der überhaupt nicht zu mir passt. Zum Beispiel als Bürstenhersteller. Ich sollte eine »behindertengerechte Ausbildung« absolvieren, die mich wahrscheinlich geradewegs in eine Blindenwerkstatt geführt hätte. Für diese Aussichten erwartete man von mir auch noch Dankbarkeit, denn schließlich kosten sowohl Behindertenausbildungen als auch -werkstätten die Steuerzahler ein Vermögen.

Immer wieder wurde ich ermahnt: »Seien Sie realistisch! Hören Sie auf zu träumen.«

Ich blieb realistisch, auf meine Art. Ich war und bin der Meinung: Wenn ein gebildeter, vielfach befähigter und motivierter Mensch sich zeit seines Lebens auf Staatskosten langweilt, ist das eine persönliche und volkswirtschaftliche Katastrophe. Heute führe ich ein selbstständiges, selbstbestimmtes und volkswirtschaftlich sinnvolles Leben. Ich zahle Steuern, beschäftige Mitarbeiter in meiner Firma und langweile mich nie. Ganz im Gegenteil, mein Alltag ist ziemlich stressig: Zwölf-Stunden-Tage, selten freie Wochenenden. Ich leiste nichts Unmögliches, aber ich will mich auch nicht unterfordern. Jeden Tag habe ich Spaß an dem, was ich tue. Spaß ist fast so wichtig wie Balance. Bei uns im Büro wird hart gearbeitet, aber auch viel gelacht. Es ist ein junges Team. Fresh and funky.

Den angeblich gut gemeinten Tipp, mit dem Träumen aufzuhören, finde ich besonders fatal. Wohin soll das führen? Und wie soll das gehen? Gehirn ausschalten? Sich absichtlich eine Träumbehinderung zulegen? Mir reicht schon seh- und gehbehindert.

Meine Träume konnte ich verwirklichen. Auch diejenigen, die ich mich kaum zu träumen wagte. Zum Teil sind für mich sogar Träume wahr geworden, deren ich mir gar nicht bewusst war. Früher habe ich nie daran gedacht, mich als Unternehmensberater selbstständig zu machen. Heute sehe ich, dass es meine Berufung ist und dass der Wunsch wahrscheinlich lange in mir schlummerte.

Doch bis hierhin war es ein langer Weg. Ich hatte nicht nur Krisen, sondern erlebte echte persönliche Katastrophen. Restlos ausgezehrt, entwickelte ich furchtbare Ängste und lebensbedrohliche Verhaltensmuster. Ich fühlte mich wertlos. Statt nach Möglichkeiten zu suchen, neue Energie zu schöpfen, fügte ich mir selbst noch mehr Schaden zu. Mehrfach gab ich mich auf und sank so tief, wie ein Mensch nur sinken kann.

Ich musste viele Hürden überwinden. Manche hat mir das Schicksal gesetzt, und nicht wenige Hürden hatte ich mir selbst zuzuschreiben. Andere wurden von verständnislosen oder missgünstigen Zeitgenossen errichtet. Auch unser wirtschaftliches und soziales Gefüge ist nicht immer günstig für Menschen, deren Sinnesorgane nicht normgemäß funktionieren. So habe ich schon sehr früh gelernt: Wer kämpft, kann zwar verlieren. Aber wenn du gar nicht kämpfst, bist du verloren.

Eine meiner bedeutendsten Entscheidungen traf ich als 19-Jähriger beim Eintritt ins Berufsleben: Ich verheimlichte meine Sehschwäche gegenüber Arbeitgebern, Vorgesetzten und Kollegen. Fast fünfzehn Jahre lang spielte ich die Rolle eines Sehenden. Munter kletterte ich die Karriereleiter hinauf: vom Hotel-Azubi zum Kellner bis ins höhere Management. Meine Spezialfelder waren die Edel-Gastronomie und die Fünf-Sterne-Hotellerie. Niemals hätte ich diese Chancen bekommen und diese Leistungen erbringen können, wenn ich mein Handicap offenbart hätte.

Jahrelang lebte ich mit einer gigantischen Lüge, zog viele Leute gezielt über den Tisch. Zuerst ohne Skrupel, dann regte sich ein schlechtes Gewissen, aber auch daran gewöhnt sich der Mensch. Die Lüge brachte mir großen Gewinn ein und kostete mich einen hohen Preis: Irgendwann wurden die körperlichen und seelischen Belastungen so mächtig, dass ich unter ihnen zusammenbrach. Game over, no credits.

Nur allmählich rappelte ich mich wieder auf. Hatte alles seinen Sinn? Fast alles, glaube ich. Weil die Umwege, die ich gegangen bin, und die Untiefen, durch die ich waten musste, mich an einen Punkt führten, an dem ich endlich wusste: Hier bin ich richtig.

Seitdem ich den Augenfehler nicht mehr verheimliche, gehört die Frage »Was sehen Sie?« zu meinem Alltag. Sie zu beantworten finde ich schwierig, aber ich versuche es: In der Mitte meines Gesichtsfeldes – da, wo andere am schärfsten sehen – ist ein großer grauer Fleck. Rundherum nehme ich alles wie durch drei dicke Milchglasscheiben wahr, wie einen wabernden Brei. Farben kann ich nur schwer unterscheiden, ich sehe überwiegend Grau. Auch das dreidimensionale Sehen ist mir kaum möglich. Optisch lebe ich in einer kleinen, grauen, zweidimensionalen Welt. Bewegungen gehen mir meist durch die Lappen, je schneller, desto zuverlässiger. Gebäude kann ich als solche gelegentlich identifizieren. Und je nach Tagesform und Lichtstärke gelingt es mir, in dem Brei Details auszumachen – etwa große Buchstaben auf einem Plakat. Allerdings hatte ich kürzlich an einem Weg, den ich eigentlich gut kenne, eine schmerzhafte Begegnung mit einem Laternenmast. Summa summarum: Das allermeiste sehe ich nicht, und was man nicht wahrnimmt, kann man nicht beschreiben.

Deshalb verzichte ich auf die Gegenfrage, die sich mir aufdrängt: »Was hören Sie?« Ich weiß ja, dass andere weniger hören als ich, und würde gerne erfahren, was ihnen entgeht. Aber auf solche Fragen gibt es nur unbefriedigende Antworten. Vermutlich entspricht das, was Sehende an Informationsfülle und -dichte aufnehmen, ziemlich genau dem, was ich aufnehme. Viel Optik plus relativ wenig Akustik ergibt das Gleiche wie wenig Optik plus viel Akustik.

Ich will nichts beschönigen – und sage es mal mit aller Deutlichkeit: Seh- und gehbehindert zu sein ist für sich genommen ein ziemlich großer Scheiß. Darauf könnte ich gut verzichten. Andererseits nervt mich Gejammer auf hohem Niveau. Und ich habe zweifellos eine hohe Lebensqualität. Habe einen sehr interessanten Beruf, eine nette kleine Wohnung. Bei gesundheitlichen Problemen werde ich gut versorgt und niemand fragt nach meiner Kreditkarte wie in anderen Ländern. Als es mir einmal ganz schlecht ging, brauchte ich nicht betteln zu gehen, sondern bekam Hartz IV. Was für ein privilegiertes Dasein! Und mein Leben hat noch so viel mehr glückliche, wunderschöne Seiten, dass ich aus tiefster Überzeugung sagen kann: Ich bin ein reicher Mensch. Ich genieße jeden Tag.

1985. Alles verschwimmt

Bald ist das Schuljahr zu Ende. Neunte Klasse, Erdkunde. Ich halte ein Referat.

»Indonesien liegt in Südostasien auf der Höhe des Äquators. Das Land besteht aus über 17000 Inseln. Die größten sind Sumatra, Borneo, Java und Celebes. Und, äh …«

Ich bin zwar ein guter Auswendiglerner und eigentlich auch nicht sehr schüchtern, aber Vorträge vor großer Runde sind trotzdem nicht mein Ding. Für den Fall, dass ich vor Aufregung den Faden verliere, habe ich mir Notizen gemacht. Und ich fühle mich ziemlich aufgeregt. Nehme meinen Zettel in die Hand, hebe die Hand. Langsam, höher. Bis meine Nase fast das Papier berührt.

»Moment mal, äh, also … Die Haupt…, äh, die Hauptstadt heißt Jak… äh …Jakar… äh …«

Peinlicher Volltrottel! Natürlich weiß ich genau, dass Jakarta die Hauptstadt ist. Aber ich bin abgelenkt. Auf dem Zettel ist kaum etwas zu erkennen. Die Schrift erscheint schwach, die Buchstaben verschwimmen. Mit zitternden, schweißnassen Händen umklammere ich die Notizen, stottere weiter. Höre meine Mitschüler kichern und tuscheln. Sie halten die Stammelei für einen Spaß, eine Show-Einlage. Der Lehrer steht auf, unterbricht meinen Vortrag.

»Na, Saliya, kannst du die Schrift nicht entziffern? Jetzt hör mir mal zu: Wenn du dein Referat schon von deiner Mutter schreiben lässt, dann lies den Text wenigstens ein paar Mal durch, bevor du hier herumstammelst!«

Erstaunt starre ich ihn an, begreife nicht, was geschieht. Mittlerweile zittere und schwitze ich am ganzen Körper. Mit schwacher Stimme fahre ich fort.

»Du machst dich doch zum Kasper, langsam ist das nicht mehr komisch!« Mein Lehrer klingt wütend. Aber ich gebe nicht auf, quäle mich weiter durch den Text. Am Ende bekomme ich für das Referat eine Fünf. »Und eins verspreche ich dir: Nachher rufe ich deine Mutter an und rede ein ernstes Wort mit ihr!«

Schon einige Monate zuvor hatte ich zu meiner Mutter gesagt: »Ich glaub, ich kann nicht mehr so gut gucken.« Sie war mit mir zum Augenarzt gegangen, er hatte von einer Fehlstellung der Augen gesprochen und mir eine Brille verschrieben. Obwohl ich fand, dass sie mir nicht half, trug ich sie regelmäßig. Es wird schon alles seine Richtigkeit haben, glaubte ich damals.

Nach dem Referat wollte ich vor Scham im Boden versinken. Auch spürte ich eine unangenehme Vorahnung. Aber da mir beide Gefühle nicht behagten, wischte ich sie beiseite und sagte mir nur: Blöder Arzt, hat dir eine falsche Brille verschrieben. Musst du wohl noch mal hin. Wie lästig. Auch weil ich vor gar nicht langer Zeit zwei neue Interessen entwickelt hatte: Erstens war ich ein ehrgeiziger Läufer geworden, trainierte jeden Tag. Zweitens hatte ich nach langen Jahren als fauler Realschüler beschlossen, den Unterricht ernster zu nehmen und meinen Notendurchschnitt zu verbessern. Für beides hätte ich eine ordentliche Brille gut gebrauchen können.

Noch am Tag des Referats rief der Erdkundelehrer meine Mutter an. Sie erklärte ihm, dass sie mir bei der Vorbereitung geholfen hatte – aber die Notizen stammten von mir. Nach dem Telefonat wollte sie mich zur Rede stellen.

»Saliya, was war denn da los?«

»Ich konnte die Notizen nicht richtig lesen, trotz Brille.«

»Ja, aber der Lehrer meinte …«

»Außerdem war ich aufgeregt, ich rede nicht gern vor Leuten, das weißt du doch.«

»Schon, aber sag bitte mal ehrlich …«

»Ach, Mama, ist doch egal!«, unterbrach ich sie wieder. »Ich hab's einfach nicht hingekriegt, hab's vermasselt. Und jetzt lass mich in Ruhe, ich muss zum Sport.«

Sie ließ mich in Ruhe, was hätte sie sonst auch tun sollen? Ich war fünfzehn Jahre alt – keine unkomplizierte Phase für einen Jungen. Und für die Mutter des Jungen schon gar nicht.

In den folgenden Wochen konzentrierte ich mich auf die Bundesjugendspiele. Während des Trainings hatte ich Schwierigkeiten, auf meiner Digitaluhr die Zeiten abzulesen. Trotzdem verdrängte ich die Augensache und verwarf auch das Vorhaben, noch einmal zum Arzt zu gehen. Die ganze Angelegenheit passte nicht in mein Konzept, deshalb erklärte ich sie für inexistent. »What's now, what's next?« Nach diesem Motto lebte ich, und bis heute halte ich mich oft daran. Es ist der Moment, der zählt. Lebe jetzt!

Am Tag des Wettkampfs lief ich die tausend Meter in genau drei Minuten. Ein Riesenerfolg. Als ich die Ehrenurkunde der Schule entgegennahm, stand mein nächstes Ziel schon fest: die Zehn-Kilometer-Marke. Unbedingt wollte ich nun an größeren Straßenläufen teilnehmen.

Die folgenden Sommerferien verbrachten wir ausnahmsweise nicht in Sri Lanka, der Heimat meines Vaters. Sondern wir fuhren nach Südtirol, um dort zu wandern. Während einer Tour zeigte mein Vater auf einen gegenüberliegenden Berg. »Guck mal, wie die Gondel da drüben in die Seilbahnstation einfährt«, sagte er zu mir.

Ich starrte angestrengt in die Richtung, schaute irritiert meinen Vater an und fragte: »Wo denn?«

»Na, bist du blind? Genau da!«, meldete sich meine Schwester zu Wort und wies ebenfalls auf den Hang. Ich folgte ihrer Hand mit meinen Blicken. Weder die Station noch eine Gondel konnte ich entdecken. »Da ist nichts, nur ein grüner Berg«, entgegnete ich hilflos. Die ganze Familie verstummte.

»Saliya, hier stimmt etwas nicht«, meinte meine Mutter dann. »Wir müssen noch einmal zum Augenarzt, und zwar sofort. Wir brechen den Urlaub ab.«

Zuerst war ich schockiert, wollte protestieren. Aber schließlich dachte ich mir: Okay, was soll ich in Tirol, meinetwegen können wir nach Hause fahren. Dann kriege ich eine neue Brille und vielleicht Augentropfen oder so. Ich war kein Angsthase, kein Grübler oder Zweifler. Sondern ich hatte eine optimistische Grundhaltung: Wird schon alles! Anders meine Mutter: Sie bemühte sich, ruhig zu wirken, konnte ihre Besorgnis aber schlecht verbergen. Mein Vater zeigte sich eher unbeteiligt.

Die Untersuchungen beim Augenarzt kamen mir endlos vor. Ständig wurden mir Flüssigkeiten in die Augen getröpfelt, um meine Pupillen zu vergrößern. Danach sah ich viele Stunden lang alles noch verschwommener als in den vergangenen Wochen. Der erste Arzt gelangte zu keinem sicheren Ergebnis und schickte mich zu einem Kollegen. Die gleichen Prozeduren noch einmal von vorn, ich fand das alles sehr nervig. Deutliches Unbehagen verspürte ich erst, als Arzt Nummer zwei nach der letzten Untersuchung herumdruckste. Er schickte mich hinaus, wollte allein mit meiner Mutter sprechen. Unruhig wartete ich draußen, bis sie mich wieder zu sich riefen.

Kein Zweifel mehr, die Diagnose stand fest: akute Netzhautablösung. Innerhalb kurzer Zeit hatte ich achtzig Prozent meines Sehvermögens verloren. Die Experten fanden keine Erklärung für diese so plötzlich aufgetretene Erkrankung. Aber es war klar, dass sie in gewaltigen Schüben voranschritt.

»Und jetzt?« Verzweifelt schaute ich meine Mutter an.

»Ich weiß auch nicht … Wir sollen in eine Augenklinik gehen und dich operieren lassen …«

Der Arzt erklärte, dass mir nur eine Laserbehandlung helfen könnte. »Sonst siehst du bald gar nichts mehr.« Meiner Mutter und mir stockte der Atem. Wie gelähmt saßen wir da.

Ziiietsch – Wrotsch – Ziiietsch – Wrotsch … Als wir nach Hause fuhren, regnete es in Strömen. Das Geräusch der Scheibenwischer habe ich noch heute in den Ohren. Während der ganzen Fahrt schwiegen meine Mutter und ich. Uns schwirrte der Kopf vor lauter Fragen, aber wir fanden dafür keine Worte. Und die Antworten kannten wir erst recht nicht. Fest stand nur, dass sich von nun an alles ändern würde. Zum ersten Mal in meinem Leben hatte ich richtig Angst. Angst vor der Zukunft und vor der großen Ungewissheit, die meine Gegenwart erfüllte.

Das Wort »Laser« kannte ich bis dahin nur aus dem Kino: Ich hatte den Film *Krieg der Sterne* gesehen, in dem Luke Skywalker mit seinem Laserschwert so manchen Gegner besiegte. Aber unter einer Laserbehandlung konnte ich mir nichts vorstellen, solche Operationen waren damals etwas ganz Neues. Man verwies uns an eine Uni-Klinik, wo wir erfuhren: Die Behandlung barg die Chance, die Netzhautablösung teilweise rückgängig zu machen oder zumindest ihr Fortschreiten aufzuhalten. Andererseits bestand das Risiko, dass der Laser noch mehr Gewebe zerstören würde. Aber eigentlich hatte ich keine Wahl. Denn ohne Eingreifen wäre ich mit großer Wahrscheinlichkeit bald ganz erblindet. Hopp oder top! Meine Mutter versuchte es kurzzeitig auch noch bei einem Heilpraktiker. Er spritzte mir Gingko, sie bezahlte viel Geld. Das war völlig umsonst.

Ungefähr drei Wochen nach der Diagnose fand ich mich selbst in einem Science-Fiction-Film wieder. Eine Pupille wurde fixiert, mein Kopf kam in ein futuristisch aussehendes Gerät. Blaue Blitze schossen zischend auf mich zu. Ich war bei vollem Bewusstsein und spürte genau, wie die Strahlen mein Auge durchdrangen und mit Wucht in die Schädeldecke einschlugen. Anschließend hatte ich furchtbare Kopfschmerzen, tagelang dröhnte mir der Kopf. Es war wirklich eine Quälerei.

Die nächsten Tage musste ich zu Hause in einem abgedunkelten Zimmer verbringen. Heute finde ich so was toll, ich habe es gerne dunkel. Aber damals war ich ja noch ein Augenmensch, ich war noch im Guck-Modus. Einfach dasitzen, nicht lesen, nicht fernsehen, nicht lernen – entsetzlich! Außerdem, nächstes Problem: Ich durfte nicht laufen.

Als ich da in der Dunkelheit saß, beschlich mich ein neuer Gedanke: Vielleicht muss ich mich an das Dunkel gewöhnen, vielleicht ist das meine Zukunft. Aber wieder gelang es mir, die Verzweiflung wegzuwischen. Die Laserbehandlung wird schon alles richten, sprach ich mir Mut zu. Nur so konnte ich den Gedanken ertragen, mich noch einmal der Tortur zu unterziehen. Vier Wochen nach der ersten Operation war das zweite Auge dran.

Besser sehen konnte ich dadurch auch nicht, der Erfolg der Behandlungen war mäßig. Immerhin schienen sie das Fortschreiten der Netzhautablösung aufzuhalten, aber eine genaue Prognose wollten die Experten nicht abgeben. Mein Krankheitsbild war sehr selten. Und da es außer dem Lasern keine weiteren Therapiemöglichkeiten gab, war das Kapitel Saliya Kahawatte für die Augenärzte abgeschlossen.

Es waren trübe Perspektiven, in vielfacher Hinsicht. Aber ich zwang mich, klar zu denken. Du packst das, konzentriere dich auf die Schule und deinen Sport, redete ich mir ein.

In der Schule musste ich mich völlig neu organisieren. Früher hatte ich den Unterricht gern aus der hinteren Bank verfolgt. Jetzt wechselte ich in die erste Reihe, um wenigstens einigermaßen folgen zu können. Obwohl ich direkt vor der Tafel saß, erkannte ich nur selten, was der Lehrer schrieb, und musste es mir von meinen Banknachbarn vorlesen lassen. Natürlich halfen mir auch die Schulbücher kaum noch weiter. Oft konnte ich die Wörter nur mühsam mit einer Lupe entziffern.

Beim täglichen Lauftraining unterstützten mich meine Mutter und meine Schwester, sie kamen mit ins Stadion und sagten die Rundenzeiten an. Mein Hobby war gerettet. Ich definierte mich über den Sport, ich lernte für die Schule, alles andere war mir egal. Mit meinen Freunden traf ich mich kaum noch, und an Mädchen verschwendete ich keinen Gedanken. Wahrscheinlich tuschelten sie untereinander: »Der Sali hat einen Knall, er läuft nur noch wie ein Irrer!« Sollten sie doch reden.

Mein Ziel für den Sommer 1986 stand fest: Unbedingt wollte ich an einem Straßenlauf teilnehmen – und selbstverständlich gewinnen. Die Einheiten meines selbst entwickelten Trainingsplans arbeitete ich verbissen ab. Ein Trainer kam auf mich zu, er wollte mich unter seine Fittiche nehmen. Ich schlug das Angebot aus. Einen Menschen, der mir sagte, ob etwas gut oder schlecht sei, hielt ich für überflüssig.

Viele Jahre später sagte meine Mutter einmal zu mir: »Immer nur laufen, laufen, laufen … Du warst wie Forrest Gump.«

Sicher hatte sie recht, sicher rannte ich auch vor meinen Problemen weg. Vielleicht hätte ich sogar laufend den Kontinent durchquert wie Forrest Gump, wenn die Schule nicht gewesen wäre. Und wie bei ihm funktionierte die Bewältigungsmethode auch bei mir: Das Laufen machte mich zufrieden.

Bei meinem ersten Straßenlauf schaffte ich die 11,5 Kilometer in 42 Minuten. Damit war ich der Beste in meiner Altersklasse. In der Lokalzeitung kam ein kleiner Artikel über meinen Erfolg. Mann, war ich stolz, war ich glücklich.

Probleme? Ich doch nicht! Meinen Augenfehler blendete ich komplett aus.

ZWEI

Heute. Strukturen

Der Tag muss ruhig beginnen. Morgens gegen fünf Uhr werde ich wach, um Viertel nach fünf klingelt der Wecker, ich stehe auf und das Ritual beginnt. Mein Geist fühlt sich frisch und ausgeruht, aber der Körper ist noch schlapp und schläfrig. Deshalb trinke ich zuerst einen halben Liter lauwarmes Wasser. Wenn du dem Körper eine solche Menge Flüssigkeit zuführst, denkt er: Wow, was ist denn jetzt los? So viel Wasser auf einen Schlag! Und schon fährt der Stoffwechsel hoch. Dann koche ich eine Tasse Kaffee, setze mich ruhig hin, trinke den Kaffee. Anschließend wird geschnippelt und gekocht: Ich esse morgens neun verschiedene Gemüse. Alles gedünstet – ayurvedisch.

Viele Leute sind ganz aus dem Häuschen, wenn sie hören, dass ich mich ayurvedisch ernähre. Sie finden es faszinierend. Dabei ist es eine simple Angelegenheit, und das Zauberwort lautet: Disziplin.

Nach der Lehre des Ayurveda gibt es fünf Elemente: Raum, Luft, Wasser, Feuer, Erde. Und drei menschliche Grundcharaktere: Pitta, Vata, Kapha. Bei jedem Charakter dominieren bestimmte Elemente. Damit der Mensch innere Harmonie erlangt, ernährt er sich seinem Charakter entsprechend. Meinen Grundcharakter hat meine sri-lankische Oma festgestellt, als ich ein Kind war. Sie sah, dass ich sehr wach bin, sehr schnell, rastlos, energiegeladen, hitzig und humorvoll. Also ein Pitta-Typ. Ich habe viel Feuer in mir und relativ wenig Wasser – mir fehlt die Ausgewogenheit, die Balance des Wassers. Deshalb tut mir Gemüse gut, vor allem Kohl- und Wurzelgemüse. Stark zuckerhaltige und sehr saure Lebensmittel meide ich. Genauso wie rotes Fleisch, wobei die ayurvedische Küche sowieso überwiegend vegetarisch ist.

Wenn ich morgens mit dem Schnippeln und Dünsten fertig bin, decke ich den Tisch, rühre noch eine Quarkspeise mit etwas Rapsöl an, serviere mir dazu drei verschiedene Obstsorten und eine Portion Vollkornreis oder Schwarzbrot. Dann gehe ich ins Bad, mache mich frisch, und ab sechs Uhr frühstücke ich eine Stunde lang. Sitze gemütlich da, höre *NDR Info* und kaue gut gelaunt auf dem Gemüse herum. Um sieben Uhr stelle ich das Radio aus und genieße die Zeit der Stille. Dazu gehören ein brennendes Räucherstäbchen, Atemübungen und eine kurze Meditation.

Meiner Meinung nach wird um die Themen Atmen und Meditieren – genauso wie um die ayurvedische Ernährung – zu viel Hokuspokus getrieben. Großes Gerede, komplizierte Seminare … Wie wäre es, einfach damit anzufangen? Tief einatmen, die Luft anhalten, langsam ausatmen. Ganz simpel! Aber vielleicht habe ich auch gut reden, denn dank meiner vielen Aufenthalte im buddhistischen Sri Lanka wurde mir das Meditieren quasi in die Wiege gelegt. Trotzdem denke ich, dass es jeder recht schnell lernen kann. Fast jeder atmet zum Beispiel vor einer schwierigen Aufgabe automatisch tief durch. Das tut gut, denn wer ruhig atmet, wird insgesamt ruhiger, er entspannt sich. Und im entspannten Zustand werden schwere Gedanken plötzlich leicht, unangenehme Gefühle verflüchtigen sich, der Geist tankt Kraft. Das nennt man Meditation.

Meine Morgenmeditation dauert immer eine Räucherstäbchenlänge, also circa zwanzig Minuten. Danach verlasse ich das Haus.

Zu meinem Job gehört es, täglich mehrere Termine wahrzunehmen, mich ganz unterschiedlichen Persönlichkeiten und Fragestellungen zu widmen. Ich treffe mich mit Coaching-Klienten, gebe Seminare in Firmen, unterrichte an Bildungsinstituten, berate Gastronomen und Hotelmanager. Oder ich bin in meinem

Büro, analysiere Unternehmensdaten, erarbeite Konzepte, tausche mich mit meinen Mitarbeitern aus. Kein Arbeitstag gleicht dem anderen, und in keiner Arbeitsminute geht es um mich, sondern immer um die Kunden. Ich finde diesen Beruf super, er macht mich glücklich. Aber je mehr Wirbel im Arbeitsleben, desto wichtiger ist es, ein strukturiertes Privatleben zu haben. Es gelingt mir sogar, zwischen den Arbeitsphasen hin und wieder kurze Momente nur für mich allein zu genießen. Man kann beispielsweise wunderbar in der S-Bahn meditieren: aus dem Fenster schauen, den inneren Rechner herunterfahren, den Arbeitsspeicher löschen, dann alle Programme neu starten. Dafür reichen drei bis fünf Minuten.

Der Körper liebt Kontinuität, der Geist liebt Rituale.

Es gab einmal eine Zeit – ich hatte eine schwere Krise hinter mir und befand mich in therapeutischer Betreuung –, da begann ich, die Rituale meiner Kindheit und Jugend neu zu entdecken. Ich erinnerte mich an den ritualisierten Alltag der Buddhisten im ländlichen Sri Lanka, den ich schon als kleines Kind miterlebt und mitgelebt hatte. Auch wurde mir wieder bewusst, wie zufrieden mich das tägliche Lauftraining während meiner Jugend in Deutschland gemacht hatte. Da sagte ich mir: Sieh zu, dass du diese wertvollen Erfahrungen auf das Heute überträgst! Natürlich kann man in Deutschland nicht genauso leben, wie es der sri-lankischen Kultur entspricht. Wenn man Karriere machen will, kann man auch nicht jeden Tag viele Stunden trainieren oder mehrmals wöchentlich in einen Tempel gehen. Aber es ist möglich, solche Lebenselemente zumindest teilweise in den Alltag zu integrieren. Passe deine inneren Bedürfnisse dem äußeren Rahmen an. Und schaffe dir wiederkehrende Rituale, einen festen Tagesrhythmus.

Als ich mit einem Therapeuten darüber sprach, meinte er: »Sie wollen sich selbst Zwänge auferlegen? Vorsicht, es scheint mir, als würden Sie eine neue Suchtstruktur entwickeln.«

»Ach, nennen Sie es, wie Sie wollen«, entgegnete ich nur. Und tat, was ich für richtig hielt.

Denn ich hatte vorher meine Welt in alle Richtungen auge-
lotet, hatte alles ausprobiert bis ins Extrem. Und ich erkannte: Um
zu überleben, muss ich mir selbst Grenzen setzen. Disziplin und
Rituale helfen mir, meine innere Mitte zu finden – in mir selbst zu
ruhen, statt mich immer weiter von mir zu entfernen.

Der Erfolg trat schnell ein. Ich habe nicht nur überlebt, sondern
gewann enorme Stabilität. Mein Anspruch war immer, im Wettbewerb mit Sehenden bestehen zu können. Plötzlich stellte ich fest:
Ich bin im Vergleich zu den meisten Sehenden nicht nur ebenso
belastbar und leistungsfähig, oft schaffe ich sogar mehr als andere.
Und das, obwohl ich zusätzlich zu meinem Augenfehler gesund-
heitlich noch viele weitere Federn lassen musste. Mehr als einmal
habe ich von Freunden gehört: »Ich bin gesünder, aber du kriegst
viel mehr auf die Reihe. Mann, das nervt!«

Die von mir selbst geschaffenen Strukturen sind das Geländer
an der Treppe meines Lebens. Wenn ich das Geländer loslasse, ge-
rate ich ins Schlittern. Aber mittlerweile komme ich gar nicht
mehr auf die Idee, es loszulassen. Ich halte mich gern daran fest –
alles, was ich tue, macht mir Freude und tut mir gut.

Ein wichtiger Baustein meines Geländers sind die Mahlzeiten –
nicht nur morgens. Ich esse ziemlich genau alle vier Stunden, spä-
testens nach viereinhalb Stunden brennt die Lampe, dann muss ich
etwas zu mir nehmen. Ein typisches Mittagessen besteht zum Beispiel aus Hühnerfleisch und Gemüse, alles aus dem Wok, alles hot
and spicy, mit Curry, Ingwer und anderen asiatischen Gewürzen.
Ansonsten gibt es bei mir viel Schwarzbrot, Vollkornnudeln und
-reis, regelmäßig Fisch und immer wieder Gemüse. Ich trinke sehr
viel Wasser und grünen Tee. Insgesamt macht das rund 2500 Kalo-
rien am Tag – genau die richtige Menge, um leicht und beweglich
zu bleiben. So fühle ich mich wohl und belaste meine kaputten
Hüften nicht unnötig.

Für das tägliche Sporttraining habe ich keine festen Uhrzeiten,
da passe ich mich den beruflichen Gegebenheiten an. Manchmal
gehe ich morgens ins Fitnessstudio, manchmal mache ich es tags-

über zwischen zwei Terminen, manchmal abends nach der Arbeit. An 99,9 Prozent aller Tage freue mich darauf. Wenn ich in 0,1 Prozent der Fälle denke: Ich bin müde und es ist schon so spät … dann meldet sich sofort meine innere Stimme: »Sei doch froh. Jetzt kannst du deine bequeme Sportkleidung anziehen, kannst etwas für dich tun und ganz du selbst sein. Anschließend nimmst du eine schöne Dusche, dann gehen wir entspannt schlafen.« Und schon hat sie mich überzeugt, die innere Stimme. Ich habe mir angewöhnt, ihr gut zuzuhören. Manchmal unterhalten wir uns auch laut miteinander. Vor allem beim Spazieren, da haben wir reichlich Zeit nur für uns zwei – just the two of me. Wir stimmen uns miteinander ab, blicken gemeinsam zurück oder schmieden Pläne und finden sie kollektiv gut. Gelegentlich gibt es auch Meinungsverschiedenheiten, aber mittlerweile klären wir alles im friedlichen Dialog. Nicht mehr im Disput wie früher.

Abends komme ich meistens zwischen neun und zehn Uhr nach Hause. Ist der nächste Tag ein Bürotag, koche ich Mahlzeiten vor und fülle sie in kleine Behältnisse zum Mitnehmen. Oft setze ich mich danach in den Sessel oder bügle ein paar Hemden und bin einfach zufrieden. Alles ohne Licht, ohne Musik, ich habe es gern dunkel und ruhig. Um kurz vor elf Uhr meditiere ich noch einmal, dann lege ich mich schlafen. Ich atme den Tag aus und bin sofort weg.

Immer mal wieder habe ich mit Leuten zu tun, die versuchen, meinen Rhythmus zu stören. Von solchen Menschen verabschiede ich mich ganz schnell. Ich bin nicht dogmatisch, echte Freunde dürfen mich selbstverständlich mitten in der Nacht aus dem Schlaf klingeln, wenn sie Hilfe brauchen. Bei Geschäftsessen springe ich nicht um zweiundzwanzig Uhr vom Tisch auf, um pünktlich ins Bett zu kommen. Auch auf beruflichen Reisen ist der Tagesrhythmus ein anderer. Das sind Ausnahmen – völlig okay. Aber ein Kumpel, der gern feiert und ständig sagt: »Trink doch was mit«, ist nicht mehr lange mein Kumpel. Und eine Partnerin, der jeden Abend pünktlich um elf Uhr einfällt: »Schatz, ich muss dir noch etwas erzählen, stell dir vor, was heute passiert ist …«, bekommt irgendwann zur

Antwort: »Ich schlafe jetzt.« Das muss sie akzeptieren. Sonst haben wir ein Problem.

Hart? Ja, manchmal kann ich ziemlich hart sein – aus triftigem Grund: Ich weiß, was gut für mich ist, was mir Kraft gibt. Und wer mir Kraft raubt, den möchte ich nicht in meiner Nähe haben.

Der feste Tagesrythmus gibt mir Halt, in der asiatisch-buddhistischen Kultur sind meine Wurzeln. Ohne Halt, ohne Wurzeln bin ich ein Niemand.

1969 bis 1985. Drauflosgelebt

Als ich aufwache, herrscht draußen tiefe Dunkelheit. Stille erfüllt den tropischen Wald, auch im Haus ist es noch ruhig. Nur aus der Küche höre ich Geräusche – das ist bestimmt Großmutter. Sie steht immer als Erste auf, kocht Tee und Reis zum Frühstück. Die »Dschungeloma«, wie meine Schwester Seetha und ich sie nennen.

Es ist Sommer, kurz nach vier Uhr morgens im Hochland von Sri Lanka. Ich bin sechs Jahre alt und zum ersten Mal zu Besuch bei der Großfamilie meines Vaters.

Barfuß tappe ich die Treppe hinunter. Oma hat schon Holz und Wasser geholt, mit viel Geschick schichtet sie das Holz auf, entzündet die offene Feuerstelle. Nachher, wenn es hell wird, darf ich mich wieder am Brunnen hinter dem Haus waschen.

Das Haus ist umgeben von riesigen, sattgrünen Bäumen. Hinter dem Anwesen führt ein langer Trampelpfad in den Urwald und endet in einer Lichtung. Dort liegen die Reisfelder unserer Familie.

Tagsüber spielen Seetha und ich mit den Dorfkindern im Dschungel oder im Matsch der Reisfelder. Wir fangen Frösche und kleine Schlangen, beobachten Insekten. Oder wir reiten auf Arbeitselefanten johlend durchs Dickicht. Abends machen wir Lagerfeuer, rösten Affenbrot darin. Aber warum dürfen manche Kinder nicht mit uns spielen? Als ich meinen Vater danach frage, wird er wütend. »Sei nicht so dumm! Die sind doch zum Arbeiten hier.« Ich habe keine Ahnung, was er meint.

Bevor wir schlafen gehen, führt Oma uns zu dem kleinen Schrein am Rande des Hofs. Wir füllen Palmöl in ein Lämpchen, zünden es an. Daneben legen wir etwas Reis und eine Banane. »Opfer« nennt Oma diese Gaben. Am nächsten Morgen sind die Lebensmittel immer weg.

Zweimal in der Woche nimmt die Dschungeloma uns mit zum Buddha-Tempel am Rande des Dorfs. Wie wir diesen Ort lieben! So ruhig, so geheimnisvoll ist es da. Wir dürfen Räucherstäbchen anstecken, sie duften herrlich. Dann setzt Oma sich auf den Boden und ist ganz still. Seetha und ich setzen uns neben sie, träumen vor uns hin.

Alles ist paradiesisch. Urlaub auf dem schönsten und größten Abenteuerspielplatz der Welt. Wir möchten gar nicht wieder zurück ins viel zu kalte Deutschland.

Geboren wurde ich am 6. Dezember 1969 in der sächsischen Kleinstadt Freiberg. Mein Vater war als Austauschstudent in die DDR gekommen, er studierte Physik an der Freiberger Universität. Als meine Mutter sich 1968 an derselben Hochschule für das Fach Betriebswirtschaft einschrieb, lernten sich die beiden kennen und lieben. Sie war damals 18, er 31 Jahre alt. Kurz darauf wurde meine Mutter schwanger und meine Eltern heirateten.

Für meine Namensgebung fühlte sich mein Vater zuständig, er taufte mich nach einem sehr tapferen und mildtätigen Kronprinzen aus einer uralten Sage. Der Überlieferung nach war Prinz Saliya der erstgeborene Sohn des Königs Dutthugamani, der vor über zweitausend Jahren auf Sri Lanka lebte. Innerhalb kurzer Zeit einte der Monarch alle Stämme der Insel und gründete die mächtigste Dynastie, die je auf dem Tropeneiland herrschte. Nach Dutthugamanis Tod führte sein Sohn dieses Erbe fort. König Saliyas soziales Engagement – insbesondere für die schwächsten Mitglieder des Inselvolkes – wurde Teil der Landeschronik. Noch heute gehören die edlen Taten des Saliya zu den Mythen, die jedes Kind auf Sri Lanka kennt.

Nur fünfzehn Monate nach mir kam meine Schwester zur Welt. Sie erhielt den schönen sri-lankischen Namen Seetha.

Mein Vater war ein extrem stolzer Mann. Er und seine elf Geschwister waren auf traditionelle, fast schon archaische Art erzogen worden. Auch hatte mein Vater eine Ausbildung zum Tempeltänzer absolviert. In seiner Familie ging es sehr patriarchalisch und buddhistisch zu. Schon früh ließ er mich wissen, was es mit meinem Namen auf sich hat. Er erzählte mir die Geschichte des heldenhaften Königssohnes und klärte mich auch über die Familie Kahawatte auf. Im wörtlichen Sinne bedeutet Kahawatte »Gelber Garten« – eine Umschreibung der Gewürzgärten, aus deren Früchten das Currypulver hergestellt wird. Viel wichtiger aber war meinem Vater, dass wir einem alten, mächtigen und wohlhabenden Geschlecht entstammen: Die Kahawattes gehören der Königskaste des sri-lankischen Hochlandes an. Somit war schon in meinem Vor- und Nachnamen festgeschrieben, was von mir erwartet wurde, wie ich zu denken und mich zu verhalten hatte.

Nach dem Abschluss ihres Studiums beschlossen meine Eltern, die DDR zu verlassen. Am 20. März 1973 stiegen wir zu viert ins Flugzeug – meine Eltern hatten uns das Recht erkämpft, in die Heimat meines Vaters zu übersiedeln. In Athen stiegen wir um nach Kairo, laut unserem offiziell genehmigten Reiseplan sollte es von dort aus Richtung Colombo weitergehen. Aber die Tickets nach Asien ließen meine Eltern verfallen, das tatsächliche Ziel unserer Reise sollte die Bundesrepublik Deutschland sein. Es war eine abenteuerliche Flucht. Später sprach unsere Mutter oft davon, wie sie mit uns zwei kleinen Kindern zweiundzwanzig Stunden in einer Toilettenkabine auf dem Kairoer Flughafen verbracht hatte, während unser Vater alles Weitere in die Wege leitete. Gegen ein sattes Bestechungsgeld wurden wir schließlich von zwei ägyptischen Zollbeamten in Holzkisten aus dem Flughafen geschmuggelt. Eine gute Woche später landeten wir im Westen und kamen in einem Flüchtlingslager nahe Gießen unter. Nach einer kurzen Zwischenstation im Harz bezogen wir 1974 unser neues Zuhause in Lotte, einem Dorf nahe Osnabrück. Meine Eltern hatten dort Arbeit als Lehrer in einem Internatsgymnasium gefunden.

In Lotte ging es beschaulich zu, sehr bäuerlich und friedlich – es war eine heile Bilderbuchwelt und eigentlich ein perfekter Ort für eine Familie mit Kleinkindern. Aber anfangs hatten wir es nicht immer leicht, die Nachbarn beäugten uns skeptisch. Kein Wunder, denke ich heute. Wir waren die ersten und einzigen Ausländer im Dorf, eine aufsehenerregende Familie: die sehr junge, blonde deutsche Mutter, der deutlich ältere, asiatische, dunkelhäutige Vater und zwei kleine, farbige Kinder. Alle zusammen kamen wir da an mit nichts weiter als ein paar Plastiktüten in den Händen. Untereinander redeten wir ein Mischmasch aus Deutsch und Englisch – unser Vater sprach nur selten Singhalesisch mit uns, er bevorzugte Englisch, die Sprache der Oberschicht in seiner Heimat. Auch die überhebliche Art meines Vaters muss einen seltsamen Eindruck auf die Dorfbewohner gemacht haben. Ständig strahlte er aus, dass er sich für jemand sehr Wichtigen hielt. Königskaste eben! Die Leute haben ganz schön getuschelt. Als dann allen klar war, dass wir ihnen nichts Böses wollten, sondern dass meine Eltern in der Schule arbeiteten, legte sich die Aufregung ein bisschen. Die Internatslehrer genossen in Lotte ein gutes Ansehen – also wurde angenommen, dass auch meine Eltern ordentliche Leute waren, obwohl sie so ungewöhnlich wirkten.

Meine geliebte Schwester Seetha und ich haben wunderbar zusammen gespielt und sind bald auch gemeinsam durch die Gegend gestromert, in der ersten Zeit immer zu zweit, nie zusammen mit anderen Kindern. Denn im Kindergarten wurden wir anfangs gemieden und gehänselt. Das tat weh, aber irgendwie schafften wir es, die Verletzungen klaglos wegzustecken – wohl auch, weil Seetha und ich fast gleichaltrig waren, wir konnten uns gegenseitig stützen. Trotzdem wünschte ich mir natürlich, auch mal mit anderen Jungen zu spielen. Ich wurde immer stiller und trauriger, bis meine Mutter irgendwann zu mir sagte: »Weißt du was? Jetzt gehst du einfach auf den Bauernhof da drüben und fragst die Kinder, ob sie mit dir spielen.« Ich nahm meinen ganzen Mut zusammen und stiefelte los. So schloss ich Freundschaft mit dem Bauernjungen Jörg. Ist ja klar: Kinder gucken erst mal ein bisschen komisch, wenn ihnen jemand fremd erscheint. Sie reden vielleicht auch gehässig über den Fremden, dabei plappern sie aber nur nach, was sie von Erwachsenen hören. Niemand wird mit Vorurteilen geboren. Und wenn sich herausstellt, dass man prima mit dem Fremden spielen kann, ist die Distanz schnell überwunden.

Da meine Mutter so klug war, Seetha und mich im Turnverein und später bei den Pfadfindern anzumelden, fanden wir im Laufe der Jahre immer mehr Freunde. Wir führten fast das gleiche Leben wie die anderen Kinder. Aber nur fast.

Ab 1976 reisten wir beinah jeden Sommer nach Sri Lanka zur »Dschungeloma«, auf deren Anwesen mein Vater aufgewachsen war. Da sich die Kahawattes eifrig vermehrt hatten und die weitläufigen Ländereien traditionsgemäß unter den Söhnen aufgeteilt wurden, war der Reichtum der Familie in meiner Kindheit nicht mehr so groß wie zu früheren Zeiten. Trotzdem herrschte bei uns Wohlstand, und kein Kahawatte musste auf den Feldern ackern oder sich mit Hausarbeit herumplagen. Meine Großmutter war die Küchenchefin, sie ließ es sich nicht nehmen, selbst mit Hand anzulegen. Ansonsten waren für körperliche Arbeiten die Angestellten zuständig – oder eigentlich: die Leibeigenen, darunter viele Kinder.

Es war üblich, dass mittellose Dorfbewohner, die niederen Kasten angehörten, ihre Kinder an Grundbesitzer verkauften. Wenn mein Vater morgens aufstand, klatschte er in die Hände und schrie: »Tea, please!« – schon kamen die Kinder herbeigelaufen und bedienten ihn. Danach wurden sie aufs Feld geschickt, wo sie schufteten. Sie schliefen in einer Hütte mit den Hunden und durften keine Schule besuchen.

Als meiner Mutter bei unserer ersten Sri-Lanka-Reise klar wurde, was da mit den Kindern lief, traute sie sich tatsächlich, die Situation offen zu hinterfragen. Eine unglaubliche Frechheit aus der Sicht meines Vaters. Es gab einen Riesenzoff. Und die Sache sprach sich schnell herum, die anderen Kahawattes beschimpften meinen Vater: »Wie kommst du auch auf die Idee, hier eine weiße

Frau anzuschleppen? Sie weiß ja nicht mal die einfachsten Dinge!«
Danach haben meine Eltern sechs Wochen lang nicht miteinander
geredet.

Wenn ich heute davon spreche, wie sehr ich die sri-lankische Kultur schätze und wie viel ich ihr zu verdanken habe, müsste ich im
Prinzip immer gleich anfügen: »Aber es gab auch viel Ungerechtig-
keit und Dummheit.« Mein Vater und die anderen sri-lankischen
Familienmitglieder machten sich keinerlei Gedanken über die ar-
beitenden Kinder. Barmherzigkeit und Gerechtigkeit müssen für
sie Fremdwörter gewesen sein. Für sie zählte nur die Tradition.

Selbstverständlich hätte es viele Möglichkeiten gegeben, die
mittellosen Familien zu unterstützen, ohne deren Kinder aus-
zubeuten. Obwohl die Kahawattes nicht steinreich waren, hätten
sie die Feldarbeit auf ethisch vertretbare Weise organisieren können und trotzdem selbst keinen Finger krumm machen müssen.
Wobei sich die Frage stellt, was denn so schlimm daran sein soll,
wenn gesunde Erwachsene auf ihren eigenen Feldern arbeiten.

Unser Clan pflegte wirklich eine äußerst altertümliche Weltan-
schauung. Je öfter ich darüber nachdenke, desto mehr gelange ich
zu der Überzeugung, dass die Rückständigkeit der Familie eine der
Ursachen für ihren späteren Niedergang war.

Mag sein, dass es heute noch vereinzelte Fälle von Kinderskla-
verei in Sri Lanka gibt. Aber die sri-lankischen Familien, mit denen
ich befreundet bin, kämen nicht mal auf die Idee, ein Kind auszu-
beuten. Andernfalls wären wir die längste Zeit Freunde gewesen.

Manchmal bekomme ich ein schlechtes Gewissen, wenn ich
daran denke, dass ich die unmenschlichen Verhältnisse auf unserem Anwesen früher einfach so hingenommen habe. Aber was
hätte ich tun sollen? Mein Vater impfte mir ein, die Arbeitskinder
nicht von ihren Aufgaben abzuhalten. Ich fand das seltsam, aber
was der Vater sagte, war Gesetz. Und in meiner kindlichen Wahrnehmung überdeckten die Großartigkeit und der Zauber des Urwalds die unangenehmen Aspekte bei Weitem.

Meine Oma und ich gingen oft zusammen Gewürze, Kräuter und Wurzeln sammeln. Gelegentlich durfte ich bis in die Spitze der hohen Muskatnussbäume klettern, um die begehrten Früchte zu pflücken, die nur ganz oben wuchsen. Während unserer Dschungel-Erkundungen erklärte Oma mir alle Pflanzen und ihre Wirkung. Auch die Lehre von den fünf Elementen, die allem Essbaren innewohnen, brachte sie mir schon in früher Kindheit nahe. Obwohl ich nicht genau verstand, was sie meinte, hörte ich andächtig zu. Da ihrer Meinung nach in mir das Element des Feuers überwog, durfte ich zum Beispiel keine Ananas essen. »Diese Frucht hat viel Säure, und Säure ist Feuer«, erklärte sie mir. »Wir dürfen deinen jungen Körper nicht überhitzen.« Wenn ich Lust auf etwas Süßes hatte, gab Oma mir zerkleinerte Zuckerrohrstangen. Sie schmeckten mir nicht besonders. Heimlich fütterte ich damit die Elefanten.

Ihrer seltsamen Lehre entsprechend, entschied meine Großmutter jeden Tag aufs Neue, welche Nahrungsmittel in welcher Kombination auf den Tisch kommen sollten. Was weder im Garten wuchs noch im Wald zu ernten war, besorgte sie auf dem Dorfmarkt. Selbst unsere Hausziege erhielt, als sie Nachwuchs bekam, besondere Blätter von einem Baum in unserem Garten. Oma meinte, die Blätter förderten die Gesundheit der Mutter-Ziege und steigerten somit auch die Qualität ihrer Milch.

Es war nicht nur das geheimnisvolle Wissen meiner Großmutter, das mich an ihr so sehr faszinierte. Durch sie lernte ich auch den Wert der Kontinuität schätzen. Jeder Tag glich bei ihr dem anderen. Stets stand sie um vier Uhr auf, betete und aß immer zu denselben Uhrzeiten, erledigte beharrlich eins nach dem anderen, ging abends um neun Uhr schlafen. Sie überließ nichts dem Zufall. Und wirkte dabei zufriedener als alle anderen Menschen, die ich kannte.

In Lotte, wenn alle Kinder nach den Schulferien aufgeregt ihre Erlebnisse schilderten, sprudelte es auch aus Seetha und mir heraus. Doch mit unseren Erzählungen konnten viele Klassenkameraden wenig anfangen. Dschungel? Elefantenritte? Manche hielten das für Angebereien oder Lügenmärchen. Deshalb gingen meine Schwester und ich dazu über, unsere Erlebnisse zu verschweigen. Der Reichtum unserer Kindheit blieb somit unser Geheimnis.

Ja, es war eine reiche, schöne und bunte Kindheit. Aber auch eine tieftraurige. Und das hatten wir unserem Vater zu verdanken, dessen Stolz und Standesbewusstsein sich immer mehr in Herrschsucht und Grausamkeit verwandelten. Seine Spezialität war es, mich vor anderen Leuten bloßzustellen. Ein prägendes Erlebnis hatte ich im Alter von fünf Jahren. Ich erinnere mich haargenau: Er gab mir ein kaputtes Radio, ich sollte es reparieren. Mit fünf! Verzweifelt werkelte ich an dem Apparat herum – natürlich ohne Ergebnis. Da beschimpfte mein Vater mich auf derbste Weise: »Bist du etwa zu blöd? Mein Sohn weiß nicht mal, wie ein Radio funktioniert.« Dann schlug er mich und brüllte: »Vollidiot! Kannst das nicht!« Und das vor Gästen. Bis heute löst der Satz »Du kannst das nicht« eine Wahnsinnswut in mir aus.

Über viele Jahre habe ich immer wieder Prügel bezogen und unter seelischem Terror gelitten, darüber hinaus kümmerte sich mein Vater kaum um mich. Umso mehr Zuwendung erfuhr ich durch meine Mutter, sie ist voller Liebe, Wärme, Güte und sehr musisch veranlagt. Sie hat mit mir gekuschelt, mir aufmerksam zugehört und Geschichten erzählt. Als großer Fan der klassischen Literatur zitierte sie Goethe und Schiller, sie versorgte mich mit Büchern, erzog mich zur Leseratte. Überhaupt habe ich von ihr gelernt, das Schöne in der Welt zu erkennen und wertzuschätzen.

Meine Mutter gab sich alle Mühe, mich vor den Gewaltausbrüchen meines Vaters zu beschützen. Aber oft begegnete er auch ihr voller Hass, behandelte sie auf entwürdigende Weise. Unter seiner Knute wurde die feinsinnige Frau verzweifelt und krank. Nur die kleine Seetha blieb vom Despotismus unseres Vaters verschont, sie war sein geliebtes Prinzesschen.

Verwandte und Freunde trauten sich nicht, den »König Kahawatte« zu kritisieren. Erstens respektierten sie ihn als unantastbares Oberhaupt seiner Kleinfamilie. Zweitens hatten sie wahrscheinlich Angst vor ihm. Und drittens zollten sie ihm Bewunderung. Auch ich sah zu ihm auf, trotz aller Abneigung. Mein Vater war hochintelligent, hatte im Schnelldurchlauf Deutsch gelernt, Physik studiert und mal eben eine Promotion obendrauf gelegt. Ein echtes Superhirn. Sein Job als Lehrer füllte ihn nicht aus, immer war er unterwegs, machte hier und dort Geschäfte – wobei nicht darüber gesprochen wurde, um welche Art von Geschäften es sich konkret handelte. Jedenfalls war stets reichlich Geld vorhanden. 1980, nur sieben Jahre nach unserer Flucht in den Westen, bezogen wir ein Eigenheim in einem Neubaugebiet. Es war ein schönes Zweifamilienhaus mit großem Garten.

Außerdem bezirzte mein Vater alle mit seiner einnehmenden Art. Wenn er wollte, sprühte er nur so vor Charme. Am meisten Spaß hatte er daran auf Festen, vor großem Publikum. Er konnte hinreißend singen, war ein großartiger Tänzer und Unterhalter.

Bei den Kahawattes wurde viel gefeiert: Geburtstage, Hochzeiten, Hochzeitsjubiläen, buddhistische Festtage, Diplome, Geschäftsabschlüsse – immer gab es Anlass für eine Party. Und wenn nicht, suchten wir uns einen: das Leben, die Freundschaft, die Familie, die Ferien … Zwar war der ganze Clan über alle Welt verstreut, viele Männer hatten wie mein Vater schon früh das Land verlassen, die anderen wanderten wenn irgend möglich wegen des Bürgerkriegs ab Anfang der Achtzigerjahre aus. Aber das war noch lange kein Grund, nicht regelmäßig zusammenzukommen. Wir alle liebten es, zu verreisen. Und meine Eltern hatten als Lehrer reichlich Zeit zum Reisen. Die großen Ferien waren für unsere Sri-Lanka-Aufenthalte reserviert, in den anderen Urlauben flogen wir nach London, Athen, Paris, Barcelona, Rom oder Kopenhagen. Nach Washington, Moskau, Abu Dhabi … Überall gab es Mitglieder der Kahawatte-Sippe oder befreundete singhalesische Familien. Solange ich sehen konnte, habe ich wirklich viel von der Welt gesehen. Dafür bin ich meinen Eltern sehr dankbar.

Unterwegs wohnten wir in der Regel bei unseren Verwandten und Bekannten. Die meisten von ihnen hatten es weit gebracht –

viele waren Ärzte, manche arbeiteten als Diplomaten, in Organisationen wie der UNO oder der Weltbank, oder sie hatten verantwortliche Positionen in Wirtschaftsunternehmen. In ihren Wohnungen und Häusern war reichlich Platz für Gäste. Ansonsten stiegen wir in noblen Hotels ab.

Auf Reisen war mein Vater immer der Finanzbeauftragte, gern lud er ein zu großen Essen in teuren Restaurants. Meine Mutter leitete das Kulturprogramm. Waren wir in Paris, nahm sie uns Kinder mit ins Centre Pompidou, in den Louvre und das Musée d'Orsay. Wir besuchten die Uffizien in Florenz, den Vatikan, die Mailänder Scala, die Royal Opera in London. Ich fand das extrem aufregend und konnte gar nicht genug davon bekommen. Andererseits freute ich mich, wenn wir nach unseren Kulturausflügen wieder mit den anderen Singhalesen zusammenkamen. Genauso sehr wie die Abenteuer liebte ich das Vertraute. Und in den sri-lankischen Communities ging es überall auf der Welt ähnlich zu: Alle aßen das Gleiche, hatten die gleichen Buddha-Figuren zu Hause, die gleichen Gesprächsthemen. Die vielen Kinder kamen wunderbar miteinander aus, wir waren alle gleich konditioniert: Wenn Erwachsene sich unterhielten, redete man nicht dazwischen. Herumkrakeelt wurde schon gar nicht. Zum Spielen zog man sich zurück, nachdem man um Erlaubnis gebeten hatte. Und so weiter. Dabei ging es nicht um Unterwürfigkeit, sondern um gegenseitigen Respekt zwischen den Generationen. Alles war übersichtlich und verständlich. Heute vermisse ich das manchmal.

Die tiefsten und wichtigsten Eindrücke meiner Kindheit habe ich allerdings direkt auf Sri Lanka gesammelt, und dort insbesondere während unserer »Pilgrims«. Insgesamt viermal unternahmen wir solche Pilgerreisen zu den wichtigsten buddhistischen Stätten des Landes. Immer mit zig Mitgliedern des Kahawatte-Clans in mehreren Bussen. Jeweils zehn Tage lang ging es auf holprigen Pisten kreuz und quer durch den Dschungel. Wir besuchten historische Tempel, Gärten, Höhlen, Schreine und Ruinen, wir sahen gigantische Buddha-Statuen und den Tempel von Kandy, in dem ein

Zahn des Buddha verwahrt wird. In den Achtzigerjahren hat die UNESCO viele dieser heiligen Stätten zum Weltkulturerbe erklärt.

Wenn wir an einer Pilgerstätte ankamen, ging meine Oma immer vorneweg, rief »Sadu, sadu, sadu!«, was so viel wie »Halleluja« bedeutet, dann folgte ihr der ganze Clan. Wir entzündeten Räucherstäbchen, opferten Lotusblüten, warfen uns zu Boden – alles verlief nach festen Ritualen. Und nie wurde etwas erklärt, auch nicht uns Kindern. Wir machten einfach alles nach, was unsere Oma tat: rechts herum schreiten, anhalten, hinsetzen, still meditieren, aufstehen, »Sadu, sadu, sadu!« rufen, links herum schreiten, vor Buddha stehen und beten, dabei nach unten schauen, nicht nach oben ... Und wir spürten, dass es um etwas ganz Besonderes ging. Etwas Richtiges, Gutes, Großes.

Ein Buddhist redet nicht viel über den Buddhismus, er lebt den Buddhismus.

Meiner Oma und anderen Verwandten verdanke ich es, dass ich in den Sommern meiner Kindheit ganz allmählich, spielerisch und unbefangen in den Buddhismus hineinwachsen durfte. Es gibt Rituale, aber keine Vorschriften. Jeder meditiert so oft und so lange, wie er möchte.

Auch das Drumherum bei den Pilgrims war ein großer Zauber für uns Kinder. An den Pilgerstätten sind ja häufig Hunderte Menschen, da herrschte ein richtiger Trubel. Oft schliefen wir, wie die meisten anderen Pilger auch, auf Reisstrohmatten unter freiem Himmel. Die Männer holten Holz aus dem Urwald, über einem offenen Lagerfeuer kochten wir Reis oder Maniok. Wir aßen von Bananenblättern, die zuvor durchs offene Feuer gezogen, zurechtgeschnitten und auf kleine Bastteller gelegt wurden. Nach dem Essen warfen wir die Blätter mit den Speiseresten einfach in den Dschungel. Die Bastteller legten die Frauen wieder in einen großen Korb. Ein Abwasch, wie wir ihn aus Deutschland kannten, war unnötig. Nie wieder habe ich Menschen so umweltfreundlich essen sehen.

Natürlich begegneten wir an den Ruinenstätten auch den Spuren des Sagenkönigs Dutthugamani und seines Sohnes Saliya.

Meine Oma, meine Onkel und Tanten erzählten mir viele Geschichten von dem berühmten Kronprinzen. Sie versicherten mir, dass ich als Erwachsener ebenso mutige Taten vollbringen würde. Ungläubig hörte ich ihnen zu.

Und dann, immer wieder: radikaler Szenenwechsel – Lotte bei Osnabrück. Trotzdem habe ich mich auch in Deutschland wohlgefühlt. Mit zehn Jahren kam ich auf die Realschule, das fand ich eher nebensächlich, der Unterricht interessierte mich nicht besonders. Ungefähr zur gleichen Zeit gab es eine für mich viel einschneidendere Veränderung, ein riesengroßes Geschenk: Der Vater meiner Mutter übersiedelte aus der DDR in die Bundesrepublik und zog bei uns ein. Endlich gab es einen Mann im Haus, der mir etwas anderes vermittelte als Angst und Unterwürfigkeit. Etwas viel Sinnvolleres als »blinden Gehorsam«, wie man so sagt. Aber damals konnte ich ja noch sehen.

Opa war Friseurmeister, ein brillanter Rhetoriker, ein exzellenter Kommunikator und ein herzensguter Mensch. Er hatte zwei Weltkriege erlebt, erzählte uns viel von früher, brachte mir Schach und Kartenspiele bei und sorgte dafür, dass ich Klavierunterricht bekam. Und noch wichtiger: Er hatte stets ein offenes Ohr für mich, gab mir Ratschläge, ließ mich an seiner Erfahrung und Weisheit teilhaben. Von Opa habe ich eine Menge über das Leben erfahren. Unter anderem, wie wichtig es ist, sich aufeinander verlassen zu können. Dass die meisten Dinge es wert sind, von mehreren Seiten betrachtet zu werden. Dass man Herausforderungen annehmen sollte. Und vieles mehr. Für mich war er das Vorbild, das andere Jungen von klein auf in ihrem Vater sahen.

Es war eine fantastische Zeit – auch weil ich damals viele Freundschaften schloss. Mit unseren BMX-Rädern veranstalteten wir wüste Rennen im Wald, wir fuhren Skateboard und investierten unser Taschengeld in Schallplatten mit den Hits der Neuen Deutschen Welle.

Mein Großvater starb, als ich vierzehn Jahre alt war. Ganz plötzlich, an einem Herzinfarkt. Nur etwas mehr als drei Jahre hatte ich mit ihm verbringen dürfen. Eine kurze, aber prägende Phase. Sicher war es kein Zufall, dass ich kurz nach seinem Tod begann, meinem Leben eine neue Richtung zu verpassen. Ich beschloss, die Schule nicht mehr als notwendiges Übel abzutun, sondern dem Unterricht zu folgen, ordentliche Hausaufgaben und Klassenarbeiten abzuliefern – was, wie sich herausstellte, gar keinen so großen Aufwand für mich bedeutete. Innerhalb kurzer Zeit verbesserte sich mein Notendurchschnitt von 4,0 auf 2,2. Außerdem verschlang ich nun noch mehr Bücher als zuvor, am liebsten Sachbücher über Geografie und Geschichte: die Seefahrer, Entdecker und Eroberer, die Mayas und Inkas, die Hellenen, die Ägypter … Das alles habe ich damals auf meiner Festplatte gespeichert und kann es bis heute abrufen.

Noch dazu stürzte ich mich in den Sport. Im Sommer 1984 fanden die Olympischen Sommerspiele in Los Angeles statt. Regelmäßig stand ich nachts auf, um die Live-Übertragungen der Wettkämpfe zu sehen. Besonders die Leistungen der Langläufer faszinierten mich und spornten mich an. Da auch meine Mutter begeisterte Läuferin war, unterstützte sie meine Ambitionen. Sie schenkte mir ein Paar Laufschuhe, nahm mich oft mit ins Stadion und gab mir wertvolle Tipps. Mein BMX-Rad und mein Skateboard staubten in der Garage ein. Auch meine Freunde waren mir nicht mehr so wichtig.

Das Verhältnis zu meinem Vater wandelte sich in jenen Jahren von angsterfüllt, aber bewundernd zu frostig. Mein Opa hatte mich gelehrt, was Glaubwürdigkeit bedeutet. Das ganze Königskasten- und Herr-Doktor-Wichtig-Gehabe meines Vaters sah ich mittlerweile in einem völlig anderen Licht. Welchen Wert hat Intelligenz, wenn man emotional degeneriert ist? Und das war mein Vater. Außerdem maß er nur 1,61 Meter, ich wuchs ihm in rasantem Tempo über den Kopf, sodass er sich nicht mehr traute, mir mit körperlicher Gewalt zu kommen.

Einen schönen Moment hatte ich noch mit ihm erlebt, als wir 1983 zu zweit auf den heiligen Sri Pada pilgerten, den höchsten

Berg Sri Lankas. Der Tradition entsprechend, bestiegen wir ihn nachts, um zum Sonnenaufgang am Gipfel anzukommen, wo Siddhartha Gautama Buddha einen Fußabdruck hinterlassen hat. Auch ein kleines Kloster gibt es dort oben. Die Erinnerung daran, wie wir am frühen Morgen zusammen mit den Mönchen und vielen anderen Pilgern die buddhistischen Rituale abhielten, berührt mich noch immer sehr tief.

Dass ich nach unserer Rückkehr nach Europa dann wieder brav Konfirmandenunterricht nahm, war für mich kein Widerspruch. Ich ließ mich taufen und stellte mir vor, später einmal kirchlich zu heiraten. Da meine Mutter Protestantin war, ging ich in eine evangelische Kirche und nicht in eine katholische, die im Münsterland deutlich in der Überzahl sind. Meinen Vater interessierte die Konfirmation an sich kein bisschen, aber er freute sich darüber, dass es mal wieder einen Anlass für ein rauschendes Fest gab. Wir waren ja nicht nur selbst ständig auf Reisen, sondern bekamen auch oft Besuch. Dann parkte eine Traube schicker Autos vor unserem Haus, in großen Gruppen unternahmen wir Spaziergänge oder Radtouren. Und es wurde bis in die Nacht gefeiert, getanzt, gesungen. Auf die anderen Dorfbewohner müssen diese lebhaften, vielsprachigen Versammlungen wie ein exotisches Spektakel gewirkt haben. Einerseits wären wir Kahawattes in Lotte schon gern Teil des großen Ganzen gewesen. Andererseits waren wir selbst ein großes Ganzes. So wurden auch zu meiner Konfirmation viele Verwandte und sri-lankische Freunde aus aller Welt eingeladen. Am Telefon sagte mein Vater immer: »Unser Sohn wird konfirmiert, das hat irgendwas mit Kirche zu tun. Na ja, egal, lasst uns feiern!« Es gab ein großes Get-Together.

Als wenig später meine Augenkrankheit zuschlug, schrieb mein Vater mich ab. Nichts mehr von wegen Kronprinz. Mit einem behinderten Sohn konnte er nichts anfangen. Ich war ihm gleichgültig.

1986 bis 1989. Ich will mehr!

Ein Behördenzimmer. Meine Mutter und ich sind aufgefordert worden, einen Beratungstermin bei einer »Spezialistin für die Beschulung Sehbehinderter« wahrzunehmen.

»Du möchtest also Abitur machen?«, fragt die Spezialistin.

»Ja, das werde ich. Auf einem ganz normalen Gymnasium.«

»Hm. So, so. Du bist dir da ganz sicher?«

»Ja!«

»Trotz deines Sehfehlers?«

Schweigen. Von meiner Seite aus ist alles gesagt.

»Aber Saliya, nun sei doch realistisch. Abitur machen auf einem ›ganz normalen Gymnasium‹, wie du meinst – das kannst du nicht.«

Aaarrgghh! »Das kannst du nicht.« Wie ich diesen Satz hasse! Aber ich reiße mich zusammen, schweige beharrlich weiter.

Die Frau holt nun weit aus. Sie behauptet, dass ich auf einem normalen Gymnasium garantiert scheitern würde. Noch nie habe ein Sehbehinderter die Hochschulreife unter solchen Bedingungen erlangt. »In Marburg gibt es eine Spezialschule für sehbehinderte Jugendliche. Ich denke wirklich, wir sollten dich dort anmelden.«

Den Vortrag hätte sie sich sparen können. Ich gebe ihr zu verstehen, dass sie mich nicht von meinen Plänen abbringen wird.

Meine Mutter schaltet sich ein – ganz diplomatisch: »Auch ich bin etwas unsicher. Bitte geben Sie uns Bedenkzeit. Lassen Sie uns Ihren Vorschlag zu Hause mit meinem Mann besprechen.«

Als hätte sie nichts gehört, drängt die Beraterin weiter und weiter: »Die Schule in Marburg genießt einen ausgezeichneten Ruf. Sie ist genau das Richtige für Saliya. Nur dort hat er eine realistische Chance, das Abitur zu machen.«

Im Stillen erkläre ich ihr den Krieg. Woher will sie wissen, wozu ich in der Lage bin und wozu nicht? Aber ich setze ein süßes Lächeln auf und frage in übertrieben arglosem Tonfall: »Haben Sie eigentlich auch einen Augenfehler?«

»Nein, aber ich kenne mich aus und will für dich nur das Beste.«

Wegen meines Augenproblems hatte ich im letzten Jahr der Real-schule viel Zeit und Energie ins Lernen investieren müssen, aber das war mir die Sache wert. Je bewusster mir meine Erkrankung wurde, desto mehr Ehrgeiz entwickelte ich. Auf keinen Fall wollte ich dem Klischee vom unfähigen, hilfsbedürftigen Behinderten entsprechen. Mein Ziel war ein gutes Abschlusszeugnis – und ich erreichte es. Außerdem lief ich täglich, als Sportler war ich ge-nauso ehrgeizig wie in der Schule. Meine andere Leidenschaft fiel der Krankheit zum Opfer: Die geliebten Sachbücher rührte ich nicht mehr an. Lesen war für mich zur Qual geworden.

»What's now, what's next?« Diesem Grundsatz folgend, legte ich den nächsten Meilenstein fest, das Abitur. Am Horizont zeich-nete sich sogar schon mein übernächstes Ziel ab: ein Studium der Medizin. Immerhin war ich der Sohn zweier Akademiker, und in unserer singhalesischen Community gab es viele Ärzte. Am liebs-ten wäre ich Chirurg geworden. Wow, was für ein cooler Job! Das fand ich nicht nur, weil ich mich für Biologie interessierte. Sondern auch, weil mit diesem Beruf eine Menge Prestige verbunden ist. Obwohl mich das Kasten-Denken meines Vaters manchmal an-widerte, hatte er mir wohl doch eine gewisse »Wir sind etwas Bes-seres«-Haltung anerzogen.

Als dann wie aus dem Nichts eine Behörde auftauchte und mir einen Strich durch die Rechnung machen wollte, war ich entsetzt. Seit Eintreten meines Augenproblems hatte ich gelernt, mit den neuen Gegebenheiten umzugehen. Aber ich hatte nicht gelernt, behindert zu denken und mich behindern zu lassen. Sie wollten mich in ein Behindertengetto abschieben? Never ever. Noch auf der Fahrt von der Behörde nach Hause nahm ich meiner Mutter das Versprechen ab, mich auf einem normalen Gymnasium anzu-melden.

An jenem Tag des Jahres 1986 wurde der Grundstein gelegt für mein bis heute anhaltendes Misstrauen gegenüber Behinderten-beratern und -pädagogen sowie Therapeuten im Allgemeinen. Meiner Meinung nach spielte die angebliche Spezialistin sich auf wie eine Hellseherin. Sie kannte mich überhaupt nicht! Gegen Beratung im Allgemeinen habe ich wirklich nichts einzuwenden, damit verdiene ich heute schließlich selbst mein Geld. Aber ich berate Menschen und Unternehmen, deren Situation ich aufgrund persönlicher Erfahrungen nachvollziehen kann: »I've been there, I've seen it.« Nur wer das sagen kann, verdient die Bezeichnung »Spezialist«. Theoretisches Wissen weiß ich sehr zu schätzen, aber seine Wirkung entfaltet es meiner Ansicht nach nur in Kombination mit praktischen Kenntnissen und persönlichen Erfahrungen.

Im Laufe meines bisherigen Lebens hatte ich mit unzähligen Menschen zu tun, die meinten zu wissen, was das Beste für Sehbehinderte ist. Nur zwei dieser Experten waren selbst sehbehindert.

Auf dem Gymnasium wählte ich die Leistungskurse Biologie und Englisch, als weitere Prüfungsfächer nahm ich Geografie und Kunst. Bio und Erdkunde fand ich super interessant, Englisch sprach ich fließend. Über meine Entscheidung für das Fach Kunst wunderte sich manch einer, verständlicherweise. Aber es war nur ein kleines Problem für mich, dass ich auf Bildern kaum noch etwas erkannte. Auf unseren Reisen, bei den Museumsbesuchen mit meiner Mutter, hatte ich ja viele der wichtigsten Werke im Original gesehen. Das war der Fundus, aus dem ich schöpfte. Noch Jahre später konnte ich mir die Gemälde detailgenau in Erinnerung rufen.

Trotz allem machte mir das Lerntempo auf dem Gymnasium zu schaffen. Auch hätte ich die Biologie-Stunden teilweise getrost schwänzen können: Die vielen schematischen Darstellungen, mit denen wir arbeiteten, verschwammen vor meinen Augen zu Brei. Mikroskopieren war für mich eine völlig sinnlose Aktivität. Und im Erdkunde-Unterricht: Landkarten, Import-/Export-Tabellen, seitenlange Länderdaten, alles in winzigen Zahlen. Was für ein Krampf! Von Mathe ganz zu schweigen. Wer versteht schon Vektorrechnung mit verbundenen Augen? Das alles hatte ich in meinem jugendlichen Leichtsinn nicht richtig eingeschätzt.

Mein Sehvermögen verschlechterte sich weiter. Als ich ungefähr achtzehn Jahre alt war, erkannte ich an der Tafel nichts mehr. Die ständigen Folienschlachten am Tageslichtprojektor zermürbten mich. Auch Reclam-Hefte waren meine Feinde – da half mir selbst die dickste Lupe nicht. Ich hatte gelernt, blind zu schreiben, aber meine eigenen Notizen konnte ich nicht mehr lesen. Und niemand kam auf die Idee zu überlegen, wie man mir das Lernen erleichtern könnte. Die Lehrer nicht, meine Eltern nicht. Schon gar nicht die werten Behindertenberater. Von denen war erst mal kein Mucks mehr zu hören. Hin und wieder gab es Momente, in denen ich das Gefühl hatte: Fehlkalkulation, Ende Gelände! Aber diese Gefühle hielten nur kurz an. Aufgeben? Niemals. Wenn ich mir etwas in den Kopf setze, muss das klappen.

Schon immer bin ich ein schlechter Verlierer gewesen. Als kleines Kind konnte ich richtig zornig werden, wenn mir beim »Mensch ärgere dich nicht« nur noch eine Eins fehlte, und sie kam und kam nicht. Da hing bisweilen der Haussegen schief. Später beim »Monopoly« musste ich immer die Schlossallee haben – mit ordentlich was drauf. Badstraße? Nicht mal für geschenkt.

Und mein neuestes Spiel hieß Abitur. Um zu gewinnen, brauchte ich eine Strategie. Punkt eins: Autosuggestion. Überleg dir, was du wirklich willst, und sag dir dann: Ich will, ich kann, ich werde! Das ist das Allerwichtigste. Punkt zwei: Wenn du etwas beim besten Willen nicht kannst – oder gar nicht können willst –, dann such dir Leute, die dir helfen. Mit dieser Strategie bin ich bis heute sehr gut gefahren. Niemand kann alles können. Echten Spezialisten und glaubwürdigen Beratern zolle ich hohen Respekt, sie genießen mein volles Vertrauen. Auch wenn ich in meinem Leben oft als Einzelkämpfer angetreten bin: Viel angenehmer und effektiver finde ich Teamarbeit.

Das »Ich will« funktionierte bei mir hervorragend. Für das »Ich kann, ich werde« verordnete ich mir ein strenges Gedächtnistrainings-Programm. Im Unterricht wiederholte ich stumm das Gehörte, immer und immer wieder. In den Schulpausen, im Bus oder während des Lauftrainings redete ich mit mir selbst, nur so konnte ich das neue Wissen dauerhaft speichern.

Was Punkt zwei angeht – die Helfer –, stellte ich ein Sali-Abiturteam auf. Beim Mittagessen zu Hause gab es kaum noch ein anderes Thema als die Lerninhalte meiner Schultage. Eins nach dem anderen ratterte ich das Gelernte auswendig herunter wie ein Papagei. Meine Mutter stellte Verständnisfragen, sodass ich Erinnerungslücken schnell selbst erkennen konnte. Ich bat meine Mutter und meine Schwester, die entsprechenden Passagen aus Büchern oder Papieren herauszusuchen und sie mir vorzulesen. Das System war extrem zeitaufwendig, alle Beteiligten verzichteten dafür auf große Teile ihrer Freizeit. Je näher die Abiturprüfungen rückten, desto mehr nahm ich die anderen in Anspruch. Bis spätnachts lasen sie mir aus Büchern vor. Dafür bin ich ihnen unendlich dankbar.

Ebenso großer Dank gilt einem damaligen Nachbarsjungen, auch er war Mitglied meines Teams. Ich hatte ihn zum Vorleser für Kunstgeschichte ernannt. Der Junge war sechs Jahre jünger als ich und besuchte die Hauptschule. Abend für Abend las er mir aus der Kunstgeschichte der Menschheit vor – wobei ihm deutlich anzumerken war, dass er zu keinem Zeitpunkt wirklich wusste, worum es ging. Je mehr wir uns der Gegenwartskunst näherten, desto verständnisloser wurde er. »Sali, was ist das denn für ein kaputtes Zeug? Das ist doch Sperrmüll, keine Kunst!« Aber er machte einen perfekten Vorleser-Job. Im Gegenzug erledigte ich seine Englisch-Hausaufgaben. Er las mir die Fragen vor, ich diktierte ihm die Antworten. Eine echte Win-win-Situation.

Mein Alltag bestand aus Schule, Lernen, Laufen und Schlafen. Für eine Freundin hatte ich weder Zeit, noch wusste ich, wie ich es anstellen sollte, eine Freundin zu finden. Ein hübsches Mädchen erkennen, sie anlächeln und schauen, ob sie reagiert, dann auf sie zugehen ... Das alles fiel bei mir aus.

Als ich das erste Mal ein Mädchen kennenlernte, war ich siebzehn. Genauer gesagt: Sie lernte mich kennen. Wir waren mit der Familie nach London gereist, auf einem Singhalesen-Fest sprach sie mich an. Ich fand sie sehr sympathisch und erfuhr aus zuverlässigen Quellen, dass sie gut aussah. Da trat auch mein Vater kurzzeitig wieder auf den Plan: Das Mädchen gehörte nämlich der gleichen Kaste an wie wir, und ihre Eltern waren angesehene Leute in London. Mein Vater gab mir seinen Segen – in traditionellen sri-lankischen Familien sucht man sich nicht selbst die Braut aus, dafür sind die Eltern zuständig. Nun denn, heiraten wollte ich das Mädchen nicht gleich, aber ich fand es schön, dass ich sie besuchen durfte und sie mich. Natürlich war Sex ausgeschlossen, alles wurde genauestens von den Eltern überwacht. Wir fanden das okay, Tradition ist Tradition. Dass wir uns bald aus den Augen beziehungsweise Ohren verloren, hing mit meinem Lernpensum und mit der Entfernung London – Lotte zusammen.

Sehr selten erlaubte ich mir einen Disco-Besuch mit Freunden. Wir hatten das unglaubliche Glück, Zeugen einer musikalischen Revolution zu sein: Ende der Achtzigerjahre schwappte die House Music in Form von Maxi-Singles aus Amerika auf die Plattenteller deutscher DJs. In Berlin fand 1989 die erste Loveparade statt. Und wie in Berlin bestimmte auch im beschaulichen Münsterland diese neue, absolut aufregende Popkultur das Leben vieler Jugendlicher. Ungefähr einmal im Monat nahm ich daran teil. Der Sound und die 120 beats per minute zogen mich voll in ihren Bann.

Meistens ging ich in Begleitung von Jürgen aus. Er war etwas älter als ich, besaß ein eigenes Auto und hatte mich auf Schritt und Tritt im Blick. Ohne seine Hilfe hätte ich mich in der vollen Großraumdiskothek kein bisschen zurechtgefunden. Er beschrieb mir jeden Weg: zu den Toiletten, zur Garderobe, zur Bar und so weiter. Da meine Antennen damals schon ziemlich gut funktionierten, passierte es nur selten, dass ich stolperte oder versehentlich jemanden anrempelte. Jürgen versuchte auch, mir beim Flirten unter die Arme zu greifen. Aber die Mädchen fanden mich uninteressant. Ich wirkte kühl und arrogant auf sie. Wenn mich eine anlächelte, nahm ich nichts wahr. Nie lächelte ich zurück.

Einmal standen Jürgen und ich auf einer Empore, schauten auf die Tanzfläche der Disco. »Hey, Sali! Da, der grüne Punkt auf fünfzehn Uhr, wink mal schnell«, schrie er mir ins Ohr. Er hatte ein Mädchen in einem grünen Cocktailkleid gesichtet, das interessiert in meine Richtung blickte. Bevor ich reagierte, fragte ich Jürgen nach ihrer Haarfarbe. »Rot«, rief er begeistert. Ich schüttelte den Kopf: »Thema durch, ich steh nur auf Blond oder Braun.« Jürgen war ziemlich genervt. »Nichts sehen können, und dann auch noch wählerisch sein«, warf er mir vor.

Selbstverständlich war ich nicht so wählerisch, wie ich behauptete. Ich hatte zu wenig Selbstbewusstsein, kaum Erfahrung und fühlte mich überfordert. Was wäre denn der nächste Schritt gewesen? Ich konnte ja nicht allein auf das Mädchen zugehen und sie ansprechen. So blieb ich trotz aller Verkupplungsversuche ein Single. Die Kategorie Mädchen / Beziehungen war in meiner damaligen Software nicht vorgesehen. »What's now, what's next?«, sagte ich mir auch in dieser Hinsicht. Erst mal Abitur machen – später für ein Update sorgen.

Einige Zeit vor dem Abitur begann ich, mir ernsthaftere Gedanken über meine berufliche Zukunft zu machen, die gleich nach der Schulzeit beginnen sollte. Denn die Bundeswehr wollte mich natürlich nicht haben. Bei der Musterung hieß es: »Was für ein topfitter Typ! Wir würden dich supergern nehmen, du könntest hier richtig Karriere machen. Aber mit deinem Augenfehler bist du nicht mal in der Lage, den Kasernenhof zu fegen.«

Dass ich zu blind war, um Medizin zu studieren, hatte ich zwischenzeitlich eingesehen. Als behindertengerechte Studiengänge wurden mir nur Jura, Sozialpädagogik und Theologie angeboten – nichts davon interessierte mich. So entschied ich mich dafür, eine Lehre zu machen. Der Sachverständige in einer Beratungsstelle – ein Sehender, wie immer – meinte, aufgrund der Schwere meiner Behinderung komme für mich nur eine Spezialschule infrage. Er empfahl mir eine Ausbildung zum Masseur oder zum Telefonisten in einer behindertengerechten Einrichtung. Mir wurde speiübel, ehrlich. Das Reizwort war »Einrichtung«. Für mich klang es, als solle ich in erster Linie irgendwo untergebracht werden. Aber mein Ziel war, etwas zu lernen, etwas zu leisten. War ich denn wirklich der Einzige, der mir etwas zutraute?

Mir fiel ein, dass ich auf unseren Reisen, wenn wir in Luxushotels wohnten, stets das vornehm gekleidete Personal bewundert hatte. Zu gern wollte ich auch so eine feine Uniform tragen und in einem noblen Hotel elegant durch die Hallen gleiten. Eine Umgebung, in der sich reiche und wichtige Leute aufhielten, Politiker, Prominente und Unternehmer: Das sei für mich genau das Richtige, dachte ich in meiner Naivität. Die große, weite Welt als Arbeitsplatz! Ich beschloss, mich für eine Ausbildung zum Hotelfachmann zu bewerben. Heute denke ich: Unbewusst trug vermutlich auch meine Hautfarbe zu dieser Entscheidung bei. In der Hotellerie ist es normal, dass Mitglieder vieler verschiedener Nationalitäten zusammenarbeiten. Als Farbiger brauchte ich in der Branche keine Benachteiligung zu befürchten.

Behörden und Ärzte sagten mir das sichere Scheitern voraus. Starrköpfig ignorierte ich ihre Warnungen und schrieb Bewerbungen. Meine Behinderung verschwieg ich, um nicht abgelehnt zu werden. Nach mehreren erfolglosen Bewerbungsversuchen erhielt ich endlich eine Einladung zu einem Vorstellungsgespräch. Es war ein Hotel in Hannover – zwar kein erstklassiges, aber immerhin ein gutes, modernes Haus, wie ich recherchiert hatte. Der Direktor persönlich empfing mich in der Lobby. »Warum haben Sie sich bei uns beworben?«, fragte er mich. »Was interessiert Sie an unserem Haus?«

Ohne zu überlegen, redete ich einfach drauflos: »Ich werde später Hoteldirektor, dafür brauche ich eine solide Ausbildung in einem noblen Haus.« Ich habe mich ganz schön aufgeplustert.

Mein Gesprächspartner hakte nach: »Und woher wissen Sie, dass dieses Hotel so nobel ist?«

Vorsicht, Falle! Auf die Ausstattung konnte ich nicht hinweisen. Eilig sortierte ich meine Gedanken, holte tief Luft und fing unvermittelt an, von den fernen Ländern und den schicken Hotels zu erzählen, die ich bislang gesehen hatte. Offenbar funktionierte mein Trick. Der Direktor hörte aufmerksam zu, erzählte dann von seinen Asienaufenthalten. Als Nächstes lud er mich ein, mit ihm die wichtigsten Abteilungen seines Hotels zu besichtigen. Mit gespitzten Ohren blieb ich ihm auf den Fersen. Am Ende der Führung kamen wir ins Personalbüro, wo ich erfuhr, dass meine Ausbildung am 1. August 1989 beginnen sollte. Zuvor war noch ein einmonatiges Praktikum vorgesehen. Zurück auf der Straße, machte ich einen gewagten Freudensprung.

Lästigerweise standen mir zu dem Zeitpunkt die Abiturprüfungen noch bevor. In Begleitung meines damals besten Freundes, einer dicken Lupe, trat ich zu den Klausuren an. Jede schriftliche Prüfung war eine Quälerei. Die Lehrer gaben mir mehr Zeit als meinen Mitschülern, trotzdem musste ich mich wahnsinnig beeilen. Das Entziffern der einzelnen Buchstaben und das blinde Schreiben zehrten an meinen Nerven.

Nach den Abiturklausuren reiste ich mit meiner Schwester nach Sri Lanka. Zum ersten Mal waren wir ohne Eltern unterwegs und unser Ziel war diesmal nicht das sri-lankische Hochland, sondern die Hauptstadt Colombo. Als wir ins Flugzeug stiegen, fiel von einer Sekunde auf die andere eine riesige Last von mir ab. Endlich Freiheit! Keine Schule, kein Lernen, kein Vater. Der Urlaub wurde eine endlose Party. Schon an Bord feierten wir wie die Wilden, nahmen einen Drink nach dem anderen, bis wir in einen traumlosen Schlaf fielen. Erst beim Landeanflug wachten wir auf. Mit weichen Knien stolperten wir hinaus in die tropische Hitze. Hilfe! Obwohl ich zwischenzeitlich wieder einigermaßen nüchtern war, stand ich völlig neben mir.

Ein Taxi brachte uns in ein vornehmes Viertel der Metropole – ein alter Schulfreund meines Vaters hatte uns eingeladen, bei seiner Familie zu wohnen. Vor allem sein Sohn Thuya erwartete uns gespannt. Er war in England zur Schule gegangen und erst kürzlich nach Colombo zurückgekehrt. Als Belohnung für das bestandene Abitur hatte sein Vater ihm ein eigenes Haus in der Nachbarschaft geschenkt. Thuya und ich kannten uns noch nicht, fühlten uns aber vom ersten Moment an wie Freunde. Innerhalb weniger Stunden wussten wir fast alles voneinander. Zwei Seelenverwandte hatten sich gefunden.

Nach Sonnenuntergang gab es ein Barbecue im Garten. Thuya hatte viele junge Leute eingeladen – ein ziemlich verrücktes, party-wütiges Volk. Später zogen wir im Pulk in eine Freiluft-Disco am Strand und feierten, bis die ersten Fischerboote vom nächtlichen Fang zurückkehrten. Wir kauften Fische für das Frühstück und fuhren nach einem wunderschönen Sonnenaufgang heim. Nicht nur wegen des Alkoholpegels kam es mir vor, als sei ich innerhalb eines Tages ein anderer Mensch geworden. Ich fühlte mich leicht, war berauscht vor Glück.

Seetha und ich schliefen bis zum späten Nachmittag, aßen ein kräftig gewürztes Katerfrühstück, dann holten uns unsere neuen Freunde wieder ab. In mehreren Jeeps fuhren wir quer durch die Stadt hinunter zum Meer. Unterwegs hielten wir an einer Fisch-fabrik, um einen Eisblock zu besorgen. Mit dem dampfenden, knis-ternden Brocken auf der Ladefläche erreichten wir eine schmale Schotterpiste, die in eine kleine Bucht mündete. Weicher Sand, warmer Wind und das rauschende, duftende Meer … Wenn ich es nicht selbst erlebt hätte, würde ich sagen: Was für ein Kitsch. Die Sonne ging gerade unter, wir sprangen in den tiefrot gefärbten In-dischen Ozean. Aus den Lautsprechern eines Wagens erklang Musik von Bob Marley.

Einer der Jungs schlug mit einem Hammer kleine Stücke aus dem Eisblock und füllte sie in Gläser. Thuya goss jeweils einen guten Schuss Palmenbranntwein hinein, fügte frische Limonen-scheiben und Kokosmilch hinzu. Lässig saßen wir auf den Lade-flächen der Jeeps und schlürften unsere Cocktails, während ein Strandfeuer vor uns knisterte. Genau so hatten meine Schwester und ich uns unseren Urlaub gewünscht. Wir schworen uns, irgend-wann für immer nach Sri Lanka zu gehen.

Später fuhren wir in die angesagteste Disco der Insel und blie-ben bis in den frühen Morgen. So ging es den ganzen Urlaub über: Nachts wurde gefeiert, tagsüber schliefen wir. Es war die erste und einzige Sri-Lanka-Reise, von der ich nicht tief gebräunt, sondern mit heller Milchkaffee-Haut zurückkehrte.

Wenige Wochen später erhielt ich mein Zeugnis. Ich schloss

das Gymnasium mit einem offiziell »befriedigenden«, aus meiner Sicht aber miserablen Ergebnis ab. Egal! Hauptsache, du hast das Abitur geschafft, sagte ich mir. Ziel gesteckt, Ziel erreicht.

DREI

Heute. Einsichtig, aufrichtig

Als ich letztens an der Alster spazieren war, kam mir der Gedanke, dass ich in meinem Leben ziemlich strategisch unterwegs bin.

»Hallo? Und was ist mit mir?«, meldete sich meine innere Stimme, mein Bauchgefühl.

»Ja, klar, ich habe gelernt, auf dich zu hören«, antwortete ich.

»Das will ich hoffen!«

»Großes Versprechen: Du bist mir wichtig. Du hilfst mir, Menschen und Situationen einzuschätzen und mir die richtigen Ziele zu setzen. Aber wenn die Würfel erst mal gefallen sind, gehe ich meistens strukturiert vor, um meine Ideen zu verwirklichen.«

»Genau«, meinte die innere Stimme. »Die Disziplin ›Lass die Dinge auf dich zukommen‹, liegt dir nicht.«

Mit der Mischung aus Instinkt und Strategie fahre ich ziemlich gut. Zum Beispiel in meinem Beruf als Trainer, wenn ein neues Seminar beginnt: Schon vorher mache ich mich mit dem Raum vertraut, höre mich um, rieche und fühle: Wie groß ist der Raum? Wie ist das Licht, die Luft? Ich erspüre die Atmosphäre – eine Sache der Intuition. Darauf aufbauend folgt die Strategie: Wo kann ich als Dozent am besten stehen, herumlaufen? Wie funktioniert mein Seminar in diesem Raum? Natürlich kläre ich auch die praktischen Dinge: Wo befinden sich Tafel und Stifte? Und so weiter. In der ersten Stunde bitte ich dann alle Teilnehmer, sich vorzustellen. Ich speichere die Stimmen ab, den jeweiligen Tonfall, und scanne die Sitzordnung in mein Gedächtnis ein. Interessant ist auch, wer sich ans Fenster setzt und wer an die Wand, wer vorn, hinten, nebeneinander oder abgesondert Platz nimmt. Vor allem aber merke ich bei der Vorstellungsrunde, was für eine Gruppe ich vor mir habe. Ich spüre die Vibes: Wie ist die allgemeine Stimmung? Wer kann gut mit wem? Wer hat das Sagen? Dann folgt wieder Strategie: Wo und wie breche ich Muster auf? Wie sorge ich dafür, dass jeder Teilnehmer gleichermaßen von dem Seminar profitiert?

Ganz ähnlich lief es bei mir schon als Jugendlicher in Bezug auf meine eigene Schul- und Berufslaufbahn: Meiner Intuition folgend – und gegen massive äußere Widerstände – wählte ich ein ganz normales Gymnasium. Um das Abitur zu schaffen, baute ich mir eine Strategie. Als ich das Abi in der Tasche hatte, sagte mir mein Bauchgefühl: »Du kannst noch viel mehr. Eine Behindertenausbildung führt dich aufs Abstellgleis.« Und die Taktik, um eine Lehrstelle zu bekommen, war das Leugnen meines Sehfehlers. Diese Taktik musste ich lange beibehalten, bis ich an einen Punkt kam, an dem das Fast-blind-Sein kein berufliches Hindernis mehr war.

Im privaten Alltag behalte ich mein Augenproblem bis heute oft für mich – aus vielen Gründen. Wichtigster Grund: die Unsicherheit der Sehenden im Umgang mit Blinden. Wenn ich unvermittelt sage: »Ich bin hochgradig sehbehindert« oder »Ich bin fast blind«, dann wissen die allermeisten Menschen erst mal nicht, wie sie damit umgehen sollen. Sie reagieren erschrocken, mitleidig, traurig, peinlich berührt. Oft hilfsbereit, aber unbeholfen. Allermeistens total verspannt. Dafür kann und will ich ihnen keine Vorwürfe machen, ihr Verhalten ist begründet. Es hängt damit zusammen, dass Sehende und Blinde einander von Kindesbeinen an kaum begegnen. Sie werden in der Schule getrennt, oft schon im Kindergarten. Ein Wahnsinn! Die einfachste Möglichkeit, den Umgang miteinander zu lernen, sich anzufreunden und gegenseitig zu bereichern, wird unterbunden.

Meine Blindenplakette, die Armbinde und den Stock habe ich immer dabei, an mir gut bekannten Orten lasse ich sie gern in meinem Aktenkoffer. Denn erfahrungsgemäß wird man als offensichtlich Blinder häufig von Fremden angesprochen, die einem viele Fragen stellen. Aber meistens habe ich ein konkretes Ziel und einen Termin, es mangelt mir an Zeit und auch an Lust, mich Unbekannten gegenüber zu erklären. Außerdem passiert es immer wieder, dass fremde Menschen mich anfassen. Sie meinen es gut, sie wollen mich führen – aber sie jagen mir einen Schrecken ein.

Dabei könnte alles so einfach sein. Hat ein Sehender den Eindruck, dass ein Blinder vielleicht Hilfe braucht, dann gibt es genau drei Fragen, die angebracht sind: Brauchen Sie Hilfe? Welche Hilfe? Möchten Sie sich einhaken oder möchten Sie neben mir hergehen? Da ich von sehenden Menschen aber nicht erwarten kann, dass sie diese Umgangsformen kennen, passe ich mich den Leuten an und signalisiere: Alles ist gut.

Ein bisschen kompliziert wird die Sache, wenn mich eine Frau interessiert und sie interessiert sich für mich. Man verabredet sich, geht essen, redet … Meistens fällt den Frauen erst mal gar nichts auf. Manche – ziemlich viele sogar – wundern sich irgendwann, dass ich kein Auto habe. Bringen sie ihre Verwunderung zum Ausdruck, ist das für mich der passende Moment, um zu sagen: »Meine Augen sind nicht sehr gut, deshalb fahre ich nicht.« Einfühlsame Frauen fragen dann nicht weiter nach. Später stellen sie vielleicht fest, dass ich nicht mal Fahrrad fahre. Oder dass ich kaum Lampen in meiner Wohnung habe. Ich nutze solche Situationen, um nach und nach für Klarheit zu sorgen. Keine Lügen, keine Geheimnisse, aber: Salami-Taktik. Es wäre unklug und unfair, die Menschen mit der ganzen Wahrheit zu überfallen. Ich selbst hatte ja die Möglichkeit, mich nach und nach an meine Seh- und Gehbehinderung zu gewöhnen. Eine Eingewöhnungsphase will ich auch den Leuten gewähren, an denen mir etwas liegt. Wobei Frauen meistens relativ entspannt auf meine Handicaps reagieren. Männer haben da mehr Probleme.

Zu flüchtigen Bekannten sage ich in der Regel nur: »Ich kann nicht so gut gucken.« Das ist aufrichtig, macht die Sache nicht unnötig kompliziert und zieht nur selten Diskussionen nach sich.

Manchmal habe ich aber auch Pech, dann folgen Fragen über Fragen: »Was heißt das: nicht so gut?« »Nur fünf Prozent Sehvermögen, wie kommt das denn?« »Kann man nichts dagegen machen?« »Aber Sie wirken doch so fröhlich!« »Sehen Sie mich überhaupt?« »Welche Augenfarbe habe ich?« »Woher wissen Sie, dass die Ampel Grün zeigt?«

Die ganz Witzigen fragen gern auch: »Huhu, guck mal, strecke ich dir die Zunge raus?« Oder die besonders Neugierigen: »Wie träumen Sie denn bloß?« »Können Sie sich allein anziehen?« »Wie putzen Sie Ihre Wohnung?« Und so weiter und so fort.

Die Grenze zwischen freundlichem Interesse und nerviger Aufdringlichkeit ist aus meiner Sicht ziemlich schnell überschritten. Muss jemand, der mich nicht gut kennt, das alles wirklich wissen? Ja, ich träume genauso wie Sehende – in bunten, bewegten Bildern. Ich kann mich problemlos allein ankleiden, habe es aber gern, wenn mir jemand sagt, ob meine Krawatte richtig sitzt. Jawohl, ein Fast-Blinder kann durchaus eitel sein. Er kann auch seine Wohnung putzen – ist doch kein Drama, wenn er dabei vielleicht das eine oder andere Staubkörnchen überfühlt. Und im Übrigen gibt es für mich spannendere Themen. Es macht keinen Spaß, auf die Rolle des Sehbehinderten reduziert zu werden.

Ein klassisches Beispiel ist das Einkaufen im Supermarkt. Ich gehe nur in drei Geschäfte, die ich gut kenne, und kaufe Produkte in markanten Verpackungen. Hühnerfleisch zum Beispiel immer in der roten Packung. Rasierklingen von der Hausmarke der Drogeriemarktkette – blaue Verpackung, gut zu erkennen. Auch Reis immer von derselben Marke. Und wenn in dem Supermarkt umgebaut wird, stehe ich vor einem großen Problem. Möchte ich dann zum Beispiel Tomatenmark kaufen, laufe ich die Gänge auf und ab und suche das Regal, in dem die Farbe Rot überwiegt. Dort müssen die Tomatensoßen stehen und auch die Dosen mit dem Mark. Es kann einige Zeit dauern, bis ich sie gefunden habe. Aber ich frage fast nie. Wenn doch, sage ich: »Können Sie mir schnell helfen? Ich suche Tomatenmark und bin in Eile.« Als Antwort kommt dann immer: »Das ist da hinten.« Die Verkäuferin zeigt irgendwohin. Ich: »Wo, da hinten?« Sie: »Am Ende des Ganges links neben dem Essig.« Also, es bringt eigentlich nichts. Ich müsste weiter ausholen: »Ich bin sehbehindert. Bitte erklären Sie mir noch einmal genauer, wo ich das Tomatenmark finde. Oder können Sie vielleicht mit mir dort hingehen?« Dann gibt es gleich wieder latente Unsicherheit, Erstaunen, Fragen … Solche Situationen sind anstrengend für alle Beteiligten.

An der Kasse gebe ich entweder einen großen Schein oder ich lege mein Portemonnaie hin: »Hier, nehmen Sie sich das Geld heraus, ich habe meine Kontaktlinsen nicht drin.« Oft sagen Kassiererinnen dann: »Ach, das kenne ich, so machen wir es auch bei alten Leuten immer.« Wir halten einen netten kleinen Plausch, und dann haben beide ihre Ruhe. Natürlich kann ich ein 50-Cent- oder Ein-Euro-Stück auch erfühlen, aber das dauert.

Kürzlich habe ich meinem türkischen Gemüsehändler gesagt, dass ich kaum sehe. »Ja, ja! Du verarscht mich doch.« Er lachte. »Du bist nur zu eitel, um eine Brille zu tragen.« Und ich dachte: Na, prima. Eigentlich wollte ich nur Bananen kaufen, jetzt muss ich meine halbe Lebensgeschichte erzählen.

Immer mal wieder werde ich damit konfrontiert, dass Leute mir nicht glauben. Sie denken sich: Er wirkt so gesund, er will sich nur wichtig machen und spielt uns etwas vor. Das nervt. Andere denken, ich wollte meine Sehbehinderung verbergen, weil sie mir peinlich ist. Das nervt noch mehr. Meine Handicaps sind ein unabänderlicher Teil von mir. Wenn ich mich dafür schämen würde, könnte ich mir ja gleich einen Strick nehmen.

Mit dem Begriff »behindert« habe ich trotzdem ein bisschen Probleme. Mir klingt er zu sehr nach Krankheit, Beschränktheit, Hilflosigkeit, Anderssein. Meine Sehbehinderung geht mit einer vielfachen Sinnes-Befähigung einher, sodass ich fast alles wahrnehme, was Sehende erkennen, und manchmal auch mehr. Es ist wie in der Evolutionsbiologie: Eine Spezies passt sich ihrer Umgebung an – das Individuum stellt sich auf die Gegebenheiten ein.

Beim Sehenden verkümmern andere Sinne, beim Blinden laufen sie zur Höchstform auf. Deshalb fühle ich mich weder krank noch eingeschränkt. Und was das Anderssein angeht: Es gibt Menschen mit Lebensmittelallergien, Flugangst oder sonst welchen Problemen, kaum einer entspricht der angeblichen Norm – also: Was soll's?

»Handicapped« klingt für mich etwas cooler als »behindert«, »Blindies« und »Guckies« finde ich ganz okay, auch wenn keiner dieser Begriffe das Nonplusultra ist. Am Ende des Tages erfüllt jeder von ihnen nur einen Zweck: Distanz zu schaffen.

Aber ich will nicht die beleidigte Leberwurst spielen. In manchen Situationen braucht man einen Begriff – und meinetwegen darf es dann »behindert« sein. Ich protestiere auch nicht, wenn jemand »Ausländer« zu mir sagt. Wortklauberei ist eigentlich uninteressant. Ich habe Wichtigeres zu tun.

1989 bis 1992. Der Schwindel beginnt

Streifen, Streifen, schmierige Streifen. Ich kriege sie einfach nicht weg. Meine Augen sind zu schlecht, die Spuren auf den Badezimmerspiegeln kann ich beim besten Willen nicht erkennen. So ist es tagsüber bei der Arbeit. Nachts aber, im Traum, sehe ich sie gestochen scharf vor meinem inneren Auge: Fettstreifen, Zahnpastastreifen, Rasierseifenstreifen. Sie machen mir Angst. Ich brauche eine Strategie.

Ständig rügt mich die Hausdame, wenn sie die Hotelzimmer nach meinen Reinigungen kontrolliert. »Deine Spiegel sind nicht streifenfrei. Ändere das!« Sie weiß nichts von meinem Augenfehler. Niemand im Hotel weiß das.

Die Strategie: Heimlich nehme ich für jeden Spiegel zwei saubere Frotteehandtücher vom Wäschewagen. Ich benutze Unmengen von Glasreiniger, poliere die Fläche erst mit dem einen, dann noch mal mit dem anderen Handtuch. Schnell, schnell! Und nie erwischen lassen! Der Plan geht auf, aber – neues Problem: fünfundzwanzig Zimmer, das macht fünfzig Handtücher. Der enorme Verbrauch auf der Etage könnte mich ver-

raten. Besser, ich bediene mich in der zentralen Wäschestelle des Hotels.
Mehrmals täglich schleiche ich vorsichtig mit einem großen Stapel unterm
Arm durch die Gänge. Die benutzten Handtücher lasse ich in den Wä-
scheschacht fallen. Irgendwo Schritte zu hören? Ein Kollege womöglich?
Nein, zum Glück wieder nur ein Gast. Meine Nerven liegen blank.

Der Anfang meiner Lehrzeit war wie eine kalte Dusche. Berauscht
von der Sri-Lanka-Reise, vom bestandenen Abitur und von der nai-
ven Vorfreude auf mein Dasein als Angehöriger einer Luxuswelt,
hatte ich den Dienst in Hannover angetreten. Und dann das:
Drecksarbeit. In den ersten vier Wochen während des Praktikums
stand ich in der Spülküche. Statt einer schicken Uniform trug ich
einen Overall, darüber eine Gummischürze. Von morgens bis zum
späten Abend sortierte ich Teller in Spülkörbe, schob sie in die Maschine, trocknete die sauberen Teller ab. Vor Feierabend kam jeweils die Krönung: Ich musste die Mülltonnen auf dem Hof von
innen schrubben. Nachts fiel ich todmüde vor Erschöpfung und
Enttäuschung ins Bett.

In jenen Wochen wohnte ich in Hannover bei den Eltern meines Freundes Robert. Er hatte das Internat in Lotte besucht, meine
Eltern waren seine Lehrer gewesen. Roberts Vater und Mutter
lernte ich als sehr liebe, aufmerksame Menschen kennen. Zu meiner eigenen Mutter hatte ich damals kaum Kontakt. Der Ehestress
war für sie zu einer derartigen psychischen Belastung geworden,
dass sie auch körperlich sehr krank wurde. Während sie versuchte,
in einer Kurklinik wieder zu Kräften zu kommen, machte mein
Vater sich aus dem Staub. Er ging zurück nach Sri Lanka. Weder
meine Mutter noch meine Schwester empfanden sein Verschwinden als schmerzhaften Verlust – und ich schon gar nicht. Durchaus
schmerzhaft war aber der Umstand, dass mein Vater das gesamte
Guthaben der Familie mitnahm. Alle Konten und Sparbücher
waren abgeräumt, alle Versicherungen aufgelöst. Seine Flucht
hatte mein Vater offensichtlich von langer Hand vorbereitet. Meiner Mutter hinterließ er nur das Haus, auf dem noch Schulden las-
teten. Aufgrund ihrer Erkrankung verlor meine Mutter zur glei-

chen Zeit den Job. Sie tat mir wahnsinnig leid. Die einzige Unterstützung, die ich ihr vom hundertfünfzig Kilometer entfernten Hannover aus geben konnte, war das Signal, dass ich allein zurechtkommen würde.

Pünktlich am 1. August 1989 begann meine offizielle Lehre und ich wurde stolzer Mieter einer Wohnung, die ich von einem anderen Auszubildenden übernahm. In dem winzigen Ein-Zimmer-Apartment gab es eine Kochnische mit Kühlschrank, eine alte Waschmaschine und einen Kleiderschrank. Mein Bett war eine Isomatte, auf die ich einen Schlafsack legte. Weitere Möbel besorgte ich mir vom Sperrmüll. Mein neues, selbstständiges Leben fand ich wahnsinnig aufregend. Und obwohl ich einen ziemlich hohen Lebensstandard gewohnt war, störte mich die spartanische Ausstattung nicht. Auf Sri Lanka hatte ich viele Menschen kennengelernt, die bettelnd auf der Straße lebten. Sie besaßen nichts weiter als die Lumpen, die sie am Leib trugen. Im Vergleich dazu war mein Dasein majestätisch. Ich hatte ein Dach über dem Kopf, hatte Arbeit und bekam täglich drei Mahlzeiten im Hotel umsonst.

Problematisch war nur, dass die Wohnungsmiete sowohl mein Lehrlingsgehalt – im ersten Jahr 350 Mark – als auch die 150 Mark Ausbildungsbeihilfe komplett verschlang. Um die Monatskarte für meine Fahrten zur Arbeit zu finanzieren und an freien Tagen nicht hungern zu müssen, suchte ich mir Nebenjobs. Zum Beispiel arbeitete ich als Küchenhilfe in einem Imbiss, später kellnerte ich nebenbei in einem anderen Hotel. Hin und wieder, das muss ich zugeben, ließ ich dort Lebensmittel mitgehen. Für Kleidung oder Disco-Besuche blieb trotzdem kaum Geld übrig.

Der Ausbildungsplan sah vor, dass ich zwei Monate lang als Zimmerjunge arbeitete. Für jeden ist das ein anstrengender Job, für mich gab es zusätzlich das Spiegelstreifenproblem. Den deutlichen Anstieg des Handtücherverbrauchs bemerkte die Hausdame erst kurz vor Ende meiner Zeit als Zimmerjunge, und den Schuldigen enttarnte sie glücklicherweise nicht.

Danach wurde ich zum Restaurantdienst eingeteilt. Ich freute mich auf die »Beförderung« und den Umgang mit Gästen, aber die Realität war wieder sehr ernüchternd. Ständig stand »TD« auf meinem Dienstplan, das ist die Abkürzung für »Teildienst« – eine heimtückische Erfindung ehrgeiziger Personalentwickler. Theoretisch bezeichnet »TD« eine zweigeteilte Schicht mit einer langen Pause. In der Praxis bedeutet es: nicht enden wollende Arbeitstage. Bei mir ging es morgens um zehn Uhr los mit dem Abräumen des Frühstücksbuffets, dann musste ich das gesamte Restaurant saugen. Obwohl ich mir größte Mühe gab, blieben oft ein paar Krümel liegen – an die ständige Kritik meiner Vorgesetzten gewöhnte ich mich ziemlich schnell. Nach dem Staubsaugen deckte ich eilends alle Tische für das Mittagsgeschäft ein. Jeder einzelne Arbeitsschritt geschah unter immensem Zeitdruck, und oft erschienen Gäste vor der Eröffnung des Mittagsbuffets. »Beeilung, die Herrschaften warten. Sie sind hier nicht im Altersheim«, beschimpfte mich dann der Restaurantleiter. Wie mein Vater hatte auch er offensichtlich große Freude daran, mich vor anderen Leuten bloßzustellen.

Während der Restaurantzeiten bestanden meine Aufgaben darin, Getränke zu servieren und benutztes Geschirr abzuräumen. Trinkgeld bekam ich nicht. Die Gäste bezahlten bei den ausgelernten Kellnern, und es war in dem Hotel nicht üblich, das Trinkgeld gerecht zu teilen.

Wenn alle Gäste gegangen waren, durften die Lehrlinge sich ihre Mahlzeit aus den Resten des Buffets zusammenstellen. Oft ließ der Chef uns nicht mal in Ruhe essen, sondern hielt Vorträge über neue Serviceregeln. Seine gekünstelte Sprache erinnerte mich an die quakende Lehrerin aus den *Peanuts*-Filmen, deren Stimme von einer gedämpften Trompete angedeutet wurde. Wie Charlie Brown und seine Freunde empfand ich das Spektakel als pure Belästigung. »Nun dreh ihm doch endlich einer die Gurgel um«, fluchte ich leise in mein kaltes, pappiges Mittagessen.

Danach musste das Restaurant wieder aufgeräumt und gereinigt werden, anschließend hatte ich ungefähr zwei Stunden frei.

Nach Hause zu fahren lohnte sich nicht, weil ich zu weit weg wohnte. Meistens blieb ich im Hotel und half den anderen Azubis bei ihrer Arbeit an der Bar oder in den Konferenzräumen. Die Abende im Restaurant waren ähnlich wie die Mittage, nur länger. Oft war ich erst gegen Mitternacht fertig. Total geschafft fuhr ich mit der letzten Straßenbahn nach Hause – wenn ich Glück hatte. Es kam nämlich immer wieder vor, dass der Oberkellner seine schlechte Laune an mir ausließ: Ohne ersichtlichen Grund zwang er mich, die bereits für das Frühstück eingedeckten Tische wieder abzuräumen. Ich musste alle Stühle umgedreht auf die Tische stellen und sämtliche Stuhlbeine polieren – unser Restaurant hatte etwa hundertzwanzig Sitzplätze. Nach dem Polieren schob ich die Stühle wieder ordentlich unter die Tische und deckte alles erneut für das Frühstück ein. Das Ganze führte immer dazu, dass ich die letzte Bahn verpasste. Müde und komplett entmutigt machte ich mich zu Fuß auf den langen Heimweg.

Nach einiger Zeit bekam ich endlich eine angesehene, selbstständige Aufgabe: Ich übernahm die Hotelbar, zunächst im Frühdienst von acht bis achtzehn Uhr. Was für ein super Job, dachte ich mir. Sogar das Trinkgeld durfte ich behalten. Ein Azubi aus dem dritten Lehrjahr arbeitete mich innerhalb von drei Tagen ein – und schnell ließ die Begeisterung nach: Zu jedem bestellten Getränk musste man die Artikelnummer in eine klobige Registrierkasse eintippen. An der Wand hingen Zettel mit allen Nummern. Die Zahlen auf den Tasten der Kasse konnte ich noch vage erkennen. Das Kassendisplay war schon zu klein. Genauso die Nummernlisten: no chance! Ich bekam es mit der Angst zu tun. Jeder Fehler an der Kasse konnte zur Enttarnung meines Augenproblems führen und somit zu meiner sofortigen Entlassung.

In der Nacht, die auf den ersten Einarbeitungstag folgte, fand ich keinen Schlaf, warf mich verzweifelt von einer Seite auf die andere. In der zweiten Nacht beherrschte ich mich und begann, nach einer Lösung zu suchen. Am Morgen hatte ich sie gefunden. Ich fotokopierte eine Karte mit allen Speisen und Getränken des Hotels. Unser neuer indischer Spüler wurde mein erster Verbündeter.

Ich weihte ihn in mein Augen-Geheimnis ein, und er versprach, mit keinem Menschen darüber zu sprechen. Unsere Gemeinsamkeiten – die asiatische Herkunft und der niedrige Status im Hotel – sorgten dafür, dass wir einander hundertprozentig vertrauten. Mein Komplize übertrug für mich die Artikelnummern in die kopierte Karte. Abends arbeitete ich zu Hause alles mit einer großen Lupe durch, schrieb jeden Artikelnamen in riesigen, windschiefen Buchstaben auf Zettel und malte die jeweilige Artikelnummer daneben. So konnte ich während meiner Bahnfahrten zu und von der Arbeit die Nummern auswendig lernen. Da unser Sortiment überschaubar war, ging meine Strategie auf. Sehr bald schon tippte ich alle Zahlen blind in die Kasse. Die Liste brauchte ich nicht mehr.

Ein paar Wochen später wechselte ich in den Spätdienst der Bar und hatte wesentlich mehr Gäste zu bedienen. Meine Trinkgelder stiegen an. Von den Ersparnissen kaufte ich mir in einem Secondhandladen mein erstes Bett, es kostete 95 Mark inklusive Matratze und Lattenrost.

Anfangs waren die einzigen Menschen, mit denen ich mich regelmäßig austauschte, die Azubis aus meinem Betrieb. Natürlich redeten wir ständig über die Arbeit, es war eine Endlosschleife der immer gleichen Dialoge. Bald hingen sie mir zum Hals heraus, sodass ich keine Lust hatte, mich privat mit den Kollegen zu verabreden. Nach der Arbeit war ich oft zu aufgedreht, um gleich ins Bett zu gehen. Mit Vorliebe stand ich dann noch eine Stunde am Fenster meiner Wohnung – Lesen ging ja schon lange nicht mehr, an Fernsehen war auch nicht zu denken. Ich starrte auf die mehrspurige Schnellstraße und hörte den Autos zu. Die Monotonie wurde nur durch die Martinshörner der Rettungsfahrzeuge unterbrochen, die aus einer benachbarten Feuerwehrstation herausschossen. Ich lernte ein neues Gefühl kennen: das Gefühl der Einsamkeit. Es lastete schwer auf meiner Seele.

Aber dann freundete ich mich mit Sabine und Ralf an, meinen Banknachbarn in der Berufsschule. Von Woche zu Woche freute ich mich mehr darauf, die beiden im Unterricht zu treffen. Ich schöpfte Vertrauen und weihte sie in mein Augenproblem ein. So hatte ich schon vier heimliche Verbündete, denn außer dem Spüler im Hotel gehörte zwischenzeitlich auch meine Klassenlehrerin zu den Wissenden. Sabine und Ralf lasen mir leise von der Tafel und aus den Schulbüchern vor. Das System funktionierte, ich bekam gute Schulnoten.

Unsere Freundschaft wurde enger, doch da wir fast immer zu unterschiedlichen Zeiten Dienst hatten, trafen wir uns viel zu selten. Jede Woche sehnte ich sechs Tage und viele einsame nächtliche Stunden lang den nächsten Schultag herbei. Nach der Schule machten Ralf, Sabine und ich gemeinsam die Hausaufgaben, abends legten wir unsere Groschen zusammen und kauften das billigste Dosenbier beim Discounter. Bis in die Nacht redeten und lachten wir, hörten House Music, tranken und freuten uns des Lebens.

Ralf und Sabine stammten beide aus Hannover. Sie zeigten mir alle wichtigen Ämter und Geschäfte. Wenn wir ausnahmsweise gleichzeitig frei hatten und es uns finanziell leisten konnten, gingen wir auch mal gemeinsam in eine Disco. Mithilfe meiner Freunde entdeckte ich nach und nach das Großstadtleben.

Offensichtlich besaß Ralf die Gabe, Frauen um den Finger zu wickeln. Ständig scharten sich in den Discos Mädchen um ihn, später erzählte er mir höchst spannende Geschichten. Einmal hatte Ralf sogar drei Affären gleichzeitig. Meistens waren seine Freundinnen älter als er, hatten einen gut bezahlten Job und ein eigenes Auto. Meine Bewunderung war groß – genau wie mein Neid. Ich selbst lebte keusch wie ein Mönch. Als ich mich eines Tages traute, Ralf meine Unerfahrenheit zu beichten, und ihn um Tipps im Umgang mit Mädchen bat, sagte er nur: »Wart ab, lass mich das machen.«

Ralf ließ Taten folgen. In der Disco durfte ich nicht mehr von seiner Seite weichen. Mal tanzten wir, mal standen wir an den Bars oder nahe der Tanzfläche. Bald gelang es meinem Freund, mich regelrecht zu verkuppeln. Viele seiner Bekanntschaften waren mit Freundinnen unterwegs, Ralf fädelte lebhafte Dialoge zwischen ihnen und mir ein. Ich lernte richtig aufregende Mädchen kennen.

Alles lief prächtig, ich fühlte mich glücklich wie lange nicht mehr. Bis mich eines Tages eine Nachricht wie ein Blitzschlag traf.

Meine Mutter rief an, völlig aufgelöst. »Stell dir vor, dein Vater hat auf Sri Lanka eine andere Frau geheiratet!«

»Das geht doch gar nicht«, entgegnete ich in meiner Naivität. »Ihr seid doch noch verheiratet.«

» Sicher. Aber du kennst ihn ja …«

Sein Verschwinden hatte mein Vater zwar gründlich vorbereitet, aber er war nicht auf die Idee gekommen, die Scheidung einzureichen. Und meiner kranken Mutter fehlte es an Kraft und finanziellen Möglichkeiten, um den komplizierten Vorgang zwischen zwei Kontinenten in die Wege zu leiten. Die Nachricht von der neuen Heirat entsprach der Wahrheit – ich wunderte mich nicht lange darüber. Zwar ist Polygamie bei buddhistischen Singhalesen ein Verstoß gegen das Gesetz wie gegen die Moral. Aber wir wussten, dass mein Vater sehr fantasievoll, unmoralisch und auch sehr erfolgreich sein konnte, wenn es darum ging, seine egoistischen Interessen durchzusetzen.

Die Reisfelder und die dreißig Quadratkilometer große Kautschukplantage, die mein Vater von seiner zwischenzeitlich verstorbenen Mutter geerbt hatte, überschrieb er seiner zweiten Frau sofort nach der Heirat. Statt Unterhaltszahlungen oder irgendwelcher Ersparnisse hatte er sich für mich ein perfides Geschenk ausgedacht. Davon erfuhr ich im Frühjahr 1990, als ich einen eingeschriebenen Brief erhielt. Man forderte mich auf, einen fünfstelligen Betrag an eine Bank zu zahlen. Es ging um ein hoch verschuldetes Reisebüro, als dessen Eigentümer ich angeblich registriert war. Zuerst dachte ich, es handele sich um eine Verwechslung. Ungläubig entzifferte ich den Brief wieder und wieder, bis mir ein Licht aufging. Mir blieb fast das Herz stehen.

Zu den Geschäften, die mein Vater in Deutschland neben seinem Lehrerjob betrieben hatte, gehörte auch ein Reisebüro. Ich erinnerte mich, dass er mich vor meinem Umzug nach Hannover mit seltsamen Argumenten dazu überredet hatte, auf leeren Blättern mehrere Unterschriften zu leisten. Ich befürchtete Schreckliches und begann zu recherchieren. Auf dem wackligen Tisch in meinem kleinen Zimmer häuften sich derweil immer mehr Briefe mit Zahlungsaufforderungen. Der Staatsanwalt ermittelte gegen mich.

Das Ergebnis meiner Recherchen: Offensichtlich hatte mein Vater mich zum unwissenden Strohmann gemacht. Kraft meiner Unterschrift war ich tatsächlich der offizielle Eigentümer des Reisebüros. Alles war ein abgekartetes Spiel. Dunkle Machenschaften, die dafür sorgten, dass ich nächtelang das neue Bett mied, über das ich mich so gefreut hatte. Sobald ich einschlief, verfolgten mich Albträume.

In meiner Verzweiflung wandte ich mich an Roberts Eltern, bei denen ich einen Monat lang gewohnt hatte. Ich erhoffte mir Trost, vielleicht ein paar Ratschläge – ich erhielt Unterstützung auf ganzer Linie. Dazu gehörte, dass sie mir einen erfahrenen Anwalt nicht nur empfahlen, sondern den Rechtsbeistand auch finanzierten. Außerdem hatten sie immer ein offenes Ohr und ließen mich spüren, dass sie alles in ihrer Macht Stehende für mich tun würden.

Ich habe nie am eigenen Leib erfahren dürfen, wie es ist, wenn ein komplettes Elternpaar sich bedingungslos seines Kindes annimmt. Aber ich kann wohl sagen: Roberts Eltern haben sich mir gegenüber so verhalten, als sei ich ihr eigener Sohn. Ohne sie hätten die Sorgen meine Seele zerfetzt und ich wäre finanziell ruiniert gewesen. Wahrscheinlich wäre ich ein Heroinjunkie geworden oder ein Strichjunge oder ich hätte mich umgebracht. Oder alles drei nacheinander. Und das ist kein Spruch, keine Übertreibung. Die Dankbarkeit, die ich Roberts Eltern gegenüber empfinde, ist unendlich groß. Dafür gibt es keine Worte.

Die Ermittlungen und Verhandlungen in Zusammenhang mit dem verschuldeten Reisebüro zogen sich über Monate hin. Ich musste vor Gericht erscheinen. Am Ende wurde ich von allen Anschuldigungen freigesprochen. Meinem Vater ließ ich ausrichten: »Solltest du auf die Idee kommen, nach Deutschland zu reisen, ist in Frankfurt/Main am Flughafen für dich Schluss. Sobald du deinen Pass zeigst, wird man dich festnehmen.« Manche Bekannte von mir meinten: »Er ist doch dein Vater, du musst mit ihm reden.« Und ich: »Da gibt es nichts zu reden. Einmal betrogen, immer betrogen.«

Nie wieder habe ich ein Wort mit meinem Vater gewechselt. Nie habe ich den Wunsch gespürt, ihn ausfindig zu machen, anzurufen oder womöglich zu besuchen. Auch von ihm kam niemals Post oder ein Anruf. Selbst nicht, als ich an Krebs erkrankte und um mein Leben kämpfte. Er erfuhr von meiner Krankheit, aber ich war ihm offensichtlich egal. Mir sollte es recht sein.

Bis heute werde ich immer mal wieder gefragt, ob ich meinen Vater vermisse. Seit über zwanzig Jahren lautet meine Antwort: »Ich hatte nie einen Vater.« Und jetzt ist er schon lange tot. Er wurde ermordet.

Ab der Zeit, in der ich mich für die Machenschaften meines Vaters rechtfertigen musste, entwickelte ich mich erst langsam, dann immer rasanter in eine neue Richtung. Und zwar größtenteils bergab, zumindest in Bezug auf meine charakterliche und gesundheitliche Verfassung. Den Ärger, den mein Vater mir verursacht hatte, allein dafür verantwortlich zu machen, wäre falsch. Aber mit Sicherheit trug diese krasse Erfahrung zu meinem Orientierungsverlust bei.

Der erste und entscheidende Schritt in Richtung Abgrund war, dass ich meine Wurzeln kappte. Alle Kontakte nach Sri Lanka brach ich ab, mit asiatischer Kultur wollte ich nichts mehr zu tun haben, auch den Buddhismus verbannte ich aus meinem Kopf und meinem Herzen. Die Abneigung gegen alles Asiatische wurde so tief, dass ich viele Jahre lang keine Speisen anrührte, die mit Curry gewürzt waren.

Statt der paar Bier, die ich so gern mit Sabine und Ralf getrunken hatte, griff ich immer öfter zur Whiskyflasche. Solange ich noch regelmäßig mit Roberts Eltern zu tun hatte, hielt die Sache sich einigermaßen in Grenzen. Doch schon wenig später nahm mein Konsum bedenkliche Ausmaße an. Phasenweise trank ich so viel, dass ich schlecht schlief, mich schwach und appetitlos fühlte, manchmal sogar zittrig war. Doch das nahm ich in Kauf, ganz gezielt betäubte ich mich, um meinen Groll und den täglichen Hotelstress zu verdrängen. Belastend war für mich ja nicht nur die Arbeit an sich. Das Verheimlichen meines Augenfehlers und die ständige Angst vor der Enttarnung raubten mir wahnsinnig viel Kraft.

Außerdem macht so ein Alkoholrausch bekanntlich eine Menge Spaß – und ich wollte endlich Spaß haben. Wollte leben, feiern, ausgelassen und unvernünftig sein.

Im zweiten Lehrjahr bekamen Ralf, Sabine und ich etwas höhere Gehälter, sodass wir uns öfters einen Ausflug ins Nachtleben gönnten. Ich machte in den Clubs nicht nur Bekanntschaft mit Mädchen, sondern fand auch neue Kumpels – nicht immer sympathische, aber aufregende Typen, wie mir schien. Sie kifften, ich machte mit, obwohl ich nie ein Raucher gewesen bin. Ein kräftiger Joint, dazu ein paar Whiskys – ab ging die Party. Ich wollte mehr, immer mehr davon. Und fand heraus, dass sich der Rausch mit Medikamenten noch steigern ließ. Ärzte zu finden, die mir Psychopharmaka verschrieben, war kein Problem.

Es dauerte nicht lange, bis ich fast jede Nacht loszog. Mit zugedröhntem Schädel kehrte ich erst im Morgengrauen heim, allein oder in Begleitung einer Frau. Meine Affären waren so zahlreich, dass ich gelegentlich die Namen der Mädchen durcheinanderbrachte – im Zeitraffertempo holte ich die Erfahrungen nach, die andere Jungs meines Alters längst hinter sich hatten. Ständig schleppte ich mich total übermüdet und mit heftigen Kopfschmerzen ins Hotel, oft vergaß ich, die Eintrittsstempel der Discos abzuwaschen. Ich versuchte, sie vor den Blicken der Vorgesetzten zu verbergen, und zog die Jacke meiner Hoteluniform weit über den Handrücken. Aber das war sinnlos. Meine dunklen Augenringe verrieten mich sowieso.

Schnell zeigte sich, dass dieser Lebenswandel mit dem Lehrlingsgehalt und auch mit normalen Nebenjobs nicht zu finanzieren war. Auf die Idee, meine Vergnügungen einzuschränken, kam ich nicht. Stattdessen gab ich meinen neuen Kumpels zu verstehen, dass ich großes Interesse an lukrativeren Tätigkeiten hatte. Ich ahnte, dass sie Mittel und Wege kannten, und das taten sie: Autoradios verkaufen, Drogen transportieren, Zigaretten klauen … Ich war dabei. Zwar immer nur als Helfer, als ganz kleine Nummer. Trotzdem: kleinkrimineller Mist!

Ich dachte gar nicht daran, mir von dem Geld etwa Möbel zu kaufen, essen zu gehen oder zu verreisen. Auch Kleidung interessierte mich nicht, obwohl die allermeisten Sachen, die ich aus meinem Elternhaus mitgenommen hatte, zwischenzeitlich aufgetragen waren. Nur eine Jeans, ein paar Schuhe, ein Sweatshirt und zwei T-Shirts erwiesen sich als außerordentlich robust – drei Jahre lang bestand mein Freizeitdress aus diesen wenigen Teilen. Nein, es ging mir nicht um Luxus oder Statussymbole. Ich wollte einfach genug Geld haben, um in Clubs zu gehen, Whisky und Dope zu kaufen, mal einem Mädchen ein Getränk zu spendieren. Meiner Meinung nach hatte ich ein Anrecht darauf, das anscheinend nur mit illegalen Methoden durchzusetzen war. Ich empfand keinerlei Schuldgefühle.

Aus heutiger Sicht war ich damals eine armselige, heruntergekommene Gestalt.

Unterbrochen wurde meine Täglich-Party-Phase durch einige Wochen Nachtdienst an der Rezeption. Zuerst ärgerte ich mich darüber, dann wurde mir klar: Tagsüber hätte ich am Computer der Rezeption arbeiten müssen. Natürlich war die Schrift auf dem Bildschirm viel zu klein für mich. Dieses Problem blieb mir nachts erspart.

Meine Schicht ging von zweiundzwanzig bis sechs Uhr. In der frühen Nacht gefiel mir die Arbeit am besten. Das Telefon klingelte kaum. Gelegentlich kamen Gäste und verlangten nach ihrem Zimmerschlüssel. Flink und möglichst unauffällig zählte ich im Regal die Fächer ab, um den richtigen Schlüssel zu finden. Gegen ein Uhr schloss die Bar, das Haus kam zur Ruhe. In den ersten

Nächten war ich etwas ängstlich, so ganz allein in der Lobby. Später saß ich entspannt da und hörte Radio. Wenn ich müde wurde, stand ich auf und spazierte durch die Empfangshalle. Um drei Uhr früh sah mein Arbeitsplan eine »große Sicherheitsrunde« durch das gesamte Hotel vor. Da abseits der erleuchteten Gänge alles still und dunkel war, prägte ich mir die Akustik der einzelnen Räume ein. Während meiner Rundgänge hörte ich deutlich, wenn irgendwo Fenster offen standen. Nie gelang es einem Luftzug, sich unbemerkt an meinem Gehör vorbeizuschlängeln. Oft waren technische Geräte in den Tagungsräumen nicht ausgeschaltet worden. Ich verglich die übliche Geräuschkulisse mit der tatsächlichen, registrierte das Summen von Geräten im Stand-by-Modus und Luftverwirbelungen von Ventilatoren. In der Hotelküche waren manchmal noch Friteusen oder Öfen eingeschaltet. Zum Glück habe ich es immer bemerkt.

Beim Schichtwechsel am Morgen lernte ich die Rezeptionistinnen kennen – alles sehr sympathische Damen, von denen mir eine besonders gut gefiel. Sie hieß Lisa, war älter als ich, hatte eine charmante Stimme und eine sehr geheimnisvolle Ausstrahlung. Eine Liaison begann – heiß und heimlich, denn Liebschaften unter Hotelmitarbeitern galten als unerwünscht. Wir hatten nur selten zur gleichen Zeit frei, doch umso mehr kosteten wir die gemeinsamen Stunden aus. Schnell merkte ich, dass es mit Lisa etwas anderes war als mit den Mädchen, die ich bis dahin getroffen hatte. Zum ersten Mal war ich richtig verliebt. Ich nahm meinen ganzen Mut zusammen und gestand Lisa meine Gefühle. Ihre Reaktion: zuerst Nervosität, dann Distanz. Sie sprach von einem Missverständnis, sie hatte keinerlei ernste Absichten. Ich war zutiefst verletzt: in meiner Ehre, meinen Gefühlen, die Situation bereitete mir geradezu körperliche Schmerzen. Wenn ich abends meinen Dienst antrat, kämpfte ich gegen die Tränen an, spätnachts ließ ich ihnen freien Lauf. Ich schwor mir, mich nie wieder in eine Vorgesetzte zu verlieben. Erfreulicherweise wechselte ich kurz darauf die Abteilung, so konnte ich Lisa aus dem Weg gehen. Aber die Schmerzen blieben – zumal ich erfuhr, dass Lisa verheiratet war und mich offensichtlich nur als Pausenclown benutzt hatte. Meine Freunde Ralf und Sabine standen mir bei, hörten sich immer wieder mein Gejammer an und gaben sich alle Mühe, mich zu trösten. Außerdem tröstete ich mich selbst mit Alkohol, Tabletten und Affären.

Meine letzte Ausbildungsstation im Hotel war die Küche. Seit Kurzem gab es einen neuen Küchenchef, Herrn Krohn. Er hatte ein offenes, freundliches Wesen und war der Mensch, der mir in der Lehre das meiste und wichtigste Wissen vermittelte.

Herr Krohn hatte zuvor auf einem Fünf-Sterne-Kreuzfahrtschiff gearbeitet. Oft saßen wir nach der Arbeit zusammen oder gingen an freien Tagen gemeinsam spazieren. In bunten Farben schilderte er mir die Zubereitung von Captain's Dinners und Gala-Buffets für tausend Gäste. Auch über wilde Bordpartys konnte er einiges berichten. Für mich wurde er Vorbild, Vaterfigur und Freund zugleich. Manchmal besuchte er mich zu Hause und füllte meinen Kühlschrank auf. Wenn ich mich bedanken wollte, fiel er mir ins Wort und sagte: »Lass gut sein, Krawattchen. Du hast zwei Tage frei, ich will nicht, dass du hungerst.« Nach kurzer Zeit offenbarte ich ihm mein Augenproblem, er hielt dicht.

In der Hotelküche war es für mich ein ernsthaftes Problem, Wurst und Käse zu schneiden. Die rotierende Klinge der Aufschnittmaschine konnte ich nicht richtig erkennen. Einmal schnitt ich mich so tief in den linken Zeigefinger, dass ich für zwei Wochen krankgeschrieben wurde. Eine Erinnerung an dieses Missgeschick trage ich bis heute bei mir: Die Fingerspitze ist taub geblieben.

Als ich zurück in die Küche kam, war Herrn Krohns erste Bemerkung: »So einen Unfall will ich hier nicht wieder erleben. Wir bauen jetzt die Aufschnittmaschine auseinander und ich erkläre sie dir.« Er nahm sich viel Zeit, beschrieb den Aufbau der Maschine und die Funktion jedes einzelnen Teils. Anschließend ließ er mich das Gerät allein zerlegen und wieder zusammensetzen. Von da ab konnte ich bergeweise Wurst und Käse schneiden und gleichzeitig mit Kollegen plaudern. Einmal schimpfte ein Koch: »Pass auf, gleich schneidest du dich wieder, du Blindfisch!« Ich lächelte entspannt in seine Richtung und schob mir meine Kochmütze weit ins Gesicht. »Bleib cool, ich kann das mit verbundenen Augen.«

Wenn ich vor den riesigen Regalen im Kühlhaus stand, erkannte ich kaum etwas, trotzdem faszinierten mich die Techniken der Lagerhaltung. In einer Großküche ist so etwas eine komplizierte Angelegenheit, die Abläufe müssen einem ausgeklügelten System folgen. Herr Krohn drückte mir nie Zettel in die Hand, sondern erklärte alles bis ins Detail und machte dabei bildhafte Vergleiche. Vieles von dem, was er mir mitgegeben hat, ist mir noch heute präsent und nützlich.

In der Regel ließ mich Herr Krohn immer an den Tagen arbeiten, an denen größere Warenanlieferungen erwartet wurden, und betraute mich mit der Organisation. Konzentriert ging ich in Gedanken meine Aufgaben durch. Wenn es die Situation erforderte, machte ich Überstunden. Nach getaner Arbeit kontrollierte Herr Krohn nur noch das Endergebnis. Neben reichlich Anerkennung erwähnte er beiläufig, was er sich beim nächsten Mal anders wünschte. Selbstverständlich geschah das nur unter vier Augen. Gelobt wurde ich von ihm gern vor dem Hoteldirektor und vor anderen Küchenmitarbeitern. Ich wäre für Herrn Krohn durchs Feuer gelaufen.

Am Ende meiner Küchenzeit durfte ich sogar im À-la-carte-Geschäft arbeiten. Selbstständig briet ich Steaks und bereitete passende Soßen zu. Herr Krohn lehrte mich, den Garzustand festzustellen, indem ich mit der Fleischgabel auf das Steak drückte. Mit der Methode hielt ich die gewünschten Garstufen immer ein. Englisch, medium oder well done? Kein Problem! Meine Augen brauchte ich dafür nicht, Fingerspitzengefühl reichte aus.

1992 bis 1993. Auf der Karriereleiter

»Saliya Kahawatte, Sie sind für den Tisch dort zuständig!«

»Entschuldigung, für welchen, bitte?«

»Na, da hinten.«

Ich strenge mich an, um zu erkennen, wohin der Lehrer zeigt. Zweite Reihe, letzter Tisch? Ja, den meint er wohl.

»Ihre Aufgabe: Eindecken eines Vier-Gang-Menüs für vier Personen – Pastete, Suppe, Lachs, Dessertvariationen. Bitte denken Sie auch an Gläser, Servietten und so weiter. Plus Dekoration.«

So was habe ich noch nie gemacht. Mein Herz rast, meine Atmung wird hektisch.

Es ist der letzte Tag der Abschlussprüfungen in der Berufsschule. Ich bemühe mich, auf den Rettungsplan zu vertrauen: Ralf hat mir seine Hilfe versprochen. Aber ich weiß nicht, wie er das anstellen will. Vor Aufregung verliere ich die Orientierung, unsicher taste ich mich zu dem mir zugewiesenen Tisch. Wo ist Ralf? Ich kann ihn nicht hören. Um mich herum herrscht ein einziges Stimmengewirr. Fünfzig Azubis legen gleichzeitig ihre Serviceprüfung ab, jeder hat andere Menüanweisungen.

»Die Prüfung läuft. Dreißig Minuten Zeit.«

Ich versuche, mich zu konzentrieren. Richte den Tisch und die Stühle aus. Sorgsam lege ich das Tischtuch auf, falte Serviettenfiguren, stelle sie hin. Dann gehe ich an die Besteckschubladen, starre hinein, sehe nichts weiter als eine glänzende Masse. Filmriss. In meinem Kopf herrscht Funkstille. Die Minuten vergehen.

Aus dem Nichts höre ich Ralfs leise Stimme: »Zuerst das Hauptgangbesteck, was gibt es bei dir?«

»Fisch«, flüstere ich.

»Liegt in Sieben und Acht«, sagt Ralf und verschwindet.

Ich zähle die Fächer, ziehe vier Fischgabeln und Fischmesser heraus. Mit zitternder Hand lege ich das Tafelsilber auf die Tischdecke, richte die Bestecke aus, kehre an die Schubladen zurück. Wieder verstreicht wertvolle Zeit, bevor mein Helfer sein Versprechen einlösen kann und mir sagt, wo ich Vorspeisenbesteck und Suppenlöffel finde.

Ein Lehrer erscheint an meinem Tisch, ich höre einen Kugelschreiber auf Papier. Dann die Worte: »Nun aber los, Sie haben nur noch fünf Minuten!« Meine Mitstreiter verlassen bereits den Raum, um mich herum wird es immer stiller, bis ich ganz allein bin. Mir fehlen noch das Dessertbesteck und alle Gläser. Als ich mich umdrehe, höre ich Kollegen in der Küche. Plötzlich zischt eine mir unbekannte Stimme durch die Küchenluke: »Ralf sagt, er liegt immer auf ihr«, es folgen die Nummern der Besteckschubladen. Das »Er« und das »Sie« beziehen sich auf Löffel und Gabel für das Dessert – eine von Ralfs beliebten Eselsbrücken.

»Die letzte Minute läuft«, ertönt eine Stimme aus dem Lautsprecher.

Ich renne zum Gläserschrank, reiße vier Weißweingläser heraus und werfe sie regelrecht auf den Tisch. Gong! Schweißnass stolpere ich aus dem Raum.

Kurz zuvor hatte ich meinen jährlichen Augenarztbesuch absolviert. Mein Sehvermögen war auf fünfzehn Prozent gesunken.

»Hier ist wohl ein Wirbelsturm durchgefegt«, meinte Ralf, als er das Ergebnis meiner Arbeit sah. Kichernd empfahl er mir, mich in einer Jugendherberge zu bewerben. »Komm, und jetzt guck dir mal mein Kunstwerk an.« Stumm folgte ich ihm. Meine Blicke tasteten über Ralfs prächtige Festtafel. In einem großen Leuchter brannten Kerzen, alles schien perfekt arrangiert. Bis auf die Tischdecke, die überall rötliche Flecken aufwies.

»Hast du die Batik-Arbeit selbst gemacht?«, frotzelte ich.

»Mensch, Sali, das sind Rosenblätter!«

Trotz meiner erbärmlichen Leistung beim Tisch-Eindecken erhielt ich meinen Gesellenbrief, denn in allen anderen Prüfungen hatte ich gut abgeschnitten. Glücklich zeigte ich das Dokument Herrn Krohn. Er freute sich für mich. »Geh in einen noblen Laden, in dem du endlich etwas lernst«, riet er mir.

Ralf fand sofort eine Anstellung als Oberkellner in einem feinen Fischrestaurant in der Hannoveraner Innenstadt. Sabine zog es nach bestandener Prüfung in die Ferne, sie ließ sich mit einem

Freund in London nieder. Auch Herr Krohn packte seine Sachen, er hatte erneut auf einem Kreuzfahrtschiff angeheuert. Wie gern wäre ich ihm gefolgt. Aber alle Reedereien machten gründliche Gesundheitschecks. Einen Sehtest hätte ich niemals bestanden.

Gab es für mich überhaupt eine berufliche Zukunft? Obgleich ich unbedingt in der Welt der Sehenden bleiben wollte, zögerte ich, mich zu bewerben. Ich hatte Angst vor neuem Schwindel und Geheimnissen, vor neuem Stress ganz ohne Verbündete. Einige Wochen verbrachte ich mit Grübeln und Nichtstun. Nur selten ging ich aus, meine knappen Ersparnisse reichten kaum für Miete und Lebensmittel. Von meinen wilden Kumpels und ihren heißen Geschäften hielt ich mich zunehmend fern.

Dann kam der Abend, an dem ich Ralf an seinem neuen Arbeitsplatz besuchte. Während mein Freund die Abrechnung machte, sprach mich sein Chef an: »Wir suchen noch fähige Kräfte, wo arbeitest du?« Ich überlegte kurz. Noch bevor ich antwortete, ergriff Ralf das Wort: »Der Kollege ist ein Top-Mann, er hat den totalen Durchblick.« Wie bitte? Fast hätte ich mich an meinem Wein verschluckt. »Morgen machst du einen Probetag, sei um zehn Uhr hier.« Ein Angebot? Nein, die Worte des Restaurantbesitzers klangen eher wie ein Befehl. Er reichte mir die Hand. Unsicher schlug ich ein. Zu Hause gönnte ich mir einen dreifachen Whisky. Und dann noch einen.

Am nächsten Morgen stand ich um halb sieben senkrecht im Bett. Hektisch bügelte ich ein weißes Hemd, putzte meine Kellnerschuhe und suchte meine Fliege. Das Frühstück bekam ich vor lauter Aufregung nicht hinunter. Stattdessen rannte ich eineinhalb Stunden lang wie ein eingesperrter Löwe in meinem Mini-Wohnzimmer hin und her. Pünktlich betrat ich das edle Restaurant und ging schnurstracks auf Ralf zu. »Du Hornochse, ich habe keine Ahnung, was hier abgeht!« Er hatte seine Ausbildung im besten Fünf-Sterne-Hotel der Stadt gemacht. Für mich lagen Welten zwischen dem, was ich als Fast-Blinder gelernt hatte, und dem, was nun von mir erwartet wurde.

»Bleib locker, wir kriegen das hin«, behauptete Ralf. Ich sollte an der Bar beginnen, danach wollte er mich in den Tischservice einweisen.

»Na super. Und was ist mit meinem Augenproblem? Was passiert, wenn es jemandem auffällt?«, herrschte ich ihn an.

»Nichts passiert, ich bin doch da.«

Mit Ralfs Hilfe überlebte ich den Tag und erhielt meinen Arbeitsvertrag. Wie besprochen, arbeitete ich anfangs an der Bar – ein Job, in dem ich mich halbwegs sicher fühlte. Aber es gab noch vieles zu lernen. Nach Dienstende wartete ich, bis alle Kellner außer Ralf gegangen waren. Der Restaurantbesitzer blieb glücklicherweise meistens nur tagsüber da. Während Ralf die Einnahmen berechnete, widmete ich mich mit meiner Lupe dem Spirituosenbestand. Neben Form und Farbe jeder Flasche prägte ich mir den Geruch des Inhalts ein und gab allen Flaschen einen neuen, festen Platz in den Regalen und Kühlschubladen. Spätnachts erteilte Ralf mir Unterricht: Herkunft, Historie, Zusammensetzung und Geschmack der Spirituosen, die klassischen Cocktails, moderne Mixgetränke … Nach vier Wochen hatte ich die Bar im Griff, lässig rührte und schüttelte ich alle Cocktails der langen Getränkekarte. Während des Einschenkens hörte ich, wie viel Flüssigkeit in das Behältnis floss. War es im Restaurant zu laut, zählte ich in Gedanken mit. Einen Messbecher brauchte ich nie, die Füllstriche hätte ich ohnehin nicht erkennen können.

Jeden Tag hatte ich Teildienst. In den langen Pausen blieben Ralf und ich im Restaurant, er erläuterte mir die Weinkarte und alle Fischgerichte. Oft probten wir kleine Theaterstücke aus dem Genre »Bestellung eines anspruchsvollen Gastes«. Ralf fragte mich über Speisen und korrespondierende Weine aus, anschließend deckte ich den Tisch entsprechend der Bestellung ein. An der Kasse übten wir die zügige Eingabe von Artikeln, wieder lernte ich alle Nummern auswendig.

Wenig später erklärte Ralf meine Fortbildung für abgeschlossen und übertrug mir eine eigene »Station«, wie es in der Branchensprache heißt: Ich bekam die Verantwortung für sechs Tische. An meinem ersten Tag als Kellner waren schon gegen zwölf Uhr alle Tische besetzt. Notizen konnte ich mir nicht machen. So versuchte ich, die Bestellungen im Kopf zu behalten. Auf dem Weg zur Kasse ging ich sie in Gedanken durch: zweimal Seezunge an Tisch eins, Rotbarsch und Heilbutt an vier, an der Sechs zweimal das Tagesmenü. Und die Getränke? Ich Trottel hatte völlig vergessen, die Gäste nach ihren Getränkewünschen zu fragen. Eilig marschierte ich zurück und wieder zur Kasse. Als ich die Bestellungen eingeben wollte, kam ich ins Schleudern: ein Bier und zwei Gläser Champagner – oder zwei Bier und ein Champagner? Eine Flasche Sancerre, ja, genau. Und dann: Mineralwasser ohne Kohlensäure – oder mit? Alles war durcheinander. Ich bat Ralf um Hilfe. Er stornierte meine Eingaben, ging geschmeidig von Tisch zu Tisch, erkundigte sich nach den Bestellungen und entschuldigte sich charmant für die Verzögerung: »Mein Kollege ist neu, Ihre Getränke kommen sofort.« Dann gab er alles in die Kasse ein, empfahl mir, die Bestellungen tischweise anzunehmen und sofort einzutippen.

Während der Pause besprach Ralf nochmals alle meine Fehler mit mir, ganz sachlich, Schritt für Schritt. Seine Geradlinigkeit und Geduld waren bewundernswert. Beim Abendgeschäft fühlte ich seine Blicke. Gelegentlich ging er dezent dazwischen, wenn ich verwirrt an der Kasse stand. Nachdem wir die letzten Gäste verabschiedet hatten, zählte er für mich das Geld.

Am nächsten Tag lief nichts mehr schief. Niemand entdeckte mein Geheimnis. Schon bald erweiterte Ralf meinen Zuständigkeitsbereich. Ich fühlte mich wie ein Held und belohnte mich, indem ich meine Trinkgeld-Ersparnisse in eine neue Garderobe investierte.

Nach Feierabend besuchten Ralf und ich regelmäßig eine elegante Bar. Wir trugen schicke Anzüge, bestellten Cocktails, Zigarren und kamen uns sehr weltmännisch vor. Zwar schmeckten die Zigarren mir nicht besonders, aber Ralf überzeugte mich, dass sie zum perfekten Erscheinungsbild eines Profi-Gourmets gehörten. Ziemlich oft zog ich anschließend noch weiter. Dank der Einweisungen von Ralf und anderen Bekannten gab es zwischenzeitlich eine ganze Menge Bars und Clubs, in denen ich mich allein zurechtfand.

Ein guter Job, genügend Geld und reichlich Spaß: Es war ein traumhaftes Leben. Doch nach nur drei Monaten endete der Traum. Ralf und ich erfuhren, dass das Fischrestaurant wirtschaftlich miserabel dastand und verkauft werden sollte. Innerhalb weniger Tage fand Ralf neue Arbeit als Kellner auf einem Kreuzfahrtschiff. Zum Abschied gingen wir noch einmal zusammen Cocktails trinken. Seitdem habe ich ihn nie wieder getroffen, nie wieder von ihm gehört. Aber das nehme ich meinem Freund nicht übel, und ich mache mir auch keine Sorgen um ihn. Manchmal stelle ich mir vor, dass er heute auf einer Karibikinsel lebt und ein feines, florierendes Restaurant besitzt. Ich male mir aus, wie er am Strand liegt, eine Zigarre raucht und Cuba Libre schlürft. Neben ihm seine Ehefrau, eine dunkelhäutige Schönheit. Die beiden wirken sehr verliebt und glücklich. Eine Nanny beaufsichtigt derweil die zwei bis drei zuckersüßen Kinder, die im seichten Wasser planschen. Das würde gut zu Ralf passen, und ich würde es ihm von Herzen gönnen.

Nachdem Ralf gegangen war, kündigte auch ich. Ohne seine Hilfe wäre ich im Service nicht zurechtgekommen. Ich stand vor dem Nichts. Wovon sollte ich leben? Schweren Herzens ging ich zum Arbeitsamt, meine Behinderung verschwieg ich. »Gerade ausgelernt und schon arbeitslos, das ändern wir«, behauptete die forsche Beamtin und drückte mir einen Stapel Papier in die Hand. Ich schaute auf die Zettel, dann fragend zu der Frau, die meinen Blick natürlich missdeutete. »Ja, Sie sehen richtig. Und jetzt stellen Sie sich bei all diesen Arbeitgebern vor.«

Zu Hause begann ich, die Adresslisten zu entziffern. Schon auf dem ersten Blatt entdeckte ich den Namen eines bekannten Fünf-Sterne-Hotels. Ohne Mitwisser und Helfer, so sagte ich mir, würde ich dort garantiert Schiffbruch erleiden. Sei vernünftig, halte Ausschau nach bescheideneren Adressen! Aber meine Lupe haftete wie ein Magnet an dem Namen des Spitzenhotels. Minutenlang. Bis ich mit der anderen Hand zum Telefonhörer griff. »Ja, wir suchen Kellner«, hörte ich eine helle, warme Frauenstimme sagen. »Kommen Sie am besten heute noch vorbei.«

»Ich muss gleich zur Arbeit«, log ich. »Kann ich morgen kommen?« Wir vereinbarten einen Termin. Ausführlich beschrieb die Frau mir den Weg ins Personalbüro und erwähnte, der Eingang liege am Ostflügel des Hotels neben einem Springbrunnen.

In den letzten Jahren hatte ich mir angewöhnt, nie spontane Verabredungen zu treffen. Oft hatte ich mich unterwegs verlaufen und war zu spät gekommen. Ich konnte ja nicht einmal die andere Straßenseite sehen, geschweige denn Straßenschilder lesen. So begann ich mit der Entwicklung meines persönlichen Navigationssystems. Es war noch nicht patentreif, wurde aber durch tägliches Üben stetig optimiert.

Als ich aufgelegt hatte, machte ich mich gleich auf den Weg. Ich nahm die Straßenbahn und stieg nahe dem Rathaus aus. Da ich einst mit der Berufsschulklasse im Rathaus gewesen war, wusste ich Bescheid – eine einmal abgespeicherte Route vergesse ich nicht mehr. Beim Rathaus-Pförtner fragte ich nach dem Hotel. »Drehen Sie sich um, es ist gleich da vorn.« Stück für Stück tastete ich mit meinen Blicken die Umgebung ab und entdeckte schließlich ein riesiges graues Rechteck. Das musste es wohl sein. Zwischen meinem Standort und dem Hotel lag eine breite Straße, wie ich an den vielen schnell fahrenden Autos hörte. Ich ging die Straße entlang bis zu einem Fußgängerüberweg, unterwegs zählte ich meine Schritte. Zusammen mit mehreren Passanten erreichte ich die andere Straßenseite, dann ging ich die gezählte Anzahl Schritte an der Straße entlang zurück. Nun stand ich direkt vor dem Hotel. In östlicher Richtung wanderte ich um das Gebäude herum, als plötzlich aus der Tiefe ein Auto hervorschoss. Es hupte laut, raste an mir vorbei – ich war vor der Tiefgarageneinfahrt gelandet. Vor Schreck um Luft ringend, verlangsamte ich mein Tempo. Bald merkte ich, dass ich in der Nähe des Lieferanteneingangs angekommen war: Es roch nach Lebensmitteln, und der Wind trieb das Summen hydraulischer Hebebühnen herüber. Dann hörte ich endlich das Plätschern des Springbrunnens. Ich fand eine verschlossene Tür. Mit meiner Lupe ging ich alle Klingelschilder durch. Buchhaltung, Einkauf, Food & Beverage und da: das Personalbüro. Viertes Schild von oben. Deutlich hörte ich wieder die Straßengeräusche. Vermutlich war ich einmal um das ganze Gebäude herum gegangen. Egal. Alle Informationen, die ich für den nächsten Tag benötigte, hatte ich beisammen. Zufrieden nahm ich den gleichen Umweg zurück, den ich gekommen war.

Am nächsten Morgen ging ich sicheren Schrittes zum Ostflügel des Hotels. Ich klingelte, die Tür öffnete sich. Die Frau am Telefon hatte gemeint, ich solle eine Wendeltreppe hinaufgehen, um zu ihr zu gelangen. Oben angekommen, vernahm ich Stimmengewirr und klingelnde Telefone. Offenbar stand ich in einem Großraumbüro. Im hinteren Teil des Raums erkannte ich die freundliche Stimme der Personalassistentin, sie näherte sich mir. »Guten Tag und herzlichen Glückwunsch! Sie haben sofort hergefunden, viele verlaufen sich am ersten Tag.« Ich musste mir ein Grinsen verkneifen.

Die Personalchefin kam hinzu. Höflich erkundigte sie sich nach der richtigen Aussprache meines Namens. Wir unterhielten uns über Asien, die internationale Hotellerie und meine Ausbildung. Das Gespräch endete mit einem Angebot: »Wenn es Ihnen recht ist, können Sie in zwei Wochen in unserem Restaurant anfangen.« Ich sagte ohne Zögern zu. Erhobenen Hauptes verließ ich das Hotel durch den Vordereingang.

Am Abend traf ich mich mit meinem Freund »Gurke«, eigentlich hieß er Gurkan. Wir hatten uns kurz zuvor im Hannoveraner Nachtleben kennengelernt und trafen uns regelmäßig. Er wohnte noch bei seiner Mutter, einer fantastischen Köchin, die uns mit türkischem Essen verwöhnte. Sein Geld verdiente Gurke als Popcorn-Verkäufer in einem Kino. An meinen freien Tagen besuchte ich ihn gern bei der Arbeit, saß in der ersten Kinoreihe und futterte Popcorn. Wenn Gurke Feierabend hatte, setzte er sich neben mich. Flüsternd beschrieb er mir die Details der Filmszenen.

Gurke freute sich mächtig über meinen neuen Job. Bis in den frühen Morgen feierten wir in einem kleinen türkischen Imbiss, bevor wir in den Frühclub einer Techno-Disco weiterzogen. Als wir den Club verließen, war es Nachmittag.

Mein erster Arbeitstag im Fünf-Sterne-Hotel wurde ein unglaubliches Fiasko. Es fing damit an, dass Karl, mein direkter Vorgesetzter, mich ohne Erklärungen durch endlos erscheinende Gänge führte. Wie sollte ich mich in dem riesigen Gebäude orientieren? Dann bat mich der Restaurantleiter in sein Büro, gab mir eine Speise- und eine Weinkarte und sagte: »Machen Sie sich schnellstens mit dem Inhalt vertraut. Wir erwarten höchsten Standard. Fehler werden hier nicht toleriert.« Von Satz zu Satz klang seine Stimme lauter und höher.

Der Oberkellner trat ein. »Kleinschmidt, grüße Sie, Herr Kawasaki.« Er kam näher und starrte auf mein Namensschild. Er lachte. »Ich brauche eine Brille, da steht ja etwas ganz anderes.«

Von Karl erfuhr ich, dass Herr Kleinschmidt ausgebildeter Sommelier war und die Weinkarte selbst zusammengestellt hatte. Sie umfasste über zweihundert Weine.

Der nächste Schrecken: Karl wollte mich mit dem Kassensystem vertraut machen. Es war das neueste Modell mit einem kleinen Display und digitalem Menü – weder Ziffern noch Buchstaben konnte ich erkennen. Eine gedruckte Liste mit Artikelnummern gab es nicht. Mit welcher Strategie sollte ich hier durchkommen? Karl redete ununterbrochen und hackte wie ein Irrer auf der Kasse herum. Als er mich bat, alles zu wiederholen, stellte ich mich dumm, um auf keinen Fall mit der Kasse arbeiten zu müssen. Karls Erklärungen gab ich so falsch wie nur irgend möglich wieder. Es war eine der schlechtesten Strategien aller Zeiten. Die Rolle des Einfaltspinsels spielte ich so perfekt, dass ich zur Belohnung in die Spülküche versetzt wurde und Bestecke polieren musste. Herr

Kleinschmidt legte mir einen Papierstapel hin: die fotokopierte Weinkarte. »Da kannst du nebenbei etwas lernen.«

Als ich gegen Mitternacht zu Hause war, fiel ich nur noch todmüde ins Bett. Die Weinkarte hätte ich sowieso nicht studieren können. Ich hatte keine Gelegenheit gefunden, heimlich vergrößerte Kopien anzufertigen.

Tags darauf schlenderten Herr Kleinschmidt und Karl durch die Spülküche. »Na, Kollege, gefällt dir dein Job?«, fragte Karl spöttisch. Ich wusste nicht, was ich antworten sollte, und starrte stumm auf die neben mir liegenden Zettel. Herr Kleinschmidt forderte mich auf, drei weiße deutsche Rebsorten aufzuzählen. Riesling, Müller-Thurgau und Silvaner fielen mir ein.

»Jetzt drei weiße Reben aus Frankreich!«

Ich grübelte einen Moment und sagte kleinlaut: »Chardonnay, Pinot Blanc, mehr weiß ich nicht.«

»Habe ich schon besser gehört, aber nicht von dir«, kommentierte der Oberkellner meine Unwissenheit. »Und jetzt je drei weiße Rebsorten aus Spanien und Italien!«

Keine Ahnung. Ich schwieg und wurde rot. Ich schämte mich.

Herr Kleinschmidt schrie so laut, dass alle in der Küche es hören konnten: »Meine Güte, bist du blöd. Du kannst ja gar nichts! Bleib bloß hier in deiner muffigen, feuchten Dreckecke.« Er erteilte mir Restaurantverbot und befahl mir, ihm nicht unter die Augen zu treten, bis ich die Weinkarte auswendig gelernt hätte. Dann tat er auf einmal, als sei nichts geschehen. Fröhlich parlierend zog er mit Karl ins Restaurant. Den restlichen Tag über brachte ich kein Wort mehr hervor.

Erst in der Straßenbahn gewann ich langsam die Fassung zurück – und meinen lebensnotwendigen Trotz. Als ich die Wohnungstür hinter mir geschlossen hatte, sprach ich laut die Worte: »Nie wieder wird mir jemand sagen, dass ich nichts kann. Nie, nie wieder.« Dann rief ich meine neue Freundin Kati an.

Kati und ich hatten uns kurz zuvor in einer Disco kennengelernt. Sie war Sekretärin und eine absolut liebevolle, liebenswürdige Frau. Meinen Augenfehler hatte ich ihr schnell gebeichtet, sie reagierte unaufgeregt, aber interessiert – einfach genial. Von Anfang an spürte sie, wann ich welche Hilfe brauchte und in welchen Situationen ich allein klarkam.

Obwohl es mitten in der Nacht war, kam Kati umgehend zu mir. Stundenlang las sie mir die Weinkarte vor, Seite für Seite. Erst gegen Morgen schliefen wir ein, zwei Stunden später musste Kati aufstehen, um zur Arbeit zu fahren. Sie nahm das mit einem Lächeln hin. In den folgenden Nächten ging es genauso weiter. Ohne Kati wäre meine Karriere in der Fünf-Sterne-Hotellerie nach wenigen Tagen beendet gewesen. Mit Katis Hilfe kannte ich die Weinkarte nach einer Woche auswendig.

Heute, knapp zwanzig Jahre und mehrere gescheiterte Beziehungen später, denke ich, bei Kati hätte ich bleiben sollen. Schade, dass ich das damals nicht erkannte. Sie war perfekt. So verständnisvoll, so unkompliziert – eine tolle Frau, ein großartiger Mensch. Ich liebte sie, aber manchmal langweilte sie mich auch. Dann wurde ich ungeduldig, ging ihr aus dem Weg, betrog sie sogar mit anderen Frauen. Womit ich, wie ich heute weiß, nicht meine Männlichkeit, sondern Unreife bewies. In jeder Beziehung gibt es Phasen des Stillstands. Daraus zu schließen, der andere sei langweilig, ist grober Unfug. Und Fremdgehen kommt bei mir schon lange nicht mehr infrage.

Mit Anfang zwanzig war ich noch nicht so klug. Nicht nur mangels Erfahrung, sondern wohl auch wegen des Alkohols und der Drogen. Wer regelmäßig Drogen konsumiert, bekommt einen schrägen Blick auf die Welt.

Das Jahr 1992 war für mich in vielerlei Hinsicht eine Zeit des Umbruchs. Unter anderem auch deshalb, weil ich anfing, Kokain zu nehmen. Als Azubi konnte ich es mir noch nicht leisten, mit meinem Kellnergehalt und dem Trinkgeld wendete sich das Blatt. Und es ist ja ein offenes Geheimnis, dass die »weiße Dame« in der Gastronomie-Branche ziemlich viele Verehrer hat. Außerdem schluckte ich Ecstasy. Es kam vor, dass ich, wenn ich zwei Tage frei hatte, achtundvierzig Stunden durchfeierte.

»Pillen, Pulver und Sprit« waren allgemein beliebte Partybegleiter, Spaß war das Motto – und bloß nicht an morgen denken. Mit meinem Konsumverhalten stand ich keineswegs allein. Trotzdem war die Sache bei mir ein bisschen anders gelagert als bei den meisten anderen jungen Leuten: Erstens nahm ich gern zusätzlich das eine oder andere verschreibungspflichtige Medikament. Zweitens ging es bei mir nicht nur ums pure Vergnügen, sondern auch darum, das Augenproblem und den damit verbundenen Stress auszublenden. Und drittens dachte ich immer wieder an morgen. Stets bin ich pünktlich zum Dienst erschienen.

Kati fand meinen Drogen- und Alkoholkonsum überhaupt nicht lustig, aber sie kritisierte mich nicht, sondern akzeptierte mich so, wie ich war. Immer wieder versicherte ich ihr und auch mir selbst, dass ich die Sache im Griff hätte.

Fakt ist aber, dass ich damals schon Suchtstrukturen entwickelte. Nicht nur Menschen, die täglich ihren Stoff brauchen, sind suchtkrank. Auch wer tagelang ohne Drogen oder Alkohol auskommt, ist möglicherweise der Sucht verfallen – wenn er sich fieberhaft auf die nächste Gelegenheit freut, Drogen zu nehmen. Das war bei mir der Fall. Nicht ich hatte die Sache im Griff, sondern sie mich. Erst viele Jahre später, als der Griff fester und fester wurde, sah ich ein, dass ich einem Irrglauben aufgesessen war.

Wenige Tage nach dem erfolgreichen Abschluss meines nächtlichen Weinseminars mit Kati setzte Herr Kleinschmidt sich in der Mittagspause neben mich.

»Na, Chefspüler, alles klar bei dir?«

»Oh ja, bestens, ich bin sehr zufrieden«, erwiderte ich strahlend.

»Und woher die gute Laune, wenn ich fragen darf? Du wühlst doch den ganzen Tag nur im Dreck. Hast du nicht genug zu tun? Das können wir ändern.«

Ich setzte mein breitestes Grinsen auf, behauptete, dass ich mich in der Spülküche nebenher weiterbildete, und dankte Herrn Kleinschmidt für die Möglichkeit, meine Wissenslücken während des Dienstes schließen zu dürfen. »Mit der Weinkarte bin ich übrigens durch. Würde mich freuen, wenn Sie mir weitere derart interessante Aufgaben stellen.«

Der Sommelier verstummte und stocherte in seinem Essen herum. Seit Jahren kümmerte er sich ausschließlich um den Weinkeller des Hotels. Die Vorstellung, dass jemand sein Lebenswerk in einer Woche auswendig lernte, war ihm sichtlich fremd. Er fragte mich nach unseren besten Gewächsen aus dem Bordeaux. Nacheinander zählte ich die Weingüter auf. Was war mit den neuesten Weinen aus Chile? Gelassen nannte ich sie. Zum Abschluss interviewte er mich zu allen Dessert- und Schaumweinen. Ich machte keinen Fehler. »Nicht schlecht, vielleicht wirst du doch mal Kellner«, meinte er mit flacher Stimme. Noch in derselben Woche holte er mich aus der Spülküche.

Es folgte eine weitere Anlern-Phase. Zuerst erklärte Karl mir das fachgerechte Schneiden von Brot. Die Scheiben legte ich in Silberkörbchen, die ich wiederum auf einem Tisch vor dem Restaurant abstellte. Wenigstens war ich schon in der Nähe meines angestrebten Arbeitsplatzes angelangt. Anschließend lernte ich den »Butter-Service«. Der Tag der Wahrheit war gekommen. Ich durfte ins heilige Restaurant gehen, um den Gästen Butter vorzulegen.

Vorsichtig jonglierte ich das unhandliche Brett mit drei Sorten Butter. Ich fragte jeden Gast nach seinen Wünschen, schnitt die Butter ab und legte sie galant auf den Brotteller des Gastes. Dabei kam ich mir vor wie am Hofe Ludwigs des XIV., auch weil es im Speisesaal kaum elektrisches Licht gab. Auf allen Tischen brannten Kerzen, die Lampen an den Wänden waren festlich gedimmt. Schummerlicht ist mir ein Graus, es macht mich unsicher.

Nach einem Monat durfte ich Gerichte an die Tische bringen – ich hatte mich hochgearbeitet. Bald konnte ich Fische am Tisch filetieren und Fleischstücke tranchieren. Endlich machte mir die Arbeit Spaß. Aber nicht alles lief reibungslos. Einmal musste ich eine Tafel für achtzehn Gäste eindecken, ein Fünf-Gänge-Menü sollte gereicht werden. Ein Sehender hätte die Tafel in einer guten

Stunde eingedeckt. Ich war schon zwei Stunden im Einsatz, als ich mir eingestehen musste, dass die Sache aus dem Ruder lief. Just in diesem Moment erschienen der Oberkellner, Karl und der Restaurantleiter. »Seit wann deckst du mit verbundenen Augen ein?«, schrie Herr Kleinschmidt und zerrte am Tischtuch. Gläser und Servietten fielen um, alle Bestecke verrutschten. Es fühlte sich an wie ein Schlag ins Gesicht. In dreißig Minuten wurden die Gäste erwartet. Die Herren Vorgesetzten zogen sich dezent zurück.

Ich hätte schreien können. Ungefähr zehn Sekunden lang spielte ich mit dem Gedanken, den Tisch umzuwerfen und nie mehr ein Hotel zu betreten. Dann begann ich, das Stillleben wieder herzurichten. Kurz bevor die Gäste kamen, nahte Rettung in Gestalt der erfahrenen Kellnerin Gaby. Sie hatte mein Trauerspiel verfolgt. Niemand bemerkte, dass sie mir half.

In der Folge machte ich es mir zu Gewohnheit, nachts länger zu bleiben und morgens deutlich früher zur Arbeit zu kommen als meine Kollegen. Wenn die anderen um zehn Uhr zum Dienst erschienen, hatte ich meine Tafeln und andere Aufgaben schon fast fertig. Gaby richtete schnell die Bestecke und Gläser aus. Anscheinend hatte sie ein Herz für Tölpel. Meinen Augenfehler habe ich ihr nie gebeichtet.

Nach ungefähr acht Monaten begann ich, mich in dem Hotel zu langweilen. Ich sprach mit Gaby darüber, und sie empfahl mir, mich bei einem Luxushotel in Hamburg zu bewerben. Sie nannte den Namen eines Hauses, von dem ich nie zuvor gehört hatte. »Fahr am besten gleich hin, sie suchen Leute wie dich.« Die Idee fand ich extrem verführerisch. In meinem immer noch jugendlichen Leichtsinn dachte ich mir: Okay, mit Hannover bin ich durch, jetzt erobere ich mir eine Millionenstadt.

An meinem nächsten freien Tag nahm ich den Zug nach Hamburg. Kati hatte ich nichts davon erzählt. Obwohl sie normalerweise mit grenzenlosem Verständnis auf meine Eigenarten reagierte, vermutete ich, dass sie in diesem Fall versuchen würde, mir den Kopf zu waschen.

Lange tappte ich am Hamburger Hauptbahnhof herum, bis ich einen Taxistand ausfindig machte. In dem Fünf-Sterne-Hotel angekommen, fragte ich nach dem Personalbüro, und tatsächlich empfing mich die Personalleiterin. »Wir stellen zum August wieder Stationskellner ein«, berichtete sie und nahm sich viel Zeit für unser Gespräch. Auch zeigte sie mir das gesamte Hotel. Am Ende kamen wir ins Restaurant, dessen Leiter mich mit einem festen Händedruck begrüßte. Er legte die Weinkarte vor mir auf den Tisch. »Unser Weinkeller ist etwas kleiner als Ihrer in Hannover.« Ja, die Karte fühlte sich vergleichsweise leicht und dünn an. Ich bemühte mich, sie richtig herum zu halten, blätterte darin und sagte: »Ein sehr ansprechendes Sortiment!« Nach einer guten halben Stunde verabschiedete sich der Restaurantleiter mit den Worten: »Wir freuen uns, Sie in Kürze als neuen Mitarbeiter begrüßen zu dürfen.«

Eine wilde Mischung aus Glücksgefühlen, Angst und Gewissensbissen sorgte dafür, dass ich die Rückfahrt nach Hannover wie im Rausch erlebte. Abends versuchte ich, Kati möglichst behutsam von meinen Plänen in Kenntnis zu setzen. Dennoch fiel sie aus allen Wolken. »Bist du wahnsinnig geworden? Wie willst du das schaffen? Und was ist mit mir? Warum hast du mir nichts gesagt?« Zum ersten Mal erlebte ich, wie sie mit erhobener Stimme sprach. Wir diskutierten stundenlang, ihre Argumente waren die besseren. Aber am Ende setzte ich meinen Dickkopf durch: Kati wollte sich einen Job in Hamburg suchen und mir zum Jahresende folgen.

Das Wetter im Frühsommer 1993 war sehr schön. Gerhard Schröder, ein Mann mit markanter Stimme und damals Ministerpräsident von Niedersachsen, besuchte regelmäßig unser Hotel. Jedes Mal erschien er mit zahlreicher Begleitung und wünschte sich, im Freien zu speisen. Ständig mussten meine Kollegen und ich das halbe Restaurantmobiliar auf die Terrasse schleppen und anschließend wieder zurück.

In meiner Freizeit kontaktierte ich Hamburger Maklerbüros. Die Angebote, die sie schickten, las Kati mir vor. Als ich mich für eine Wohnung entschieden hatte, erledigte Kati die nötige Korrespondenz. Vor dem Umzug half sie mir zusammen mit meinem Freund Gurke, das Bett auseinanderzubauen und meine Habseligkeiten in vier Kartons zu verstauen. Es wurde ein tränenreicher Abschied, auch meinerseits. Aber wenn ich einmal einen Entschluss gefasst habe, hält mich nichts mehr zurück.

Gurke brachte mich mit einem alten, klapprigen Kleinbus nach Hamburg. Das Fahrzeug roch nach Gemüse und Erde, er hatte es von einem befreundeten türkischen Gemüsehändler ausgeliehen. Kurz vor dem Elbtunnel sah ich neben der Autobahn einen Wald aus bunten, rechteckigen Schildern. Ich überlegte, was sie wohl bedeuteten. Ungefragt gab Gurke mir die Antwort: »Guck mal, Sali, Tausende Container aus aller Welt. Ein Wahnsinn, dieser Hafen!«

Buchhandlung Bindernagel
Kaiserstraße 72
61169 Friedberg
Tel.: 06031/73230
Fax: 06031/734949
www.bindernagel.com

Q U I T T U N G

hre Kundennummer : 4266
rau
oswitha Störkel
ur Lohmühle 4
1169 Friedberg

ahawatte, Saliya
ein Blind Date mit dem Leben
78-3-404-60841-6   10,00

        Total: 1   10,00 EUR

        Bar: 10,00 EUR

        zurück: 0,00 EUR

etrag enthält 0,65 EUR MWSt:
7,00% =   0,65 Netto: 9,35
St-Idnr.: DE 215966904
.06.2018 11:03:57 28-1-4318

     Vielen Dank für Ihren Einkauf.
        Auf Wiedersehen

VIER

Heute. Volle Kraft voraus

Dass das Schicksal und mein Dickkopf mich damals nach Hamburg geführt haben, empfinde ich – zumindest heute, mit vielen Jahren Abstand – als großen Glücksfall. Keine deutsche Stadt ist so stark vom Wasser geprägt wie Hamburg. Und in der Nähe von Gewässern fühle ich mich am wohlsten.

Ich liebe die Dynamik der Flüsse, ihr stetiges Fließen. Nur selten zeigt die Elbe sich launisch, tritt über die Ufer – erst in solchen Momenten wird den Menschen bewusst, wie viel Macht in dem Fluss steckt. Gewässer sind dunkel, unergründlich, faszinierend. Ich mag ihren Klang, sie geben mir Ruhe, Energie und sie beflügeln mich. Auch wenn das Licht schlecht ist und ich nichts sehe, spüre ich das Wasser: seinen Geruch, seine Geräusche, die frische Uferluft.

An der Alster und an der Elbe kenne ich mittlerweile mehrere Spazierwege und Bänke. Ich finde sie blind und kann mich dort entspannen, meinen Gedanken nachgehen, mich ins Gespräch mit mir selbst vertiefen. Auch mit Freunden berate ich mich vorzugsweise in Wassernähe. Sogar meine Coaching-Klienten treffe ich gern an der Elbe.

Die meisten Menschen, die mich als persönlichen Berater buchen, betreiben kleine oder mittelständische Unternehmen, manche arbeiten als Angestellte in leitenden Positionen. Ein großer Teil meiner Coachees sind Klientinnen, rund die Hälfte dieser Frauen haben einen Migrationshintergrund. Jede von ihnen sucht betriebswirtschaftliche Beratung, fast alle wünschen sich zusätzlich Orientierung im privaten Bereich. So war es schon bei einer meiner ersten Klientinnen. Ich fuhr mit ihr an den Hafen und stellte ihr die Frage: »Wie kommen die Schiffe sicher ans Ziel?«

»Ein Schlepper zieht sie an einem Tau.«

»Und woraus besteht das Tau?«

»Aus vielen verschiedenen Strängen.«

»Genau. Und für Ihr Leben werden wir nun gemeinsam ein Tau flechten«, erklärte ich der Klientin. »Sie haben reichlich Energie – wie ein Schlepper. Und Sie haben eine kostbare Fracht: Ideen, Mut, Wissen. Mit einem festen Seil werden Sie Ihr Ziel erreichen, ohne zu schlingern.« Ich spürte einen verwunderten Blick der Frau und fragte sie nun: »Wie möchten Sie Ihr Leben gestalten?«

»Ich möchte einen festen Partner haben und zufrieden im Beruf sein. Ich hätte gern mehr Freizeit, möchte aber auch die Umsätze meiner Firma steigern …« Es folgten viele weitere Wünsche.

Dann griff ich in meine Aktentasche, zum Vorschein kamen Bänder in verschiedenen Farben und aus unterschiedlichen Materialien. Ich sagte: »Aus diesen Bändern flechten wir das Seil Ihrer Zukunft. Was ist für Sie zurzeit das Wichtigste?«

»Mein Geschäft.«

»Gut. Das blaue Band repräsentiert Ihr Geschäft. Darum kümmern wir uns als Erstes, und später verweben wir es mit dem Partnerschaftsband, dem Freizeitband, dem Gesundheits- und dem Kinderwunschband …«

Im Laufe einiger Wochen entstand eine kunterbunte Schnur, die ich der Klientin am Ende des Coachings mitgab. Später bestätigte sie mir, dass sie nun tatsächlich viel sicherer und geradliniger durchs Leben glitt.

Die Idee mit dem Tau stammt von mir, ich habe sie keinem Buch entnommen, denn damals arbeitete ich noch allein, niemand recherchierte, las und schrieb Zusammenfassungen für mich, wie es heute meine Mitarbeiter tun. Gut möglich, dass der Tau-Vergleich nicht besonders elegant ist, ja, vielleicht hinkt er ein bisschen. Aber im Prinzip finde ich das uninteressant. Hauptsache, die Methode funktioniert. Und das habe ich seitdem noch vielfach erlebt.

Obgleich ich andere Menschen sehr gut beraten kann, bin ich in Bezug auf meine eigenen Angelegenheiten hin und wieder etwas ratlos. Ein weit verbreiteter Sachverhalt: Viele Unternehmensberater – auch und gerade die berühmtesten, renommiertesten unter ihnen – nehmen selbst die Dienste von Coaches und Supervisoren in Anspruch.

Bei mir hapert es vor allem im privaten Bereich. Zwar hatte ich mehrere langjährige Beziehungen und bin nie lange solo geblieben, aber die Frau fürs Leben suche ich noch. Ich hätte wahnsinnig gern eine Familie.

Wenn ich dann mal wieder mit mir über diese Sache diskutiere, stelle ich fest, dass ich wohl kein guter Vater wäre. Ich verbringe zu viel Zeit mit Arbeit, um mich einer Familie so zu widmen, wie ich es für richtig hielte. Soll ich beruflich zurückstecken, um dem Privatleben mehr Raum zu geben? Und wie könnte ich meine beruflichen Aufgaben reduzieren, ohne unzufrieden zu werden? Das sind typische Coaching-Themen. Zum Glück kann ich sie auch mit meinem Freund Alex besprechen. Seit vielen Jahren ist er meine Seelen-Feuerwehr, er kennt den Zugangscode zu meinen Emotionen und hilft mir, in die richtige Spur zu finden. Bisher haben wir immer wieder gemeinsam festgestellt: Es wäre dumm, meinen Job vorauseilend zu vernachlässigen. Sollte sich mir irgendwann die Gelegenheit bieten, eine Familie zu gründen, so werde ich sie mit Sicherheit erkennen, nutzen und mich dann beruflich anders organisieren.

Arbeit, Arbeit, fast immer nur Arbeit – man könnte das frustrierend finden, aber ich finde es eigentlich toll. Denn ich verdiene meinen Lebensunterhalt mit Tätigkeiten, die mir am Herzen liegen. Und das sind: die Gastronomie und der Umgang mit Menschen, das »People-Business«. Ob mich ein großer Unternehmensverband als Trainer für seine Mitglieder bucht oder ob der Inhaber eines kleinen Imbisslokals mich bittet, seine Preiskalkulation zu optimieren: Beides macht mir richtig Spaß. Mit meiner Firma berate ich unter anderem eine aus vielen Häusern bestehende Hotelkooperation sowie private Hotels, Restaurants und Bars. Wir führen Personalanalysen durch, Kunden- und Mitarbeiterbefragungen, wir restrukturieren Betriebe – das ist alles sowohl Gastro- als auch People-Business. Und da sich die Gastronomie gar nicht so sehr von anderen Dienstleistungsbranchen unterscheidet, haben auch schon eine Zahnarztpraxis, ein Reiterhof, eine Kunstgalerie, ein Designer, mehrere Einzelhandelsunternehmen und viele andere unsere Dienste in Anspruch genommen.

Dazu kommen Seminare in Berufsbildungsinstituten sowie Trainings in Firmen und für Unternehmensverbände, sodass ich manchmal Monate im Voraus ausgebucht bin – zumindest theoretisch. In der Praxis habe ich noch keinen interessanten Auftrag abgelehnt. Es ist alles eine Frage der Koordination, der Leistungsfähigkeit und -bereitschaft. Ich habe gelernt, viel und strukturiert zu arbeiten.

Aufgrund meines Augenproblems muss ich bis heute mehr und besser arbeiten als andere. Zum Beispiel wenn ich eine neue Schulung konzipiere. Durch jahrzehntelange Übung ist mir die Kunst der freien Rede in Fleisch und Blut übergegangen. Dennoch dauert die Vorbereitung unweigerlich länger, wenn man keine Notizen verwenden kann, sondern alles auswendig lernt. Selbst die PowerPoint-Präsentationen, die ich zusammen mit meinem Team entwickle, scanne ich Pixel für Pixel in mein Gehirn ein. Während der Seminare habe ich keine Chance, das Gezeigte visuell zu erfassen.

Und nicht nur ich muss ganz schön wirbeln, auch meine Mitarbeiter kommen manchmal in Schwitzen. Aber egal, wie viel gerade los ist: Immer sprechen sie zu mir mit ruhiger, lächelnder Stimme. Ich gestehe, dass mich die ganze Sache mit Stolz erfüllt: der geschäftliche Erfolg wie auch die gute Atmosphäre in unserem Team. Die Entwicklung übertrifft deutlich die Erwartungen, die ich hatte, als ich mich vor wenigen Jahren selbstständig machte.

Dass mein Unternehmen so gut funktioniert, verdanke ich mit Sicherheit nicht nur meinen Führungsqualitäten, sondern auch dem Sehfehler. Täglich haben meine Mitarbeiter mit einem Chef zu tun, dessen körperliche Voraussetzungen nicht die besten sind, der aber immer hundert Prozent gibt. Deshalb ist es für sie nur logisch, zu ihren eigenen Schwächen zu stehen, ihre Stärken auszubauen und so gut wie irgend möglich zu arbeiten. Und wenn in einer Firma jeder Einzelne alles gibt, läuft der Laden.

Eine weitere Besonderheit in unserem Unternehmen ist die buddhistische Grundhaltung des Geschäftsführers. Ich gehöre nicht zu den Buddhisten, die den halben Tag meditierend im Schneidersitz verbringen und den anderen halben Tag weise Worte sprechen. Aber ich lege Wert auf die dem Buddhismus entsprechende geistige Hygiene. Bei mir gibt es kein Multitasking, sondern die Einsicht, dass alle Dinge, die ich tue, meine volle Aufmerksamkeit verdienen. Wenn ich arbeite, esse ich nicht nebenbei. Wenn ich eine Pause mache, höre ich keine Musik, sondern schenke meinem Geist Ruhe. Wenn ich denke, wird nicht gleichzeitig geredet oder im Internet gesurft. Und soweit möglich, teile ich jeder Tätigkeit einen eigenen Raum oder Platz zu: Für Besprechungen gibt es einen Besprechungstisch, ich halte sie nicht am Schreibtisch ab. Speisen und Tee werden in der Küche zubereitet, nicht am Arbeitsplatz. Und private Telefonate führe ich in meiner Freizeit. Zu Hause ein kombiniertes Arbeits- und Schlafzimmer zu haben, finde ich unvorstellbar. Andererseits darf ein Buddhist ruhig realistisch sein: Wenn ich beim Frühstück Radio höre oder unterwegs am Handy Geschäftliches bespreche, sind das Zugeständnisse an die Tatsache, dass der Tag nur vierundzwanzig Stunden hat.

Grundsätzlich versuche ich, einen spirituellen Umgang mit mir und meiner Umwelt hinzubekommen. Als Unternehmensberater bin ich nicht dafür bekannt, dass ich das Personal eines Betriebs um die Hälfte reduziere, sondern ich schaue: Wie können wir das Personal so motivieren, dass es mehr und bessere Leistungen erbringt, damit Umsatz und Gewinn steigen? Hoch motivierte, gut ausgelastete, aber nicht überlastete Mitarbeiter sind meiner Erfahrung nach das A und O im Dienstleistungsbereich. Stellen einzusparen oder Mitarbeiter zu ersetzen, ist leider manchmal unumgänglich, aber es sollte nicht zum Prinzip erhoben werden.

Wer anderen Menschen ohne Grund oder aus purem Egoismus einen Schaden zufügt – etwa einfach nur, um mehr Geld zu verdienen –, der fügt sich indirekt selbst Schaden zu. Unrechtes Verhalten im privaten wie im Berufsleben stört die Balance. Bemerke ich, dass in der U-Bahn jemand steht, der älter ist als ich, stehe ich auf, obwohl ich theoretisch ein Anrecht auf den Schwerbehindertensitz habe. Kann ein Kunde von mir nicht zahlen und ist es ein guter, redlicher Kunde, dann beauftrage ich keine Inkasso-Firma, sondern schaue gemeinsam mit dem Kunden, wie wir das Problem lösen. Und als eine Mitarbeiterin von mir sich um ihren kranken Vater sorgte, habe ich sie während der Arbeitszeit ins Krankenhaus zu ihrem Vater geschickt.

Immer mal wieder wollen Bekannte mich belehren: »Du bist zu bescheiden, du könntest viel mehr aus dir machen und viel mehr erreichen.« Wer so denkt, ist anders gepolt als ich – aus solchen Bekanntschaften kann keine Freundschaft werden. Auch Menschen, die ständig schick essen gehen möchten, passen im Privatleben nicht zu mir. Früher fand ich das Ambiente in der Edelgastronomie und in der Luxushotellerie zauberhaft, aber seitdem ich weiß, was hinter den Kulissen läuft, kann ich das Ganze als Gast nicht mehr richtig genießen. Mehr Spaß macht es mir, beim Gastro-Schauspiel die Zaubertricks mit zu entwickeln und Regie zu führen.

Ab und zu habe auch ich Freude an einem Restaurantbesuch, aber im Allgemeinen ist meine Freizeit so knapp bemessen, dass ich sie anders nutzen möchte. Ich gehe bekanntlich sehr gern spazieren. Ich treffe mich möglichst oft mit einem Kumpel zum Sport, und hinterher holen wir uns hin und wieder eine heiße Wurst am Imbissstand. Oder wir essen Hähnchen-Döner und trinken türkischen Tee in einer schlichten Bude. Es riecht nach Küche, im Hintergrund läuft arabische Musik, es wird kein Spektakel aufgeführt. Das finde ich sehr erfrischend. Mit ayurvedischer Ernährung sind solche Speisen zwar nicht wirklich zu vereinbaren, aber schließlich bin ich kein Dogmatiker.

Eine weitere Lieblings-Freizeitbeschäftigung, vielleicht meine liebste: am Spielplatz sitzen und den Kindern zuhören. Stundenlang. Da bin ganz im Hier und Jetzt, bleibe stumm, führe keine Dialoge mit mir. Meine innere Stimme und ich sind uns einig: Kinder finden wir großartig.

1993 bis 1994. Im Aufwind

»Aufstehen, Endstation!« Die fremde Stimme klingt freundlich und streng zugleich. Wer spricht da? Und wo bin ich? Schreckhaft fahre ich hoch. Szenenbilder der letzten Nacht leuchten wie Blitze vor meinem inneren Auge auf. In einer der Szenen steige ich in einen Nachtbus. Ich muss während der Fahrt eingeschlafen sein.

What's now? Als ich den Bus verlasse, ist die Umgebung in das silberblaue Licht eines klaren Sommermorgens getaucht. Keines der Gebäude, die ich ausmachen kann, habe ich je zuvor gesehen. Seit einer Woche wohne ich in Hamburg. Offensichtlich bin ich jetzt in einer Gegend gelandet, die mir völlig unbekannt ist.

What's next? Eine Taxifahrt wäre das Beste. Aber in meinem Portemonnaie finde ich keinen einzigen Schein, mein Geld habe ich in der letzten Nacht verjubelt.

Nach einer Weile kommen Menschen an die Bushaltestelle. »Können Sie mir helfen?«, frage ich eine Passantin. »Ich bin neu in Hamburg und finde den Weg zu meiner Wohnung nicht.« Dann nenne ich ihr meine Adresse.

»Tut mir leid, die Straße kenne ich nicht«, antwortet die Frau.

»Ist hier denn nicht Bahrenfeld?«

»Nein, Sie sind in Bramfeld. Bahrenfeld liegt am anderen Ende der Stadt.« Um nach Hause zu kommen, müsse ich erst nach Barmbek fahren,

dort solle ich mich nach der günstigsten Bahnverbindung Richtung Bahrenfeld erkundigen.

Die nächsten zweieinhalb Stunden verbringe ich wartend, fragend und suchend an Haltstellen, in Bussen, in der S-Bahn. Todmüde komme ich zu Hause an, nehme eine Dusche, trinke einen Kaffee. Essen mag ich nichts. Erneut steige ich in die S-Bahn, fahre zurück zum Hauptbahnhof, frage mich zur Touristeninformation durch und lasse mir sämtliche Fahrpläne der öffentlichen Verkehrsmittel in Hamburg geben.

»Jetzt lernst du diese verdammte Stadt auswendig«, befehle ich mir selbst und krame meine Lupe hervor.

Zwischen meinem Umzug nach Hamburg und dem Beginn meines neuen Jobs am 1. August 1993 lagen zwei Wochen. Nachdem Gurke und ich meine Sachen in die Wohnung gebracht und das Bett aufgebaut hatten, verabschiedeten wir uns mit einer herzlichen Umarmung. Kati hatte mir Lebensmittel eingepackt, sodass ich erst mal nicht hinaus in die fremde Umgebung musste. Langsam freundete ich mich mit meinem neuen Zuhause an, suchte die richtige Einstellung für den Wasserboiler und fand heraus, welcher der Drehknöpfe am Herd zu welcher Kochplatte gehörte.

Den Abend verbrachte ich auf meinem Bett sitzend und zerbrach mir den Kopf über das, was ich mir selbst eingebrockt hatte: Zum ersten Mal in meinem Leben war ich ganz auf mich selbst gestellt. Ich kannte Hamburg nicht und ich kannte keinen Menschen in Hamburg. Wie sollte ich hier zurechtkommen? Aber dann rief ich das Gefühl in mir wach, dass mich nach Hamburg getrieben hatte: Hannover langweilte mich, ich sehnte mich nach neuen Herausforderungen. Ich wollte Karriere machen in einer Metropole.

»Es muss funktionieren. Geht nicht, gibt es nicht«, sagte ich laut. »Schließlich willst du morgens noch in den Spiegel gucken können.« Was insofern absurd war, als ich mich im Spiegel sowieso nicht mehr sah. Aber die Sprache der Sehenden wollte ich mir genauso bewahren wie meinen Mut und meinen Stolz.

Unter meiner Wohnung befand sich ein Blumengeschäft, in dem eine freundliche ältere Dame arbeitete. Mit anschaulichen Beschreibungen half sie mir, das Viertel zu entdecken. Nach wenigen Tagen hatte ich mir die Wege zur Post, zum Supermarkt, zur Bank und zur S-Bahn-Station eingeprägt und fand mich auch innerhalb der Gebäude zurecht. Täglich rief ich Kati von einer Telefonzelle aus an. Ich merkte, dass sie sich zwar bemühte, interessiert und liebevoll zu wirken, doch ihre Stimme klang distanziert.

An meinem ersten Freitagabend in Hamburg rief ich ein Taxi. »Kennen Sie eine gute House- oder Techno-Diskothek?«, fragte ich den Fahrer.

»Na klar, jede Menge«, antwortete der junge Mann.

»Dann fahren Sie mich bitte zum besten Club.«

Nach einer erfreulich kurzen Strecke entließ mich der Fahrer mit den Worten: »Gleich da drüben liegt ein super Techno-Laden. Und wenn er Ihnen nicht gefällt, finden Sie in der Umgebung garantiert genug Möglichkeiten, sich zu vergnügen. Viel Spaß auf dem Kiez!«

Es war ungefähr dreiundzwanzig Uhr, auf der Straße tobte das Leben. Leuchtreklamen erhellten die Nacht, aus den Hauseingängen erklang Musik, überall hörte ich fröhliche Stimmen. Das musste die Reeperbahn sein. Ich beschloss, vorsichtig die Gegend zu erkunden, bevor ich in die Disco gehen würde. An einer Straßenecke kam eine Frau zielstrebig auf mich zu. »Na, Kleiner, willst du mit rauf?« Sie zog am aufgekrempelten Ärmel meines Hemdes. Deutlich nahm ich ihren Körpergeruch wahr. Sie schwitzte.

»Ich kenne Sie nicht und will Sie auch nicht kennenlernen. Ich habe eine Freundin«, entgegnete ich.

»Los, dutz mich, ich bin die geile Gina. Komm schon, lass uns Spaß haben!« Sie näherte sich mir bis auf wenige Zentimeter, sodass ich ihren Atem spürte, der nach kaltem Rauch und Alkohol roch. In welchem Film war ich bloß gelandet? Ich bekam Angst und suchte das Weite. In einer Seitenstraße stolperte ich gleich dem nächsten Mädchen in die Arme. Hektisch rannte ich weiter, vorbei an vielen Frauen, die mir allesamt eindeutige Angebote hinterherriefen. Viel zu spät wurde mir klar, dass sie Prostituierte waren. Vermutlich hatte ich eine von ihnen zu lange angestarrt und so das Interesse der gesamten Branche auf mich gezogen. Eigentlich war ich überzeugt, schon einiges erlebt zu haben, doch nun musste ich mir eingestehen, dass ich ziemlich unbedarft war. Ein Straßenstrich mitten in einer deutschen Stadt: So etwas hatte bis dahin außerhalb meines Vorstellungsvermögens gelegen.

Frustriert machte ich mich auf den Rückweg zum Techno-Club. Dies war eine Nacht der Premieren: Noch nie hatte ich allein eine Diskothek betreten, ohne sie vorher mithilfe eines Freundes erkundet zu haben. Meine Jacke behielt ich über dem Arm, weil ich nicht wusste, wo die Garderobe war. Nach einigem Suchen fand ich die Bar und ergatterte ein Getränk. Als ein Barhocker frei wurde, nahm ich ihn in Beschlag. Von dort aus genoss ich die Musik und die Partystimmung, doch ich traute mich nicht, mich unters Volk zu mischen. Zum Glück hatte ich meinen Alkoholkonsum seit dem Umzug nach Hamburg besser unter Kontrolle und blieb auch an diesem Abend relativ nüchtern. Spät in der Nacht ließ ich mir vom Türsteher den Weg zur nächsten Bushaltestelle beschreiben – und stieg in den Bus nach Bramfeld statt nach Bahrenfeld.

Mein restlicher Urlaub war eine trostlose Zeit. Einen Tag und eine halbe Nacht lang brütete ich mit meiner Lupe über den Hamburger Fahrplänen, um die Bahnlinien herauszusuchen, die mich an meinen Arbeitsplatz und zu anderen wichtigen Zielen bringen würden. Mit einem dicken schwarzen Filzstift schrieb ich die Namen der Haltestellen untereinander auf einen großen Block. In den folgenden zwei Tagen verhielt ich mich, als wollte ich einen Verfolger abhängen. Wie besessen fuhr ich kreuz und quer durch die Hansestadt. Meinen behindertengerechten Fahrplan holte ich dabei immer seltener aus der Tasche. Die Schilder mit den Namen der Stationen konnte ich zwar nicht lesen, aber ich lernte, die Tunnelhaltestellen anhand der unterschiedlichen Farben der Kacheln zu identifizieren. Zur Sicherheit zählte ich nach dem Einsteigen die Stationen ab.

Anschließend machte ich mich an das Studium der Buslinien. Mehrfach stieg ich in falsche Busse ein und fuhr in verkehrte Richtungen. Ich konnte die Nummern der Busse nicht erkennen, und alle Haltestellen sahen für mich gleich aus. Wenn niemand ein- oder aussteigen wollte, hielten die Fahrer nicht, sodass auch das Abzählen der Stationen nicht funktionierte. Ich nahm mir vor, Busse möglichst zu meiden.

Nun fehlte noch die Orientierung als Fußgänger in der Innenstadt. Ich wanderte und wanderte und merkte mir dabei Brücken, große Gebäude, Denkmäler, Litfaßsäulen, Grünflächen. Mein persönliches Navigationssystem wurde allmählich großstadttauglich.

Die ersten Arbeitstage in dem Hamburger Fünf-Sterne-Hotel ließen meine Zuversicht wachsen. Zusammen mit einem anderen Kellner führte ich Station. Die Weinkarte kannte ich schnell auswendig. Auch das Eindecken der Tische war kaum ein Problem, denn in diesem Restaurant gab es Platzteller. Beim Platzieren des Tafelsilbers konnte ich mich tastend an den Rändern der Teller orientieren. Erst nach einer Woche kam ich in eine brenzlige Situation. Mein Kollege wollte mich in die Bedienung der Kasse einweisen. Freundlich und geduldig begann er, die Funktionen zu erklären. Ich gab mich desinteressiert und sagte schließlich: »Ach weißt du, die Kasse ist mir nicht so wichtig.« Der Kollege reagierte ungläubig. »Machst du Scherze? Ein Stationskellner muss die Kasse bedienen. Du kannst hier doch nicht nur Teller schleppen.« Natürlich hatte er recht.

Wieder einmal verbrachte ich eine Nacht mit der Suche nach einer Strategie – diesmal fiel mir beim besten Willen keine ein. Am nächsten Tag sollte ich zum ersten Mal allein Station führen. Als ich das Hotel betrat, zitterten mir die Knie vor Angst und Müdigkeit. Ich fühlte mich wie der Zauberlehrling in Goethes Gedicht. Die Geister, die ich rief, wurde ich nicht mehr los.

Im Restaurant war ich schon nach wenigen Minuten hoffnungslos verloren. Durch mein blindes Herumfummeln an der Kasse gingen falsche Bestellungen in die Küche, Gäste bekamen ihr Essen nicht und alle Rechnungen waren fehlerhaft. Während die Kollegen den Unsinn korrigierten, den ich in die Kasse eingegeben hatte, vernachlässigten sie ihre eigenen Stationen. Manche Stammgäste beschwerten sich über das Chaos in dem sonst immer perfekten Lokal. Gleich nach dem turbulenten Mittagsgeschäft kam der Restaurantleiter auf mich zu: »In Hannover haben Sie aber nicht viel gelernt!« Er stellte mich vor die Wahl, entweder wieder als Hilfskellner zu arbeiten, bis ich die Kasse fehlerfrei bedienen könnte, oder in die Bankettabteilung zu wechseln. Ich musste mich schnell entscheiden. »Bankett liegt mir eher«, behauptete ich, obwohl ich kaum Erfahrungen in dem Bereich hatte.

Ein Kollege wäre mir fast auf die Schliche gekommen. »Sag mal, bist du zu eitel, um eine Brille zu tragen?«, fragte er mich in der Pause. »Du hast doch bestimmt schon selbst gemerkt, dass du kurzsichtig bist. Warum nimmst du keine Kontaktlinsen?« Ich tat einsichtig: »Ja, völlig richtig, ich muss mich darum kümmern.«

Froh darüber, mit dem aufmerksamen Restaurantkellner in Zukunft nichts mehr zu tun zu haben, ging ich nach der Pause in die Bankettabteilung und meldete mich bei meinem neuen Vorgesetzten Herrn Schneider. Seine Stimme war mir vom ersten Moment an suspekt. Er sprach sehr kontrolliert. Mir schien, er versuchte eine Rolle zu spielen, die nicht zu ihm passte.

Das Hotel verfügte über zehn Banketträume, manchmal hatten wir pro Tag mehr als zwanzig Veranstaltungen. Die Arbeit war körperlich anstrengend und ging oft bis spät in die Nacht. Wenn der Dienst am nächsten Tag wieder sehr früh begann, schliefen wir Kellner im Hotel. Trotzdem gefiel mir der Job, denn unser Team bestand aus jungen, fleißigen und sympathischen Kollegen. Am liebsten mochte ich Tom, der das Haus bestens kannte, weil er hier schon seine Lehre absolviert hatte. Fröhlich und zuverlässig wies er mich in die Besonderheiten des Bankettgeschäfts ein. Kann sein, dass ich ihm volles Vertrauen hätte schenken sollen. Doch ich verheimlichte mein Augenproblem vor ihm wie auch vor allen anderen in diesem Hotel. Meinen Job hatte ich im Griff. Ich brauchte keine Helfer, ich brauchte kein Risiko einzugehen.

So gut, wie es im Hotel lief, so miserabel entwickelte sich meine Beziehung zu Kati. Aufgrund der räumlichen Distanz entfernten wir uns auch emotional voneinander. Da ich oft am Wochenende Dienst hatte, konnten wir uns nur sehr selten treffen. Bei meinem letzten Besuch in Hannover sagte ich ihr unverblümt die Wahrheit: dass es mir wichtiger war, in Hamburg Karriere zu machen, als mit ihr zusammenzubleiben. Auch wenn sie mir nach Hamburg gefolgt wäre, hätte ich keine Zeit für unsere Partnerschaft gehabt. Kati war völlig aufgelöst, und auch für mich war die Trennung schmerzhaft. Aber ich hatte meine Wahl getroffen. In Zukunft wollte ich mich ganz auf meinen Beruf konzentrieren.

Wenige Wochen nach dem Aus mit Kati traf ich Laura. Sie sprach mich in dem Techno-Club auf St. Pauli an. Aus irgendeinem Grund hatte sie mich dabei beobachtet, wie ich mal wieder still und zufrieden auf einem Barhocker saß. Sie fragte mich nach meinem Namen, dann wollte sie wissen, woher er kommt und was er bedeutet. Um herauszukriegen, dass ich fast blind war, brauchte Laura ungefähr fünf Minuten. Und innerhalb weiterer fünf Minuten hatte sie mich überzeugt, dass mein Augenproblem für sie kein Problem darstellte. Sie schloss mit den Worten: »Ich habe zwei Augen, die reichen für uns beide. So, und jetzt komm tanzen!«

Liebe auf den ersten Blick gibt es bei mir nicht. Aber seit jener Nacht glaube ich zu wissen, was Sehende meinen, wenn sie davon sprechen. Ich spürte die Vibes. Da passierte etwas ganz Außergewöhnliches. In der folgenden Zeit trafen Laura und ich uns fast täglich. Plötzlich hatte ich wieder Zeit für eine Partnerschaft. Mein Job litt nicht darunter, im Gegenteil. Ich leistete mehr als je zuvor.

Damals war ich dreiundzwanzig, Laura war fünf Jahre älter und hatte mehr Erfahrungen gesammelt als andere Menschen im ganzen Leben. Hinter ihr lagen eine total verkorkste Kindheit und Jugend, chaotische Beziehungen, miese Jobs. Sie hatte keinen Schulabschluss, konnte nicht mal richtig schreiben und rechnen. Dennoch fand ich sie auf eine spezielle Art hochintelligent. Seit über zehn Jahren schlug sie sich mehr oder weniger erfolgreich auf eigene Faust durchs Leben.

Harte Schale, weicher Kern – ich kannte niemanden, auf den diese Charakterisierung so exakt zutraf wie auf Laura. Sie konnte extrem direkt sein, unberechenbar, aggressiv, geradezu beängstigend. Andererseits besaß sie ein riesiges Herz und eine filigrane Seelenstruktur. Wer sie nur oberflächlich kannte, fand sie respekteinflößend. Doch die wenigen Menschen, die sie an sich heranließ, entdeckten ihre Zartheit, ihre Verletzlichkeit.

Außerdem sah sie gut aus – zumindest fand ich das, was ich von ihr sehen konnte, sehr attraktiv. Ihr Körper fühlte sich gut an. Sie roch gut. Sie machte mich an.

Oft werde ich gefragt: »Du siehst fast nichts – welche Rolle spielt dann das Aussehen?« Einerseits sind innere Werte natürlich tausendmal bedeutender als äußere. Ich finde es spannend zu beobachten, was und wie eine Frau erzählt und denkt. Das sagt wesentlich mehr über sie aus als zum Beispiel ein tiefes Dekolleté. Andererseits bin ich ein eitler Mann. Ich lege Wert auf gute Kleidung, treibe Sport, tue relativ viel für mein Äußeres. Und ich genieße auch das Gefühl, mich in einem schönen Ambiente und unter attraktiven Menschen zu bewegen. Immer im Wissen, dass das Aussehen der Menschen sich verändert, aber das Wesentliche bleibt.

In den letzten Jahren, seitdem ich noch deutlich weniger sehe als mit Anfang zwanzig, habe ich festgestellt, dass ich auf Frauen stehe, die Sport treiben, sich vernünftig ernähren, nicht rauchen und wenig Alkohol trinken. Solche vitalen Frauen sehen aus meinem blinden Blickwinkel automatisch besser aus als andere. Ganz gleich, ob sie nun blond oder brünett sind, ob sie eine gerade oder eine etwas schiefe Nase haben.

Einmal fragte ich eine Freundin: »Welche Augenfarbe hast du eigentlich?« Sie war völlig entsetzt. »Das fragst du jetzt?« Wir waren seit ungefähr einem Jahr ein Paar.

Bei Laura meinte ich sehr schnell die Gewissheit zu haben, dass sie meine Frau fürs Leben war. Und da sie außer sich selbst so gut wie nichts besaß – nicht einmal eine Wohnung –, zog sie nach kurzer

Zeit bei mir ein. Von Anfang an empfand ich für sie nicht nur Liebe, sondern auch Bewunderung und Dankbarkeit. Wenn wir zusammen unterwegs waren, hatte Laura mich und alle anderen Leute immer im Blick. Erschien ihr jemand suspekt, sagte sie in rigidem Ton: »Komm meinem Mann nicht zu nahe! Er kann nicht gut gucken.« Sie war der geborene Bodyguard, und sie war es gern. Im Gegenzug gab ich ihr Halt. Nach und nach gewöhnte sie sich einen regelmäßigen Tagesrhythmus an. Auch konnte ich sie überzeugen, sich einen ordentlichen Job zu suchen. Da sie in der Vergangenheit schon mal gekellnert hatte, fanden wir für sie eine Anstellung in einem kleinen Lokal.

Wenn wir beide Feierabend hatten, las Laura mir immer die sogenannten Functions vor, die ich aus dem Hotel mitbrachte. Diese Unterlagen enthielten alle nötigen Informationen über die Veranstaltungen der nächsten Tage. Ohne Lauras Vorlesungen hätte ich meine Arbeit niemals organisiert bekommen. Außerdem erschien ich wie schon in Hannover nun auch in Hamburg regelmäßig früher zum Dienst und blieb freiwillig länger. Herr Schneider plante, mich zu seinem Stellvertreter aufzubauen. »Ihre Leistungen sind noch deutlich steigerbar«, lautete sein gestelztes Fazit nach dem ersten Vierteljahr. Auch meine Kollegen merkten schnell, dass ich immer gut vorbereitet war. »Spar dir den Gang zu Schneider, frag besser Saliya«, hörte ich ein Gespräch zweier Kellner mit.

Das Hotel hatte lange, verwinkelte Flure. In den Treppenhäusern hallte es wie in einer leeren Turnhalle. Nach vier Monaten erkannte ich alle Kollegen und den Chef an ihrer Gangart und Schrittfrequenz. Einmal trank ich mit zwei Kollegen heimlich Sekt in einem Abstellraum, als plötzlich Schritte am Ende des Ganges zu hören waren. »Los, weg hier, der Chef kommt«, flüsterte ich und verschwand eilig in entgegengesetzter Richtung. Die anderen glaubten mir nicht und wurden von Herrn Schneider entdeckt. Sie bekamen eine Abmahnung.

Unser Abteilungsleiter war ein schwer erträglicher Zeitgenosse. Sein Team behandelte er unfair, und ständig traf er organisatorische Fehlentscheidungen, die wir ausbaden mussten. Ich fand heraus, dass er zwar eine Management-Schule besucht hatte, aber nur über wenig praktische Erfahrung verfügte. Offensichtlich verbrachte er die meiste Zeit damit, seine mangelnden Kenntnisse durch Großtuerei zu übertünchen. Nie sprach er mit seiner natürlichen Stimme.

Anfang 1994 wurde ich zum stellvertretenden Abteilungsleiter ernannt und fühlte mich verpflichtet, die Missstände im Bankettgeschäft zu beheben. Falls mein Chef darauf baute, dass ich aus Dankbarkeit für die Beförderung vor ihm buckeln würde, hatte er sich gründlich geschnitten: Mehrfach informierte ich das Personalbüro über das Chaos, das Herrn Schneiders schlechte Organisation verursachte. Schließlich wurde ein Krisenmeeting einberufen, an dem der Hoteldirektor, die Personalleiterin, Herr Schneider und ich teilnahmen. Mein Vorgesetzter beschwerte sich: »Herr Kahawatte ist zu jung, er verfügt über keine Management-Ausbildung und hält den Belastungen nicht stand.«

Lässig spielte ich den Ball zurück, indem ich darauf hinwies, dass ich während seines Urlaubs die Abteilung selbstständig und erfolgreich geführt hatte. Die Personalchefin bekräftigte meine Aussage: »Ja, alles ist perfekt gelaufen. Herr Kahawatte hat gut gearbeitet.«

In der folgenden Zeit versuchte Herr Schneider, mir das Leben so schwer wie möglich zu machen. Seit Monaten lernte ich für zwei Weindiplome. Obwohl mein Chef wusste, dass ich viel Zeit und Geld in die Fortbildung investiert hatte, teilte er mich für Dienste an den Prüfungstagen ein. Wutentbrannt stürzte ich ins Personalbüro. »Jetzt reicht es mir aber!« Meine Stimme überschlug sich. »Ich habe die Termine rechtzeitig angemeldet, die freien Tage wurden mir bewilligt. Entweder Sie lassen mich die Prüfungen ablegen oder Sie erstatten mir sofort die Kursgebühren. Hier, bar auf die Hand.«

»Oh, beruhigen Sie sich doch. Wir befürworten Ihre Weiterbildung. Bitte nehmen Sie an den Prüfungen teil«, kam es zurück.

Nächtelang hatte ich mit Laura gepaukt, bis wir beide Weinprofis waren. Ich erhielt ein Diplom für deutschen Wein und einen Monat später das französische Weinzertifikat. Stolz gab ich Kopien der Diplome im Personalbüro ab. Sie brachten mir eine Gehaltserhöhung ein und die Hoteldirektion bat mich, Mitarbeiterschulungen über Weine zu organisieren. Herr Schneider beantragte seine Versetzung in ein anderes Hotel. Mein erklärtes Ziel war, seinen Posten zu übernehmen.

Im Mai berichtete Laura euphorisch von einem Bistro, das ab Juli verpachtet werden sollte. »Stell dir vor, wir könnten einen eigenen Laden haben. Wäre das nicht wunderbar?« Die Idee war für mich völlig neu, aber sie reizte mich von Anfang an. Das Lokal befand sich im selben Viertel wie unsere Wohnung. Bahrenfeld war ein aufstrebender Stadtteil, stilvolle neue Wohnhäuser entstanden, es gab immer mehr Büros und noch recht wenig Gastronomie. Wir vereinbarten einen Besichtigungstermin.

Das Bistro hatte einen langen Tresen mit vielen Barhockern und acht Tische mit insgesamt zweiunddreißig Plätzen. Die Größe war überschaubar und vernünftig, die Atmosphäre begeisterte Laura und mich. Hinter der Bar befanden sich eine kleine Küche und ein winziger Kühlraum. Über eine steile, knarrende Holztreppe gelangten wir in die Kellergewölbe. Dort gab es drei große Lagerräume für Getränke und Speisen. Der Laden war nicht luxuriös, aber gut in Schuss. Die Pacht war günstig.

Ich fühlte deutlich, wie der Verpächter Laura und mich musterte. »Zwei Fachleute, das kann nur gut gehen«, redete er uns zu. Wir erbaten einen Tag Bedenkzeit, doch schon auf dem Heimweg schmiedeten wir Pläne, erfüllten das Bistro in unserer Fantasie mit Leben. Jeder Passant, dem wir begegneten, wurde zum zukünftigen Kunden erklärt, und wir überlegten uns, was er wohl gern essen und trinken würde. In der Nacht entstanden die Speise- und die Getränkekarte sowie Entwürfe für die Geschäftsausstattung und -dekoration. Wir wollten einen Billardtisch und Dartgeräte anschaffen. Früh am nächsten Morgen rief ich den Verpächter an und sagte zu.

Alles schien so einfach: Laura könnte die Gäste bedienen, wir brauchten nur stundenweise Aushilfen einzustellen. Ich würde weiter im Hotel arbeiten und nebenbei den Einkauf und die Lagerhaltung für unser Geschäft organisieren. An meinen freien Tagen wollte ich die Bistro-Küche übernehmen.

Ich ging zur Bank und beantragte einen Kredit, der mir wegen meiner Anstellung im Hotel problemlos bewilligt wurde. Den Kreditvertrag las Laura mir zu Hause vor. Manches verstanden wir beide nicht, aber ich war mir meiner Sache so sicher, dass ich die Konditionen kurzerhand für gut erklärte. Den Großteil der Summe hob ich kurz darauf ab, da ich die erste Pacht und die Kaution bar zahlen sollte. Schwitzend und mit zitternden Händen unterzeichnete ich den Pachtvertrag und übergab dem Verpächter das Geld. Zweimal zählte er nach. Der Betrag stimmte. Das Bistro gehörte uns. Wir tauften es auf den Namen »Le Filou«.

Im Hotel machten meine Pläne schnell die Runde. Die meisten Kollegen freuten sich mit mir. Sogar der Direktor beglückwünschte mich. »Aber übernehmen Sie sich bitte nicht«, sagte er. »Wir brauchen Sie als Nachfolger für Herrn Schneider.« Ich wäre fast geplatzt vor Freude. Knapp zwei Jahre zuvor hatte ich meine Ausbildung abgeschlossen, nun war ich Besitzer eines eigenen Lokals sowie zukünftiger Abteilungsleiter in einem First-Class-Hotel. Ich fühlte mich, als hätte ich die Millionenstadt im Sturm erobert. Gestatten, König Saliya von Hamburg.

Kurz vor der Bistro-Eröffnung trat ich einen vierwöchigen Urlaub an. Die ersten Tage verbrachten Laura und ich mit Renovierungsarbeiten und Behördengängen. Dann liehen wir uns ein Auto und fuhren mehrmals zum Großmarkt. Täglich fielen uns Dinge ein, die wir noch benötigten. Der Kredit war schnell verbraucht. Je näher der Tag der Eröffnung rückte, desto öfter stritten wir. Laura freute sich auf eine rosige Zukunft in ihrem florierenden Bistro, meine Nerven lagen blank. Diesmal war nicht mein Augenproblem der Grund für schlaflose Nächte, sondern die Befürchtung, dass ich mich verkalkuliert hatte.

Keiner von uns beiden verfügte über unternehmerische Erfahrungen. Ich hatte von Buchhaltung keine Ahnung, Laura wusste nicht im Geringsten mit Geld und Zahlen umzugehen. Ob sie Mitarbeiter führen konnte, musste sich erst noch herausstellen – gelernt hatte sie es jedenfalls nicht. »Wer zahlt den Kredit zurück, wenn wir pleitegehen?« Meine Frage war, obwohl laut ausgesprochen, an mich selbst gerichtet, denn ich wusste, dass von Laura keine befriedigende Antwort zu erwarten war. »Mal doch keine Gespenster an die Wand. Es wird schon alles werden«, behauptete meine Freundin.

Am 1. Juli, dem Tag der Eröffnung, wollten wir unsere Gäste zu einem üppigen kalten Buffet einladen, bis zweiundzwanzig Uhr sollten auch sämtliche Getränke auf Kosten des Hauses gehen. In der Küche legte ich Platte um Platte – die Zubereitung hatte ich während meiner Ausbildung von Herrn Krohn gelernt, dem Buffet-Spezialisten. Laura schmückte das Bistro mit Luftballons und Girlanden, dann spülte sie die neuen Gläser und verstaute sie in den mahagonifarbenen Regalen hinter der Theke. Viele Flaschen Sekt standen bereits kalt.

Um achtzehn Uhr waren wir endlich fertig, zogen uns um und öffneten dann die Tür. Scharenweise strömten die Kunden herein, die Stimmung war perfekt. Laura stand fröhlich hinter der Theke, zapfte literweise Bier, plauderte charmant mit den Gästen und nahm nebenbei Bestellungen auf. Sie wirkte entspannt und hatte eine umwerfende Ausstrahlung. Vor lauter Glück hätte ich die Welt umarmen können, doch stattdessen lief ich mit einem Tablett durch das Bistro und bot Sekt an.

Erst am helllichten Morgen gingen die letzten Gäste. Laura und ich legten uns kurz schlafen, tagsüber putzten wir den Gastraum, die Küche und die Toiletten. Als wir um achtzehn Uhr öffneten, warteten schon Kunden vor der Tür. Hastig sprang ich in ein Taxi, um die Umsätze der letzten Nacht in neue Waren zu investieren. Im Großmarkt irrte ich durch die Gänge, vorbei an meterhohen Regalen. Ohne Laura war ich hier verloren. Mir blieb nichts anderes übrig, als einen Lagerarbeiter um Hilfe zu bitten –

mit der Entschuldigung, ich hätte meine Brille vergessen. Als wir alles beisammen hatten, ließ ich mir ein Taxi rufen und fuhr zurück ins »Le Filou«.

Wieder herrschte Hochbetrieb. Stundenlang kochte ich die Speisekarte rauf und runter. Bis zwei Uhr nachts hatten wir Gäste, dann schrubbten Laura und ich noch einmal den ganzen Laden. Als wir endlich die Tür hinter uns schlossen, war die Umgebung in ein zauberhaftes Licht getaucht. »Es ist Vollmond, mein Liebster«, flüsterte Laura und legte ihre Arme um meinen verspannten Rücken. »Mach dir keine Sorgen. Den Kredit zahlen wir schnell zurück.« Ich schwieg und hoffte, das Schicksal möge ihr recht geben.

An den nächsten Tagen öffneten wir schon um sechzehn Uhr und hatten stets bis in die Nacht zu tun. Wir kauften weitere Tische und Stühle, die wir draußen aufstellten. Gemeinsam kümmerten Laura und ich uns um die Gäste, zwischendurch sauste ich in die Küche, um Speisen zuzubereiten. Meine leichten, sommerlichen Gerichte kamen gut an, und viele Kunden waren ganz vernarrt in Laura. Sie entpuppte sich als brillante Gastgeberin, konnte gut zuhören, hatte immer einen flotten Spruch parat und fand zwischendurch Zeit, eine Runde Karten zu spielen. Laura, everybody's darling. Ich verliebte mich noch mehr in sie.

Kurz bevor mein Hotelurlaub endete, stellten wir unsere erste Verstärkung ein. Der junge Mann hieß Max, er hatte mich nachts angesprochen, als ich die Terrasse aufräumte. »Haben Sie Arbeit für mich? Ich kann Bier zapfen und Teller tragen.« Seine Stimme war mir auf Anhieb sympathisch. Max' Probezeit erklärte ich an seinem zweiten Arbeitstag für bestanden. Ich vertraute ihm einen Ladenschlüssel an und ließ ihn nach Küchenschluss allein mit den Gästen. Laura und ich wollten uns in dieser Nacht um die längst überfällige Buchhaltung kümmern. Überall im Bistro flogen Rechnungen und Papiere herum. Wir sammelten alles ein und stopften die Belege in eine leere Sektkiste. Einen Aktenordner mussten wir uns erst noch zulegen.

Juli bis Dezember 1994. Am Abgrund

»Entschuldigen Sie bitte, aber morgen habe ich keine Zeit. Ich betreibe ein eigenes Geschäft, müssen Sie wissen. Nettes kleines Bistro in Bahrenfeld. Kommen Sie doch mal vorbei. Wollen Sie sich die Adresse notieren? Wir würden uns freuen, Sie als unseren Gast ...«

»Ja, schön, aber ...«, versucht der Arzt mich zu unterbrechen.

Ich gebe ihm keine Chance, rede weiter wie ein Wasserfall: »Außerdem arbeite ich auch noch in einem Hotel. Bankettbereich, wir haben viele große Veranstaltungen. Und bald werde ich Abteilungsleiter. Also, nein, morgen ist ganz schlecht, tut mir leid.«

»Herr Kahawatte!« Der Arzt hat sich erhoben, er steht jetzt ganz nah vor mir. »Haben Sie mir denn nicht zugehört?« In seiner Stimme mischen sich Zorn und Besorgnis.

Erstaunt starre ich in seine Richtung.

»Es ist Krebs, habe ich gesagt. Krebs! Wir müssen Sie sofort behandeln, jeder Tag zählt. Verstehen Sie mich?«

Verstehe ich ihn? Mein Kopf fühlt sich an wie leer gefegt. Mir fehlen die Worte.

»Kommen Sie unbedingt morgen wieder. Ihre Arbeit ist unwichtig. Sie haben nur ein Leben.«

Ungefähr drei Wochen nach der Bistro-Eröffnung hatte ich mich von Tag zu Tag schlapper gefühlt. Erst schob ich die Erschöpfung auf den Stress der vorausgegangenen Wochen, dann bemerkte ich einen leichten, ungewohnten Schmerz in der Lendengegend. Als ich meinen Unterleib abtastete, spürte ich Verhärtungen. Vermutlich hatte ich mich irgendwo gestoßen. Beiläufig erzählte ich Laura davon, sie schickte mich sofort zu meinem Hausarzt.

»Besser, wir lassen einen Spezialisten draufschauen«, meinte der Arzt, nachdem er eine Ultraschalluntersuchung gemacht und mir Blut abgenommen hatte. Ich bekam eine Überweisung und sollte direkt ins Krankenhaus fahren, doch die Eile erschien mir übertrieben. Erst mal ging ich ins Bistro, um Laura Bescheid zu geben und um zu schauen, wie der Laden lief. Seit ein paar Tagen öffneten wir bereits ab Mittag. Sämtliche Tische waren belegt. Laura hatte alle Hände voll zu tun und sagte zu mir im Vorbeigehen: »Beeil dich, heute Abend haben wir eine Party.« Während meines Arztbesuchs hatte sich spontan eine sechzehnköpfige Geburtstagsgesellschaft angekündigt. Der Gastgeber wünschte sich Gemüse-Antipasti und Scampi.

Eilig rannte ich in die Küche, zog eine bereits getragene Kochjacke über, ging die Warenbestände im Lager durch und sprang in ein Taxi. Bepackt mit Tiefkühlgarnelen, Gemüse und einem Arm voll Baguettes kehrte ich ins Bistro zurück. Während die Garnelen im Wasserbad auftauten, schnitt ich das Gemüse, anschließend pulte ich die Tierchen aus ihren Schalen, wusch mir schnell die Hände und rief erneut einen Wagen. Zum Glück begleitete mich der Taxifahrer bis zur Glastür der Notaufnahme.

Routiniert tastete der Arzt die schmerzenden Stellen an meinem Unterleib ab. Ein zweiter Ultraschall folgte, und wieder wurde mir Blut entnommen. Mir war, als spielte ich im Remake eines tragischen Filmes mit. Zweimal kurz nacheinander die gleichen medizinischen Untersuchungen: Das kannte ich aus meiner Jugend und es verhieß nichts Gutes. Anschließend ließ man mich über zwei Stunden warten. Ich telefonierte mit Laura, sie hatte schon alles geregelt. Max sprang kurzfristig für mich ein.

Als ich die Diagnose hörte, fiel ich in einen Schockzustand. Erst bei den Worten »Sie haben nur ein Leben« kam ich wieder zu Sinnen. Ich war vierundzwanzig Jahre alt. Mein Sehvermögen betrug weniger als fünfzehn Prozent. Und ich hatte Krebs.

Es war schon dunkel, als ich taumelnd das Krankenhaus verließ. Vor der Tür blieb ich stehen, rang nach Atem, mir war schwindlig. Am liebsten hätte ich mich auf den Boden gesetzt und wäre nie wieder aufgestanden. Doch ich riss mich zusammen, schließlich wurde ich im Bistro gebraucht. Geh zu Fuß, die frische Luft wird dir guttun, sagte ich mir. Dieser Vorsatz hielt circa zehn Minuten – bis ich die erste Kneipe an meinem Weg entdeckte. Ich bestellte Bier und Wodka, stürzte beides hinunter. »Noch mal das Gleiche, bitte.« Dann ließ ich ein Taxi kommen. Im Wagen nahm ich Küchengerüche war und erschrak über mich selbst. Immer noch trug ich meine muffige Kochjacke.

Im Bistro wurde gerade ein Ständchen angestimmt, die Gesellschaft feierte ausgelassen. Nachdem ich das Geburtstagskind beglückwünscht hatte, flüchtete ich mich in die Küche, hantierte unkontrolliert im Spülbecken herum. Mein Geist schrie still um Hilfe, mein Körper bestand nur noch aus Angst. Mit bebenden Händen füllte ich Rotwein in ein großes Bierglas und leerte es in einem Zug. Beim Absetzen glitt mir das Glas aus der Hand, Scherben blitzten im hellen Licht der Neonröhre. Ich ließ sie auf dem Fliesenboden liegen. Die Reste meines Lebens sollte jemand anderes zusammenkehren.

Ich wankte in den Bierkeller und wollte die Getränkebestellung für den nächsten Tag vorbereiten. Es war ein hoffnungsloser Versuch, mich abzulenken. Mehrmals setzte ich den dicken Filzstift an, aber das Schreiben gelang mir nicht. Mir wurde schwarz vor Augen. Ich schleppte mich ins Leergutlager, kauerte mich auf eine leere Getränkekiste und verlor das Bewusstsein.

»Was machst du denn hier?« Laura rüttelte mich. »Komm, es ist Feierabend, ich zeige dir ein gemütlicheres Schlafzimmer!« Benommen stand ich auf, lehnte mich an die feuchte Kellerwand, suchte hilflos nach einer Erklärung. Meine heftigen Atemstöße rochen nach Alkohol. »Hey, seit wann ist es so lustig im Krankenhaus?«, fragte Laura.

Während wir langsam die Treppe hinaufstiegen, hörte ich mich stammeln: »Ich habe Krebs.«

»Mit so was macht man keinen Spaß«, sagte Laura wütend. Ich drehte mich um, blickte stumm in ihre Richtung. Mehrere Sekunden lang stand sie da wie gelähmt, keine Regung, kein Atmen war zu hören. Dann klammerte sie sich leise weinend an mich.

»So einfach gehe ich nicht. Ich werde überleben, das versprech ich dir.« Reichlich pathetische Worte. Zu gern hätte ich heldenhaft geklungen. Aber ich brachte kaum mehr als ein Krächzen hervor.

»Was sollen wir denn jetzt machen?«, fragte Laura.

Wortlos begann ich, die Glasscherben in der Küche aufzufegen.

Das Bistro verließen wir wie immer erst, nachdem alle Räume aufgeräumt und geputzt waren. In der Tür drehte ich mich noch einmal um, ließ meinen trüben Blick durch den Gastraum schweifen. Schweren Herzens schloss ich ab und drückte Laura den Schlüssel in die Hand. »Pass gut darauf auf, bis ich wiederkomme.«

Eine Krankenschwester führte mich in mein Zimmer auf Station 11A. »Willkommen auf Station Ende«, begrüßte mich mein Bettnachbar. Ich wollte auf dem Absatz kehrtmachen, dann hielt ich inne und dachte mir: Sei nicht kindisch – jeder geht anders mit seiner Todesangst um. Also stellte ich mich höflich vor, räumte meine Sachen ein, setzte mich auf die Bettkante und wartete. Nach einer Stunde, die mir wie eine halbe Ewigkeit vorkam, erschien der zuständige Arzt. Ich bat ihn, mir noch einmal meine Krankheit zu erklären. Die Diagnose hatte ich am vergangenen Tag sehr wohl verstanden, aber die Details waren vor lauter Schrecken an mir vorbeigegangen.

In meinem Unterleib befand sich ein bösartiger, rasch wachsender Tumor, der in der Fachsprache »embryonales Hodenkarzinom« genannt wird. Es hatten sich bereits weitere kleine Tumore gebildet, der Krebs breitete sich über das Lymphsystem im Bauchraum aus. Gleich am nächsten Morgen sollte ich operiert werden.

»Muss das wirklich sein?«, fragte ich.

»Ja, es gibt keine Zeit zu verlieren. Jeder Tag zählt.«

»Und wie stehen meine Chancen, zu überleben?«

»Das kann ich Ihnen nicht sagen. Aber ich empfehle Ihnen dringend, in eine Chemotherapie einzuwilligen. Wir sollten damit schnellstmöglich beginnen.«

Ein kalter Schauer fuhr mir über den Rücken, dann fühlte ich eine brennende Hitze aufsteigen. Chemotherapie? Auf den Gedanken war ich noch nicht gekommen. Überhaupt hatte ich von Krebs keine Ahnung, nie hatte ich in meinem Umfeld miterlebt, dass jemand daran erkrankt war. Ich wusste nur: Krebs ist lebensbedrohlich, und Chemotherapie ist eine teuflische Qual.

»Sie haben einen Tag Bedenkzeit«, sagte der Arzt. Seiner Stimme und der Stimmung, die er ausstrahlte, entnahm ich, dass meine Chancen ohne Chemotherapie gleich null stünden. In einem Punkt konnte der Arzt mich immerhin beruhigen: Ich musste nicht damit rechnen, impotent zu werden.

Bald kam der Anästhesist, er untersuchte mich und sagte, dass ich am nächsten Morgen um acht Uhr zur OP abgeholt werden sollte. Bis dahin waren es noch zwanzig Stunden. Drei meiner Zimmernachbarn, die allesamt deutlich älter waren als ich, aßen – ich durfte nichts essen. Sie lasen und schauten fern – beides konnte ich nicht. Ein anderer Leidensgenosse kämpfte mit den Nebenwirkungen der Chemotherapie, ständig übergab er sich – das stand mir noch bevor. Und der fünfte atmete nur flach, er zeigte keine Regung, offensichtlich wartete er auf das Ende – würde ich demnächst auch so daliegen wie er?

Ich verließ das Zimmer und begann, auf dem Flur hin- und herzuspazieren. In einer Ecke saß eine kleine Gruppe, offensichtlich eine Familie: Kinderstimmen waren zu hören, und eine verzweifelt wirkende Frau sprach vermeintlich aufmunternde Worte zu ihrem Mann. Ich ging weiter, setzte mich auf eine Bank. Menschen schlichen kraftlos an mir vorüber, sie hatten klappernde Geräte im Schlepptau. »Was für Wagen ziehen diese Leute hinter sich her?«, fragte ich eine Krankenschwester.

»An den Gestellen sind die Infusionsflaschen befestigt«, erklärte sie mir. »Die Patienten bekommen Zytostatika.«

»Ist das Chemotherapie?«

»Ja, genau.«

Horrorfilmregisseure müssen eine Krebsstation inspirierend finden. Furcht, Verzweiflung, Hilflosigkeit und der Geruch des Todes erfüllten hier die Atmosphäre. Unweigerlich verfing ich mich in einem Netz aus schlechten Gedanken.

Mein Augenfehler forderte Jahr für Jahr einen höheren Tribut. Zusätzlich war ich nun von einer lebensbedrohlichen Krankheit befallen. Meine Hotel-Karriere konnte ich getrost vergessen – selbst wenn ich den Krebs überlebte, würde die Position des Bankettchefs garantiert ein anderer übernehmen. Meine finanzielle Situation war ein Desaster, ich saß auf einem Schuldenberg, von dem ich niemals wieder herunterkäme. Und um das Bistro würde ich mich lange Zeit nicht mehr kümmern können. Ich spürte förmlich, wie das Licht meiner Lebenskerze schwächer wurde. Meine Mutreserven gingen zur Neige.

Natürlich dachte ich auch an Laura. Die Ärmste hatte plötzlich einen todkranken Freund und musste allein ein Bistro führen. Das hatte sie nicht verdient. Sicher war es besser, wenn ich sie freigab.

Als Laura mich am frühen Abend besuchte, gingen wir in den Krankenhauspark. So sachlich wie möglich informierte ich sie über die bevorstehende Operation und die Chemotherapie. Dann versuchte ich, auf unsere Beziehung zu sprechen zu kommen. »Ich werde kämpfen, Laura. Ich will leben, aber ich möchte keine Last für dich werden. Vielleicht ist es am besten, wenn wir uns …«

»Nein!«, schrie sie mich an. »Bleib bei mir. Wir schaffen das. Ich mache das Bistro, du wirst gesund.« Wir weinten. Wir versprachen einander, zusammenzubleiben. Laura wollte das Bistro weiterführen, ich nahm mir vor, vom Krankenbett aus die Buchhaltung zu steuern.

Als ich aus der Narkose erwachte, lag ich in meinem Zimmer auf Station 11A. »Wie spät ist es?«, fragte ich meinen Bettnachbarn.

»Gleich sechzehn Uhr, du warst lange weg«, entgegnete die Stimme neben mir. »Und weißt du was? Vorhin war eine schöne Dame hier und hat dir etwas mitgebracht. Guck doch mal.«

»Gucken kann ich nicht so gut«, sagte ich nur zu ihm. In dem Moment konnte ich mich vor Schmerzen auch kaum rühren. Vorsichtig bewegte ich einen Arm in Richtung Nachttisch, wo ich Blumen und eine Saftflasche ertastete.

Mein Bauch fühlte sich an, als hätte man ihn zur Hälfte weggeschnitten und in der offenen Wunde ein Messer stecken lassen. Höllisch. Erst nachdem eine Schwester meine Bitte um Schmerzmittel erhört hatte, konnte ich langsam wieder klare Gedanken fassen. Der behandelnde Arzt und ein Assistenzarzt überbrachten mir die Nachricht, dass die Operation gut verlaufen war. Die Tumore waren entfernt. »Wir päppeln Sie auf und beginnen dann mit der Chemo.« Als ob ich mich darauf freuen sollte.

Drei Wochen brauchte ich, um wieder zu Kräften zu kommen. In jener Zeit wechselte die Belegschaft unseres Zimmers. Mein neuer Bettnachbar hieß Mustafa, er war Perser und – wie ich schnell feststellte – ein durch und durch feiner Kerl. Mustafa hatte einen ähnlichen Unterleibskrebs wie ich, durchlief den ersten Chemozyklus, war voller Lebenslust und ertrug die Therapie heldenhaft. Oft spielten wir zusammen »Monopoly«. Zuerst fand ich es öde. »Monopoly« mit zwei Spielern, von denen einer kaum etwas sieht. »Ist doch egal«, meinte Mustafa. »Ich lese dir alles vor. Hauptsache, wir machen etwas zusammen und du stierst nicht so traurig vor dich hin.«

Die Spiele mit Mustafa haben mir sehr geholfen. Auch die Gespräche. Wir haben uns viel von unseren fernen Heimaten erzählt. Ich schloss ihn ins Herz.

Vor der Chemotherapie durfte ich für zwei Tage nach Hause. Ich wollte in diesem kurzen Zeitraum so leben, als gäbe es keinen Krebs auf der Welt. Im Verdrängen von Krankheiten hatte ich ja reichlich Übung. Also ging ich Laura im Bistro zur Hand, ich genoss den scheinbar normalen Alltag und verbrachte so viele Stunden wie möglich an ihrer Seite. Schließlich konnte niemand wissen, wie viel gemeinsame Zeit uns noch blieb – wie viel Zeit mir im Leben überhaupt noch blieb.

Laura hatte zwischenzeitlich drei weitere Aushilfen eingestellt. Alle machten einen perfekten Job. Nur im Umgang mit mir waren sie unbeholfen, denn Laura hatte ihnen von meiner Erkrankung erzählt. Ein Krebspatient muss vieles lernen. Unter anderem, die Hilflosigkeit seiner Mitmenschen zu ertragen.

Mitte August fing meine Chemotherapie an, sie sollte aus insgesamt drei Zyklen bestehen. Aufgrund der Schwere meiner Krankheit entschieden die Ärzte, sehr hoch dosierte Zellgifte einzusetzen. Zuerst wurde mir ein zentraler Venenzugang, kurz »ZVK«, gelegt. Die Prozedur fand ich ziemlich schmerzhaft und unheimlich: Bei lokaler Betäubung setzte der Arzt einen Schnitt in meinen Hals. Er führte einen dünnen Schlauch in die Halsvene ein und schob ihn bis zur Vorkammer meines Herzens, das sofort zu flimmern begann. Nachdem der Arzt die richtige Lage des Katheters eingestellt hatte, vernähte er das obere Ende fest mit meiner Halshaut.

Der nächste Schritt war eine sogenannte Bewässerung. Durch den ZVK wurden große Mengen Wasser geschickt, um meinen Körper »durchzuspülen« und auf die Chemotherapie vorzubereiten. Ständig rannte ich auf die Toilette.

Diesmal war ich in einem anderen Zimmer untergebracht als bei meinem vorherigen Krankenhausaufenthalt. Ich vermisste Mustafa. Vielleicht war er noch da? Tatsächlich: Nach einigem Fragen und Suchen fand ich ihn und hätte ihn fast nicht erkannt. Schwer atmend lag er in seinem Bett, umgeben von einer Aura des Unglücks.

»Hey, was ist los, Mustafa?«

»Ach Sali, mit mir ist im Moment nicht viel los. Sorry, kein Monopoly heute.«

In seinem operierten und von der Chemotherapie angegriffenen Körper hatten sich bedrohliche Entzündungen breitgemacht. Als ich ihn das nächste Mal besuchte, war er kaum noch ansprechbar. Der heldenhafte Mustafa – ein Häuflein Elend. Gern hätte ich ihm beigestanden und ihn weiterhin besucht. Aber nach der einwöchigen Bewässerungsphase stand meine eigentliche Chemo direkt bevor. Ich ging zum Krankenhausfriseur, um mir eine Glatze schneiden zu lassen.

Die bekannten Nebenwirkungen der Zytostatika schlugen bei mir von Anfang an voll zu. So oft und so heftig musste ich mich übergeben, dass ich das Gefühl hatte, meine Eingeweide mit auszuspeien sowie auch meine letzten Kräfte und den kläglichen Rest Hoffnung, der mir geblieben war. Schon am zweiten Tag konnte ich kaum noch aufstehen, lag im Bett und dämmerte vor mich hin.

Wieder erschien eine Kerze vor meinem inneren Auge, meine Lebenskerze. Sie war noch lang, doch ihre Flamme leuchtete nur schwach. Es sah ganz danach aus, als würde sie erlöschen, Jahrzehnte bevor die Kerze heruntergebrannt wäre.

Am dritten Tag besuchte mich mein treuer Freund Gurke. Er saß steif an meinem Bett und suchte nach Worten. »Lass uns über irgendwas Schönes reden«, schlug ich vor – Gurke ging sofort darauf ein. Wir sprachen über unsere Zeit in Hannover, amüsierten uns über gemeinsame Kino- und Partyabende. Doch plötzlich bedrückte mich die Plauderei. Statt mich aufzuheitern, machten mir die glücklichen Erinnerungen meine ungewisse Zukunft bewusst.

Gurke blieb noch lange bei mir. Nachts betete ich, dass ich ihn eines Tages wiedersehen und vielleicht sogar noch einmal so glückliche Momente wie früher mit ihm erleben könnte.

Kurz darauf kamen meine Mutter und meine Schwester. Wir hatten uns lange nicht getroffen. Leise weinend saßen die beiden da, ich starrte an die weiße Zimmerdecke. Die Stille war beängstigend.

Zum Ende des ersten Zyklus wurde mein Körper erneut eine Woche lang bewässert. Langsam erholte ich mich von der Chemotherapie und machte mich auf den Weg zu Mustafa. In seinem Bett lag ein fremder Mann. »Deinen Freund haben sie vorgestern in ein Einzelzimmer gebracht«, sagte ein anderer Patient. »Ich fürchte, es steht schlecht um ihn.« Von einer Schwester erfuhr ich Mustafas neue Zimmernummer. Als ich hingefunden hatte und eintreten wollte, zerrte jemand an meinem Ärmel. »Sehen Sie denn nicht das weiße Kreuz an der Tür? Da dürfen nur Angehörige hinein.« Nein, ich sah das Kreuz nicht. Aber ich wusste, was es bedeutete. Im doppelten Kampf gegen den Krebs und die Entzündungen hatten selbst die Kräfte des starken Mustafa nicht ausgereicht. Er war in der vergangenen Nacht gestorben. Ich unterdrückte die Tränen, versuchte mich zu konzentrieren. Auf einer Bank im Flur, umgeben von den üblichen düsteren Klängen und Gerüchen, nahm ich still Abschied und wünschte Mustafa einen friedvollen weiteren Weg.

Vor meinem nächsten Chemozyklus durfte ich wieder für ein paar Tage nach Hause. Laura holte mich aus dem Krankenhaus ab, sie hatte kürzlich ein gebrauchtes Auto erstanden. Gemeinsam spazierten wir noch eine Runde durch den Krankenhauspark. Obwohl ich schon seit einigen Tagen kleine Ausflüge ins Freie hatte machen können, gelang es mir erst jetzt – ohne Kabel und Infusionsflaschen, dafür in Begleitung meiner Freundin –, die frische Luft, den Pflanzenduft und die warme Septembersonne zu genießen.

Als ich das Bistro betrat, wurde es still. Alle Stammgäste wussten über meine Erkrankung Bescheid. Ich setzte das beste Lächeln auf, das mir in dem Moment zur Verfügung stand, ging möglichst locker von Tisch zu Tisch, begrüßte jeden Gast und spendierte eine Lokalrunde.

»Hallo Sali, schön, dass du wieder da bist!« – »Na, alles gut?« – »Komm, trink doch einen mit.« … Jeder bemühte sich um Normalität, niemand traute sich, mich offen auf die Krankheit anzusprechen. Die Situation war anstrengend für uns alle, ich zog mich dezent zurück.

Im Keller und in der Küche prüfte ich die Warenbestände, dann gab ich telefonisch eine Getränkebestellung auf. Die Routine tat nicht nur mir gut. »Das ist der Chef, wie er leibt und lebt!«, johlte Laura fröhlich. Doch schon im nächsten Moment – ich wollte den Küchenboden fegen – blieb mir die Luft weg, ich sank in mich zusammen. »Ruft den Notarzt!«, hörte ich Laura schreien. Zum Glück kam ich gleich wieder zu mir. »Alles in Ordnung, das kann vorkommen, es ist mir auch im Krankenhaus passiert.« Meine Freundin zwang mich auf einen Stuhl. Den ganzen Nachmittag ließ sie mich nicht mehr aus den Augen und ich sprach kein Wort. Die Krankheit hatte mal wieder bewiesen, dass sie stärker war als mein Wille.

Am Abend fand ich zu Hause eine Karte mit dem Logo meines Arbeitgebers. »Die Hoteldirektion wünscht gute Genesung«, las Laura vor. »Es wäre uns eine Freude, Sie zu besuchen, sobald es Ihnen besser geht.«

»Was denken die sich? Ich will niemanden sehen«, wehrte ich

ab und flüchtete ins Wohnzimmer. Nach einiger Zeit schlich Laura sich heran. »Magst du ein Stück Spinatpizza?« Kopfschüttelnd starrte ich an die Wand. Dass Laura mein Lieblingsessen vorbereitet hatte, war mir gleichgültig. »Lass uns lieber ein Testament aufsetzen.« Wie ich beerdigt werden wollte, was mit dem Bistro und meinem spärlichen Hab und Gut geschehen sollte: Unter Tränen brachte Laura alles zu Papier. Sie wusste, dass es vernünftig war, die Dinge zu regeln.

Die nächsten Tage verbrachte ich beinahe tatenlos. Ich begleitete Laura in den Großhandel, beim Packen und Ausladen half ein Bistro-Mitarbeiter. Ich saß in der Bistroküche und verfolgte jede Bewegung des jungen Kochs, der unerwartet gut eingewiesen war und professionell arbeitete. Darüber hätte ich mich freuen sollen, aber das Gefühl der Nutzlosigkeit erstickte jede positive Empfindung. Immer wieder schaute Laura herein, erzählte mir von den Gästen und kontrollierte nebenbei, ob ich nicht heimlich in der Küche mit anpackte.

Mit ihr hätte wohl niemand tauschen wollen. Sie musste sich um das Bistro kümmern, um Einkauf, Produktion, Service, das Personal und dazu noch um mich. Immer wieder versicherte sie mir: »Zerbrich dir nicht den Kopf über das Geschäft, der Laden steht.« Wenn mich die Aussichtslosigkeit übermannte, signalisierte sie umso mehr Mut. Wenn ich mich schwach fühlte, demonstrierte sie doppelte Stärke. Eine erstaunliche Frau.

Der zweite Chemozyklus sollte noch härter werden als der erste. Alle Prozeduren kannte ich ja bereits: ZVK, eine Woche Wässern, eine Woche hoch dosierte Chemotherapie und wieder eine Woche Wässern. Diesmal empfand ich die Nebenwirkungen als mörderisch. Zusätzlich zu der Übelkeit und dem Schwinden jeglicher Energie bekam ich Pilze und Entzündungen am ganzen Körper. Meine Haut schälte sich, überall bildeten sich eitrige Stellen, es kam mir vor, als verfaulte ich bei lebendigem Leib.

Während sich die anderen Patienten mit Fernsehen und Lesen ablenkten, konnte ich mich nur mit mir selbst beschäftigen. Oft dachte ich an Mustafa, und aus Mitleid ihm gegenüber wurde Neid. Was sollte mein sinnloser Kampf bezwecken? Es ist dein Schicksal, jung zu sterben, sagte ich mir. Akzeptiere es endlich!

Laura wollte ich meinen jämmerlichen Zustand nicht mehr zumuten, ich verbot ihr, im Krankenhaus zu erscheinen. Mein Telefon am Bett bestellte ich ab. Die einzige Verbindung zur Außenwelt, die ich nicht kappte, war die Buchhaltung des Bistros. Wie besessen malte ich mit dem Filzstift wirre Zahlenkolonnen auf meinen Zeichenblock.

Am Ende des zweiten Chemozyklus hatte ich extremes Untergewicht, die Zahl meiner weißen Blutkörperchen war gefährlich zurückgegangen, meine Immunabwehr lag am Boden. Wie in Trance redete ich mit mir selbst, nahm fast nichts mehr wahr. Hin und wieder bemerkte ich, dass Laura mich besuchte. Sie stand direkt neben mir und schien doch kilometerweit entfernt. Als ich mich etwas erholt hatte, gingen wir manchmal stumm nebeneinander durch den Park, ich blickte die ganze Zeit starr zu Boden. Dann brachte Laura mich wieder ins Zimmer, wortlos legte ich mich hin und zog mir die Decke über den Kopf. Oft saß Laura noch lange an meiner Seite.

In meinem nächsten Kurzurlaub ging ich nur einmal ins Bistro. Im Lager herrschte Chaos, ich wandte mich ab. Die restlichen eineinhalb Tage verbrachte ich mit einsamen Spaziergängen. Es war Mitte Oktober, Laub raschelte unter meinen Füßen. Ich fragte mich, ob ich Weihnachten wohl noch erleben würde. Aber seit wann legte ich Wert auf das Weihnachtsfest? Das war ja etwas ganz Neues. Und hatte ich nicht vor Kurzem beschlossen, mich meinem tödlichen Schicksal zu ergeben? Die frische Hamburger Herbstbrise kühlte meinen Kopf, sie half mir, meine Gedanken und Gefühle zu ordnen. Ich stellte fest: In mir war doch noch ein Funken Lebenswille. Also schmiedete ich einen Plan.

Im Krankenhaus bat ich um ein Einzelzimmer und erfuhr, dass ich ohnehin allein liegen sollte. Eigentlich stand dieses Privileg nur Privatpatienten zu, aber in Härtefällen waren Ausnahmen möglich. Und der dritte Chemozyklus, so viel war sicher, würde mir körperlich noch mehr zusetzen als der zweite. Die Ärzte und Schwestern bat ich, mich in den kommenden Wochen so weit wie möglich in Ruhe zu lassen und jeden Besucher abzuweisen. Außerdem sollten sie sich nicht wundern, wenn ich tagelang nicht ansprechbar wäre. Ich brauchte höchste Konzentration.

Das Verhältnis zwischen mir und dem Krebs hatte sich im Lauf der Monate mehrmals geändert. Erst wollte ich ihn nicht wahrhaben, dann empfand ich ihn als ungerecht und furchteinflößend. Eine Zeit lang versuchte ich ihn zu bekämpfen, zuletzt war ich kurz davor gewesen, ihm den Sieg zu überlassen. Keine dieser Verhaltensweisen hatte mich weitergebracht. Meine neue Strategie war, die Krankheit auszutricksen.

Schritt eins: Schließe Freundschaft mit der Krankheit. In tage- und nächtelangen Gesprächen – oft laut geführt – näherte ich mich dem Krebs emotional an. Als sei er mein neuer Freund, erzählte ich ihm von mir, hörte mir seine Geschichten an, erkundete seinen Charakter. Und je besser ich das Wesen des Krebses kennenlernte, desto mehr erfuhr ich über seine Schwächen. Dann, Schritt zwei, kündigte ich ihm die Freundschaft. Punkt für Punkt zählte ich auf, warum wir nicht zueinander passten und dass unser Zusammensein zu nichts führte. Der Krebs schmeichelte mir, drohte und schrie – ich ließ mich nicht erweichen. Er versprach, sich zu ändern, und flehte um eine weitere Chance – ich verweigerte sie ihm. Wir redeten und redeten, bis er irgendwann einsah, dass es keine gemeinsame Zukunft für uns gab. Ich ließ ihn stehen, er folgte mir nicht. Es war ein Abschied für immer.

Das alles mag befremdlich klingen, vielleicht auch verrückt. Aber der Clou an der Sache ist: Sie hat funktioniert. Meine Psyche richtete sich auf, ich musste mich seltener übergeben, konnte sogar ein paar Happen essen und brauchte nicht mehr künstlich ernährt zu werden. Allmählich leuchtete meine Lebenskerze wieder heller. Nun war ich bereit für Schritt drei der Strategie: Eifrig plante ich die kommenden Wochen und Monate. Ich stellte mir glückliche Situationen mit Laura vor, überlegte mir neue, verbesserte Arbeitsabläufe für unser Geschäft, malte mir ein fröhliches Wiedersehen mit Gästen und Angestellten aus. Mein Hintergedanke dabei war: Wer in den Winterurlaub fährt, nimmt einen Skianzug mit. Wer in die Südsee reist, packt eine Badehose ein. Und wer zurück ins Leben will, braucht einen Koffer voller Freude, Lebensmut und Perspektiven.

Auch der letzte Schritt meiner Taktik zeigte Erfolg. Überraschend schnell erholte ich mich. Ab Mitte November durfte ich regelmäßig für längere Zeit in den Park. Einmal regnete es in Strömen. Ich legte den Kopf in den Nacken, um möglichst viele dicke, kalte Tropfen auf meinem Gesicht zu spüren. Ein unbeschreiblich schönes Gefühl.

Wenig später wurde ich aus dem Krankenhaus entlassen – immer noch nicht endgültig, denn eine weitere große Operation war nötig. Laura und ich verschwendeten kaum einen Gedanken daran. Meine Haare wuchsen langsam nach, doch ich hatte mich an die Glatze gewöhnt und rasierte meinen Schädel mehrmals wöchentlich. Die Frisur gefällt mir noch heute. Sie erinnert mich an eine Phase, in der es mir gelungen ist, einen vom Tod gesandten Begleiter abzuschütteln.

Obwohl ich selbstverständlich noch krankgeschrieben war, arbeitete ich täglich im Bistro. Das Geschäft lief sehr gut, viele Gäste buchten Weihnachtsfeiern. Nachts wühlte ich mich mit Lauras Hilfe durch das Buchhaltungschaos. Zahl für Zahl las sie mir alle Rechnungsbelege und Kassenumsätze vor, bis ich die zurückliegenden Monate rekonstruiert hatte. Danach engagierte ich einen Steuerberater. Künftig sollte er regelmäßig den Abschluss erstellen.

Am 6. Dezember 1994, meinem 25. Geburtstag, wurde ich um acht Uhr morgens noch einmal in den OP-Saal gefahren. Die Operation, bei der zur Sicherheit die Lymphknoten in einer weiten Region meines Bauches entfernt werden sollten, war auf acht Stunden angesetzt. Sogar der Chefarzt hatte sich angekündigt. Ich wusste, dass der Eingriff Risiken barg, fühlte mich aber durch den hohen Besuch in Sicherheit. Als ich wieder zu mir kam, lag ich auf der Intensivstation. Hinter mir vereinten sich die Pieptöne verschiedener medizinischer Geräte zu einem bizarren Kammerkonzert.

Am 23. Dezember durfte ich endgültig nach Hause. Laura hatte einen Weihnachtsbaum besorgt und geschmückt, und so verbrachten wir Heiligabend bei Kerzenlicht, erleichtert, glücklich und erschöpft. Schon am zweiten Weihnachtstag war das Bistro wieder geöffnet. Vorsichtig zog ich mich an – die große Narbe auf meinem Bauch war noch sehr empfindlich. In einen dicken Wintermantel gehüllt, ging ich langsam vor dem Bistro auf und ab. Feuchte Kälte kroch durch meine Kleidung. Ich liebte das Gefühl. Mein Weihnachtsgeschenk war mein Leben.

Silvester feierten wir mit unseren Gästen, um Mitternacht stieß ich mit allen an. Dann wartete ich, bis keine Raketen mehr zu hören waren, und ging allein nach Hause. Als Laura morgens ins Bett kam, lag ich noch wach. Die vergangenen Stunden hatte ich meinem inneren Abschied vom alten Jahr gewidmet. Laura schmiegte sich an mich, friedlich schliefen wir ein.

FÜNF

Heute. Aus Schaden wird man anders

Warum Krebs? Warum ich? Warum schon wieder ich? Krebs mit
Anfang zwanzig – und dann auch noch eine besonders bösartige
Form. Andere werden in der Jugend kurzsichtig – ich fast blind.
Andere haben vielleicht eine Blinddarm- oder Mandelentzün-
dung – ich bekomme gleich Krebs. Warum, warum, warum?

Wer so denkt, landet in einem Hamsterrad und findet nicht
wieder hinaus. Die Fragerei führt zu nichts als Selbstvorwürfen.
»Die Krankheit ist ein Wink des Schicksals, dass du dein Leben
ändern sollst.« Oder auch: »Gott straft dich für deine Sünden.«
Immer wieder hört man, dass Menschen sich schwere Krankheiten auf diese und ähnliche Weise erklären. Ich denke nicht, dass
solche Schuldzuweisungen die Genesung fördern.

Natürlich habe auch ich mir die Frage nach dem Warum gestellt. Und natürlich fand ich sehr schnell mögliche Erklärungen für den Krebs: Ich hatte geackert wie ein Tier. Tagsüber und
abends im Hotel oder im Bistro, nachts zu Hause, wo ich ständig
irgendwelche Pläne, Menüs und Weinkarten auswendig lernte, für
Fortbildungen paukte oder die Buchhaltung erledigte. Im Hotel
bereitete ich mich auf den Abteilungsleiterposten vor. Obendrein
war ich dort ununterbrochen in höchster Alarmbereitschaft,
damit mein Augenfehler nicht aufflog. Das alles kostete mich
wahnsinnig viel Kraft. Außerdem habe ich in der Zeit wieder öfters
zur Flasche gegriffen. Ich war in der Lage, mehrere Nächte am
Stück durchzuarbeiten – und allzu viele habe ich auch durchgesof-

fen. Man könnte sagen: Der Krebs war die Rechnung für den Raubbau, den ich an meinem Körper und meiner Seele betrieben hatte.

Aber ich wollte deshalb weder ein schlechtes Gewissen haben, noch wollte ich mich grundlegend ändern. Denn das hätte bedeutet, mich selbst zu verleugnen. Meine Art zu leben hatte ich mir schließlich selbst ausgesucht, sie passte zu mir und machte mir Freude – trotz aller Anstrengungen. Also war es für mich konsequent, gleich nach der letzten Krebsoperation mein gewohntes Leben wieder aufzunehmen.

Kürzertreten? Nur über meine Leiche. Dazu stehe ich bis heute. Solange meine Beine mich tragen, werde ich weitergehen. Und solange mein Herz schlägt, werde ich mit Leidenschaft leben. Nur eines bereue ich ein bisschen: Die Sache mit dem Alkohol hätte ich damals schon ernster nehmen sollen.

Weitaus hilfreicher als die Beschäftigung mit dem Warum des Krebses finde ich die Frage: Welche Chancen ergeben sich vielleicht aus solch einer Krankheit? Intensiv auseinandergesetzt habe ich mich damit erst viele Jahre später. Je größer der Abstand wurde, desto klarer sah ich: Nach dem dritten Chemozyklus hatte ich eine deutlich positivere Grundstimmung als vor der Krebserkrankung. Weil ich der Schwelle zum Tod einmal ganz nah gekommen war, liebte ich mein Leben mehr als zuvor. Außerdem: Da es mir einmal gelungen ist, eine lebensbedrohliche Situation aus eigener Kraft zu meistern, bin ich zuversichtlich, dass ich es auch in Zukunft wieder schaffen würde. Zumindest bin ich gut gewappnet.

Widerfährt mir heute etwas Unangenehmes, rufe ich mir die Krebserfahrung ins Gedächtnis. Ich weiß, dass nach der Kälte die Wärme kommt – und ich genieße die Wärme intensiver als Menschen, die nie die Eiseskälte kennengelernt haben.

Insofern verdanke ich meiner Zeit auf Station 11A viel Gutes: Mut, Zuversicht, Stolz und eine geschärfte Wahrnehmung in Bezug auf die Sonnenseiten des Lebens. Doch ich will sie nicht im Nachhinein beschönigen, jene bittere Phase. Definitiv war sie für mich die härteste Lebensschule. Und dadurch, dass das Schicksal mich hart herangenommen hat, wurde auch mein Charakter in mancher Hinsicht härter. Für meine Mitmenschen ist es oft unverständlich und manchmal beängstigend, wie gnadenlos ich sein kann. Es kommt vor, dass ich von einem Moment auf den anderen zu jemandem sage: »Okay, wir beide sind jetzt durch. Ich will nichts mehr mit dir zu tun haben. Tschüss.« Dieser Jemand kann ein Freund, Kollege oder auch eine Partnerin sein – ein Mensch, den ich eigentlich gern mag: Sobald sich bei mir das Gefühl meldet, er will mich einschränken oder verändern oder er raubt mir unnötig Energie, ist Schluss. Ich mache dicht, bin auch mir selbst gegenüber hart und verschwinde. Höre ich dann: »Hey, was soll das? Ich bin doch dein Freund«, antworte ich nur noch ein einziges Mal: »Nein, nicht mehr.«

Was Menschen, die einem nicht guttun, anrichten können, habe ich schon in meiner Jugend am eigenen Körper erfahren. Damals war ich mir dessen noch nicht bewusst, aber heute bin ich mir sicher: Die Verantwortung für meinen Sehfehler lag bei meinem Vater. Sein tyrannisches, hassenswertes Verhalten ließ in mir den Wunsch wachsen, er möge aus meinem Leben verschwinden. Ich konnte seinen Anblick nicht mehr ertragen – und erblindete. Als Konsequenz daraus verschwand mein Vater tatsächlich weitgehend aus meinem Leben, nicht nur visuell: Er interessierte sich nicht mehr für mich, ließ mich in Ruhe. Auf Umwegen hatte ich erreicht, was ich wollte. Nur musste ich dabei viele Federn lassen.

Auch die Erkrankung meiner Mutter hing garantiert mit ihrer schlechten Ehe zusammen. Und als ihr Vater – mein Großvater – erfuhr, wie sehr seine Tochter litt, ohne dass er ihr helfen konnte, brach es ihm buchstäblich das Herz.

Einerseits empfinde ich es als befriedigend, die Erklärung für meinen Augenfehler erkannt zu haben – andererseits bringt es mich nicht wirklich weiter. Es ist wie beim Krebs oder bei anderen Schicksalsschlägen, die sich nicht rückgängig machen lassen: Interessanter als das Warum sind die – zunächst verborgenen – Chancen. Zum Beispiel halte ich es für sehr wahrscheinlich, dass ich im

Kampf gegen den Krebs verloren hätte, wenn ich mich mit Fernsehen, Lesen oder anderen Augentätigkeiten von der Krankheit hätte ablenken können. Meine Sehbehinderung war mein Vorteil – als Fast-Blinder blieb mir nichts anderes übrig, als mich Tag und Nacht intensiv mit dem Erlebten und dem zu Erlebenden auseinanderzusetzen. So konnte ich über mich selbst und über den Krebs hinauswachsen.

Mag sein, dass dies alles konstruiert wirkt und für Menschen, die noch nie schwer erkrankt sind, kaum nachvollziehbar ist. Auch so was habe ich schon öfters gehört: »Blindsein als Chance? Krebs als Lebensschule? Du machst dir doch etwas vor. Gesteh dir ein, dass du es im Leben viel schwerer hast als andere.« Und welchen Nutzen hätte solch eine Erkenntnis für mich? Wohin sollte sie mich bringen? In die Psychiatrie oder gleich unter einen fahrenden Zug?

Mit Dingen, die man nicht ändern kann, muss man sich anfreunden. Ich bin froh, dass mir das immer wieder gelingt. Mache ich mir etwas vor? Egal. Nennt mich meinetwegen einen unverbesserlichen Optimisten. Ich bin es gern, ich muss es sein, denn andernfalls wäre ich schon lange tot.

Möglicherweise werde ich bald völlig erblinden. Außerdem lande ich aufgrund meiner Hüftschäden vielleicht irgendwann im Rollstuhl. Blind im Rollstuhl zu sitzen ist eine beängstigende Vorstellung. Aber ich vertraue auf meinen Optimismus: Wenn es irgendwann so weit sein sollte, werde ich meinem Dasein trotzdem noch viel Positives abgewinnen.

Ich möchte mit meinem Schicksal leben. Denn die einzige Alternative wäre, daran zu sterben – und das ist für mich keine Option mehr. Wie der Arzt damals so treffend sagte: Ich habe nur ein Leben. Obgleich ich heute wieder buddhistisch denke und handle, bin ich mir der Wiedergeburt nicht so ganz sicher. Aber selbst wenn es sie gibt, berechtigt sie niemanden dazu, auch nur ein einziges seiner Leben wegzuwerfen.

1995 bis 1998. Drunter und drüber

Ah! Der Schlag saß. Mitten in die Magengrube. Meine Knie werden weich, unter mir schwankt der Boden, ich kriege kaum Luft. Jetzt nicht den Schmerzen nachgeben, nicht aufgeben. Kämpfe, Sali, kämpf! Pure Energie schießt in meinen Körper. Ich richte mich auf, hole aus – und treffe mit voller Wucht ins Leere. Verliere das Gleichgewicht, taumele hin und her. Der Angreifer fängt mich auf, legt seinen Arm um meine Schulter. »Okay, das müssen wir wohl noch mal üben.« Wir lachen beide. Alex und ich.

Es ist Frühsommer 1995, ich bin vom Krebs geheilt, ich habe einen neuen Freund. Alex, mein Boxlehrer, mein Vorbild, mein Vertrauter, großartiger Alex. Ich fühle mich fit wie lange nicht, bin glücklich wie selten zuvor. Ich könnte die Welt umarmen.

Nach dem Training fahren wir zusammen zum Großmarkt. Alex ist erst zum dritten Mal hier, aber schon ein echter Fachmann. Er weiß, wo er was findet, vergleicht für mich die Preise, den Einkauf haben wir schnell erledigt. Anschließend, im Bistro, koche ich ein extra leckeres Sportlermenü für Alex. Obwohl der Laden voll ist und Laura eine Bestellung nach der anderen in die Küche ruft. Sollen die anderen Gäste ruhig ein bisschen warten. Alex geht vor.

Anfang 1995 hatte mein Hausarzt mich auf eine sechswöchige Reha-Kur nach Bad Wildungen geschickt, wo ich mich von den Strapazen der vergangenen Monate erholen sollte. In der Kurklinik hielten sich weit überwiegend ältere Herrschaften auf, die Damen wollten mich immer überreden, mit ihnen zum Tanztee zu gehen – morgens Fango, abends Tango. Ich lehnte dankend ab und konzentrierte mich stattdessen voll auf meine Genesung. Zusammen mit einem Sportarzt erarbeitete ich mir ein Fitnessprogramm, an jedem Nachmittag machte ich Ausdauertraining, abends baute ich im Kraftraum gezielt meine Muskulatur auf. Der Sport tat mir körperlich und seelisch gut, in den vergangenen Jahren hatte ich meine Fitness viel zu sehr vernachlässigt. Ich nahm mir vor, das Training nach der Kur fortzuführen, der Arzt bestärkte mich in diesem Entschluss.

Kurz nachdem ich mich bei einem Hamburger Fitnesscenter angemeldet hatte, lernte ich dort Alex kennen. Er war gerade erst in die Stadt gezogen, um Fahrzeugbau zu studieren, nebenbei jobbte er im Sportstudio als Boxlehrer. Immer öfter verabredeten wir uns zum gemeinsamen Geräte- und Hanteltraining, und die Pausen, die wir zwischendrin machten, gerieten meist länger als nötig, weil es so viel zu erzählen gab. Es war ein bisschen wie früher mit meinem Freund Thuya in Colombo: Obwohl Alex zwei Jahre jünger ist als ich, fühlten wir uns wie Zwillinge, die als Kinder voneinander getrennt wurden und sich nun wiedergefunden hatten. Erst bei unserem dritten oder vierten Treffen deutete ich an, dass ich ein Augenproblem habe. Zuerst verstand Alex nicht richtig, er dachte, ich sei kurzsichtig.

»Und warum trägst du keine Brille?«, fragte er mich. »Oder hast du Kontaktlinsen?«

»Eine Sehhilfe, die mir hilft, muss erst noch erfunden werden«, erwiderte ich. In den folgenden Wochen beschrieb ich ihm meine ganze Augengeschichte – in möglichst mundgerechten Häppchen, wie üblich. Auch das Krebsdrama enthielt ich ihm nicht vor. Meine Sehkraft war zwischenzeitlich auf unter zehn Prozent gesunken. Die aggressive Chemotherapie hatte das Fortschreiten der Erblindung beschleunigt. Selbst mit der dicksten Lupe konnte ich nun kaum noch Buchstaben entziffern. Ich musste mir eingestehen, dass ich auf die Unterstützung meiner Mitmenschen angewiesen war.

Den Schrecken und das Mitleid, das Alex angesichts meiner Schilderungen empfand, ließ er sich zunächst nicht anmerken. Er zeigte überhaupt keine Verunsicherung, sein Umgang mit mir blieb der gleiche, wir trainierten und redeten genauso wie zuvor. Irgendwann traute ich mich dann, Alex einen großen Wunsch zu beichten: »Mal ehrlich, meinst du, ich könnte boxen lernen?« Obwohl wir uns schon gut kannten, fürchtete ich, er werde mich auslachen.

»Klar, super Idee, ich gebe dir Box- und Selbstverteidigungsunterricht«, meinte Alex gleich. »Als Sehbehinderter bist du angreifbar, dagegen müssen wir etwas tun. Stell dir vor, jemand überfällt euch in eurem Laden.«

Daran hatte auch ich schon gedacht – Boxtraining fand ich aus vielen Gründen attraktiv für mich, nicht nur aus rein sportlichen. Laura zeigte zwar großes Talent als Bodyguard, gegen einen kräftigen Mann wäre sie jedoch nicht allein angekommen.

Nun kann ein Sehbehinderter keinen normalen Boxsport machen – wobei: Er kann es schon, steckt aber die meiste Zeit nur Schläge ein, das ist ziemlich sinnlos. Alex konzipierte ein spezielles Trainingsprogramm, bei dem er meinen Sehfehler berücksichtigte, mich aber insgesamt nicht schonte. Mehrmals schlug er mich nieder, ich trug schmerzende Prellungen davon, trotzdem tat mir das Training unheimlich gut und ich war meinem neuen Freund dankbar dafür. Alex ist ein geborener Kämpfer. Auch von mir erwartete er stets, aufs Ganze zu gehen. Durchhaltewillen war eine der Eigenschaften, die uns beide verband.

Außerdem unterstützte Alex mich immer öfter bei der Arbeit. Er machte keine große Sache daraus, sondern rief einfach an und fragte: »Hast du heute schon eingekauft?«

»Nein, Laura und ich sind noch nicht dazu gekommen.«

»Okay, dann lass uns um sechzehn Uhr in den Großhandel fahren, anschließend gehen wir boxen.«

Nicht selten kam er nachts noch mal ins »Le Filou«, trank ein Bier und half mir, die Kasse zu machen.

Mit dem Thema Krebs war ich durch – gleich nach der Reha hatte ich es in die Schublade »abgeschlossene Episoden« gelegt und nicht wieder angerührt. Viele Menschen meinen, solch eine Erfahrung müsse man über einen langen Zeitraum aktiv verarbeiten. Aber ich bin nun mal kein Selbsthilfegruppen-, Psychotherapie- oder Grübel-Typ. In jener Zeit war ich es noch weniger als heute. Einige gute Tipps nahm ich aus der Klinik mit und bemühte mich, sie in meinen Alltag zu integrieren, wie zum Beispiel regelmäßige Mahlzeiten und ausreichende Lichtzufuhr – wer viel nachts arbeitet und am Tage schläft, muss aufpassen, das Lichtdefizit auszugleichen, sonst wird er krank. Im Übrigen machte ich weiter, wie es mir gefiel und wie es nötig war, um mich frei zu fühlen. Dazu gehörte auch, dass ich im Hotel kündigte. Obwohl mir die Festanstellung finanzielle Sicherheit bot, zog ich das Bistro vor. Wir verdienten genug, um davon leben zu können, und Laura war es auf Dauer nicht zuzumuten, tagelang allein die Verantwortung für das Geschäft zu tragen. Außerdem wäre es mit meinen nicht mal mehr zehn Prozent Sehvermögen im Hotel noch schwieriger geworden, mein Problem zu verheimlichen. Diesen Kündigungsgrund gestand ich mir damals nicht ein, aber unterbewusst trug er sicherlich zur Entscheidung bei.

Das Geschäft lief so gut, dass Laura und ich den Mitarbeitern auf der Weihnachtsfeier 1995 kleine Lohnerhöhungen ankündigten. Unser Lagerhaltungssystem konnte ich deutlich verbessern, der Laden war endlich durchorganisiert, bei den Inventuren half mir Alex, alles lief rund. Das Einzige, was mich extrem nervte, waren die Krebs-Nachsorge-Untersuchungen. Im halbjährlichen Rhythmus musste ich für jeweils einen Tag ins Krankenhaus, wo geprüft wurde, ob sich neue Tumore bildeten. Die Rückkehr auf »Station Ende« empfand ich als puren Stress. Mich plötzlich in der gruseligen Atmosphäre wiederzufinden, die übel riechende Luft einzuatmen, die Allgegenwart des Todes zu spüren – damit konnte ich überhaupt nicht umgehen. Abends wurde man ohne konkrete Ergebnisse nach Hause geschickt und es hieß: »Wir melden uns, wenn etwas nicht in Ordnung ist.« Anschließend habe ich mich jedes Mal bis zur Besinnungslosigkeit betrunken. Aber es war ja nur ein Tag pro Halbjahr. Ansonsten fühlte ich mich rundum zufrieden. In der Silvesternacht blickten Laura, Alex und ich voller Optimismus in die Zukunft.

Wenige Wochen später ließ meine körperliche Verfassung wieder einmal zu wünschen übrig. Zuerst war ich nur etwas schwach – ein Gefühl, das ich auszublenden gelernt hatte. Dann verlor ich Gewicht, musste mich oft übergeben, konnte wochenlang keinen Sport treiben. Eines Abends, als Laura von der Arbeit nach Hause kam, lag ich im Bett, rang um Luft und war kaum ansprechbar. Minuten später beförderten zwei Sanitäter mich auf einer Trage in einen Krankenwagen. Ich wurde bewusstlos.

Als ich wieder zu mir kam, befand sich eine Nadel in meiner linken Armbeuge, mit der rechten Hand ertastete ich eine Infusionsflasche. »Hallo, ich heiße Sali, ich habe Hodenkrebs«, stellte ich mich meinem Bettnachbarn vor. »Und was für einen Krebs hast du?«

»Ich habe Gallensteine, keinen Krebs.« Der Mann klang verstört.

»Ist das hier denn nicht Station 11A?«

»Nein, wir liegen auf Station 5B – Innere Krankheiten«, sagte mein Nachbar.

Mir wurde schwindlig, in meinem Kopf spielten sich furchtbare Filme ab. Meiner festen Überzeugung nach war der Krebs zu mir zurückgekehrt und man hatte mich versehentlich auf der falschen Station untergebracht. Ich drückte den Klingelknopf, eine Krankenschwester erschien.

»Was ist hier los? Wieso bin ich nicht auf Station 11A?«, fuhr ich sie an.

Die Schwester konnte mir keine genauen Auskünfte geben. Sie wusste nur, dass ich am Abend zuvor ins Koma gefallen war, über vierzig Grad Fieber hatte und wahrscheinlich auf die Intensivstation kommen würde. Die Informationen beruhigten mich nicht im Geringsten, wieder wurde ich ohnmächtig. Als ich später am Tag das Gefühl hatte, man schiebe mich in einen Operationssaal, wusste ich nicht, ob ich träumte oder wach war. Des Rätsels Auflösung erfuhr ich erst gegen Abend: An meinem Hals erspürte ich einen alten Bekannten – einen ZVK. Neben meinem Bett befand sich ein Gestell mit Infusionsflaschen. Alle Zeichen standen auf Krebs. Erneut verlor ich das Bewusstsein.

Am nächsten Morgen hörte ich, wie mehrere Ärzte an meinem Bett miteinander diskutierten. Im OP hatten sie mein Innenleben mit einem medizinischen Spezialkamerasystem erkundet. Das Ergebnis der Videosafari ließ sich mit wenigen Worten zusammenfassen: kein Krebs, sondern akute Bauchspeicheldrüsenentzündung plus Wasser in der Lunge.

»Und was bedeutet das?«

»Ihr Zustand ist sehr kritisch.«

Die Ärzte erklärten mir, dass die Bauchspeicheldrüse viele lebenswichtige Stoffwechselvorgänge steuert. Was im Umkehrschluss bedeutet: Das Versagen dieses Organs ist ein sicheres Todesurteil. Die Antibiotika, die mir durch den ZVK verabreicht wurden, hatten bislang nicht gewirkt.

In den folgenden Wochen wurden mir neben den Medikamenten auch Wasser und Nahrungsersatz durch den ZVK zugeführt. Ich durfte weder essen noch trinken. Die ersten Tage kamen mir wie Jahre vor. Das Fieber schwächte mich so sehr, dass ich mich kaum rühren, geschweige denn aufstehen konnte. Um mich herum wurde getrunken, gegessen, ferngesehen. Ich war allein mit meinen dunklen, wirren Gedanken und dem quälenden Durst. Erst nach zehn Tagen sank das Fieber, allmählich verschwand auch das Wasser aus meiner Lunge. Endlich erlangte ich die Fähigkeit zurück, klar zu denken. Zugleich erstarkte mein Überlebenswille. Sei froh, dass es diesmal kein Krebs ist. Kämpfe, zeig, was du drauf hast, sagte ich mir.

Zweimal kamen meine Mutter und meine Schwester – ich freute mich, sie bei mir zu haben, und beschloss, das Wiedersehen als positiven Aspekt meiner Krankheit zu werten. Laura und Alex besuchten mich im täglichen Wechsel. Meist blieb mein Freund abends so lange, bis ihn die Nachtschwester hinausschickte. Wir hatten uns wahnsinnig viel zu erzählen. Und stellten immer wieder mit Staunen fest, wie ähnlich wir uns waren, wie ähnlich wir dachten. Außerdem präsentierte ich Alex jedes Mal meine Fortschritte. Der erste große Erfolg war ein Gang durchs Zimmer. Ich schlich auf wackligen Beinen, Alex feierte mich wie einen Marathonsieger. Gemeinsam legten wir meine Ziele für die nächsten Tage fest. Bald traute ich mich auf den Flur, meinen dreirädrigen Kameraden – den Infusionswagen – im Schlepptau. Stolz führte ich auch Laura meine kläglichen Künste vor, sie klatschte in die Hände und rief: »Zugabe!« Mit einer tiefen Verbeugung nahm ich ihre Ovationen entgegen. Und während sie mich in mein Zimmer führte, versprach ich ihr, bald wieder bei ihr zu sein. Bei Laura zu Hause, bei Laura im Bistro. Dort, wo ich hingehörte.

Dass meine Freundin die ganze Zeit über fest zu mir hielt, fand ich sensationell. Trotz Augenfehler, trotz Krebs, trotz Organversagen – nie stellte Laura unsere Beziehung infrage. Im Geschäft arbeitete sie für mich mit, im Krankenhaus versprühte sie gute Laune und ansteckende Zuversicht, ich hörte kein einziges klagendes Wort von ihr. Wahrscheinlich würden neunundneunzig von hundert Frauen, die das erleben, was ich Laura zumutete, ihren Partner verlassen. Und zwar nicht aus Boshaftigkeit, sondern weil sie es schlichtweg nicht mehr aushalten. Ich hatte das große Glückslos gezogen, ich hatte die eine, die stärkste von hundert, an meiner Seite.

Nach fünf Wochen entließ ich meinen dreirädrigen Kameraden. Langsam gewöhnte ich mich wieder ans Essen und Trinken, unter Alex' Aufsicht machte ich Liegestütze und Kniebeugen auf dem Balkon. Er kam nun täglich, wir erarbeiteten ein detailliertes Sportprogramm und trainierten gemeinsam im Park. Alex schenkte mir ein komplettes Hantelset. Als ich aus dem Krankenhaus entlassen wurde, war ich topfit.

Während meiner Abwesenheit hatte Alex oft im Bistro nach dem Rechten geschaut, Laura bei den Einkäufen unter die Arme gegriffen und mit ihr die Abrechnungen gemacht. Sowie ich zurück an meinem Arbeitsplatz war, bot er mir an, gemeinsam die liegen gebliebene Post und Buchhaltung zu durchforsten. »Ich glaube, wir sollten uns das mal sehr gründlich anschauen«, sagte Alex mit einem Unterton, der nichts Gutes verhieß.

Der Poststapel erwies sich als verblüffend klein – Laura hatte alle Briefe vernichtet, deren Inhalt ihr nicht gefiel. Vor allem Zahlungsaufforderungen. Wie lange war das schon so gegangen? Wahrscheinlich seit Monaten. War sie verrückt geworden? Ich griff zur nächstbesten Flasche, wollte meine Fassungslosigkeit hinunterspülen. Alex sah nicht lange zu. »Wenn du meinst, deine Probleme auf diese Art lösen zu können – viel Erfolg!« Seine Stimme klang eiskalt. Sekunden später war er verschwunden. Den restlichen Abend verbrachte ich schweigend und trinkend. Laura ging mir aus dem Weg.

Als ich am nächsten Morgen verkatert aufwachte, schämte ich mich. Alex gegenüber, weil ich mich wie ein hirnloser Alkoholiker aufgeführt hatte. Und Laura gegenüber, weil ich sie überfordert hatte. Seit knapp zwei Jahren war ich der Geschäftsführer des Bistros, ein rundes Drittel der Zeit hatte ich Laura mit allem alleingelassen. Sie war nicht verrückt geworden, sondern ahnungslos geblieben. In ihrer Wahrnehmung bedeuteten Umsatz und Gewinn ein und dasselbe. Ich konnte ihr keinen Vorwurf machen. Sie hatte nichts anderes gelernt.

Ich bat Laura, sich in Zukunft ausschließlich dem Personal und der Gästebetreuung zu widmen und nie wieder mit Konten oder Rechnungen herumzuhantieren – sie willigte begeistert ein. Bei Alex entschuldigte ich mich in aller Form für mein idiotisches Verhalten. »Schon gut, schon vergessen«, sagte er nur. »Soll ich vorbeikommen, wollen wir noch mal auf die Zahlen gucken?«

Täglich erhielten wir Mahnungen, zu denen keine Rechnung auffindbar war. Auch beim Finanzamt und bei der Bank hatten sich enorme Zahlungsrückstände angehäuft. Obendrein stellte sich heraus, dass der Steuerberater, den ich engagiert hatte, gar keiner war. Tatsächlich handelte es sich um einen Zahlenquacksalber, dessen Quartalsabrechnungen nicht das Papier wert waren, auf dem sie standen. Die Buchhaltung übernahm ich wieder selbst, Alex las mir die gesamte Korrespondenz, alle Rechnungen und Kontoauszüge vor und füllte Überweisungsformulare aus. Auch fuhr er mich zu meinen Lieferanten, im persönlichen Gespräch bat ich sie um Zahlungsaufschub. Das Betteln fiel mir nicht leicht, aber der schwerste Schritt stand mir noch bevor: Ich musste zwei Mitarbeiter entlassen, auch Max. Den Lohn konnte ich einfach nicht mehr bezahlen.

Im Sommer 1996 spitzte sich unsere finanzielle Situation weiter zu. Eines Tages, ich wischte gerade im Bistro die Tische ab, stand plötzlich ein Mann vor mir und fragte nach dem Betreiber.

»Der steht vor Ihnen, was kann ich für Sie tun?«

»Wir müssen reden, es ist sehr dringend«, zischte der Fremde mich leise an. Wir zogen uns in die Küche zurück. Er war Gerichtsvollzieher, die Bank hatte ihn geschickt. Dort hatten sie von meinen Erkrankungen erfahren, an einer weiteren Zusammenarbeit mit mir bestand kein Interesse. Fast die Hälfte des Kredits hatte ich noch nicht zurückgezahlt, nun sollte ich den Betrag innerhalb kürzester Zeit aufbringen. Zusätzlich forderte die Bank mich auf, mein überzogenes Geschäftskonto sofort auszugleichen.

»Schon mal einem nackten Mann in die Tasche gefasst?«, fragte ich den ungebetenen Gast. »Ich bin pleite. Es ist wohl am besten, wenn ich gleich morgen das Lokal schließe.«

Der Herr merkte, dass ich es ernst meinte. Er bot mir eine Rückzahlung meiner Schulden innerhalb von drei Monaten an.

»Zwölf Monate oder ich melde sofort mein Gewerbe ab.«

»Über sechs Monate könnten wir reden.«

»Da gibt es nichts zu reden, mein Angebot steht.« Ich verschränkte die Arme vor der Brust und starrte in Richtung des Gerichtsvollziehers – da ich Blicke nicht erkenne, ist es für mich überhaupt kein Problem, bösen Blicken standzuhalten. Zähneknirschend gab mein Gegenüber nach und zog ab. Er tauchte nie wieder im »Le Filou« auf. Alle Einzelheiten klärten wir am Telefon.

In den folgenden Monaten schufteten Laura und ich wie die Ackergäule. Außerdem musste ich einer weiteren Mitarbeiterin kündigen sowie allen verbliebenen Angestellten die Löhne kürzen. An den Wochenenden unterstützte uns Alex im Service, er wollte dafür kein Geld. Trotz allem gelang es mir nicht, die Bank- und Steuerschulden im geforderten Tempo zu begleichen. Was konnte ich noch tun? Um das Bistro und somit Lauras und meine Existenz zu sichern, griff ich zu einer verzweifelten Maßnahme: Ich knüpfte an meine kleinkriminelle Vergangenheit an. Ein paar Kumpels aus meinem Sportstudio hatten entsprechende Kontakte zum Kiez. Stichwort »Import/Export«. In den Lagerräumen unter unserem Bistro stapelten sich zeitweise Kartons, deren Inhalt mit Gastronomie nicht im Entferntesten zu tun hatte. Ich verabscheute diese Situation und sie bereitete mir zusätzlichen Stress. Doch nur so gelang es mir, die Schulden zu begleichen. Weder die Bank noch das Finanzamt fragten, woher plötzlich das Geld kam. Höchst erfreut strichen sie die Raten ein. Sobald alle Verbindlichkeiten abgetragen waren, löste ich meine »Import/Export«-Geschäftsbeziehungen umgehend auf und beschloss, mich nie wieder in eine derartige Lage zu bringen. Mit krummen Geschäften war ein für alle Mal Schluss.

Kurz darauf erhielt ich einen Anruf von meiner Bank. Der Berater behandelte mich wie einen vielversprechenden Neukunden, erkundigte sich artig nach meinem Wohlbefinden und bot mir einen großzügigen Dispositionskredit an. Ich lehnte ab. In der Zwischenzeit hatte ich mir angewöhnt, alle Rechnungen sofort bar zu zahlen und so den Skontovorteil zu nutzen. Bis heute hat sich daran nichts geändert. »Mit einem leeren Portemonnaie kann man nicht einkaufen gehen«, lautet mein Leitsatz.

Unsere finanzielle Situation wurde immer stabiler, sodass ich mich mit Alex' Hilfe auf die Suche nach einem seriösen Steuerberater begab. Wir fanden ein angesehenes hanseatisches Büro, das für die Dienstleistungen nicht mehr Geld verlangte als die windige Gestalt, der ich zuvor aufgesessen war. Mein zuständiger Sachbearbeiter war ein junger, sympathischer Steuerfachgehilfe. Jede meiner Fragen hörte er sich interessiert an, auf alle wusste er fachmännisch und verständlich zu antworten. Erleichtert gab ich die Buchhaltung in seine Hände.

Im Frühjahr wurde »Le Filou« regelmäßig für geschlossene Gesellschaften gebucht – das Bistro hatte sich zwischenzeitlich zur beliebten Location für Hochzeits- und Geburtstagsfeiern gemausert. Die Stimmung war großartig, die Umsätze entwickelten sich prächtig. Endlich geschafft!, dachte ich mir und ging davon aus, dass nach den mageren Jahren nun die Zeit der Ernte für Laura und mich gekommen war.

Wenig später lernte ich eine neue Art von Schmerzen kennen, diesmal im Beckenbereich. Zuerst waren es nur vorübergehende Stiche, dann wachte ich regelmäßig nachts auf und fand keine Position, in der ich schmerzfrei liegen konnte. Bald humpelte ich wie ein Kriegsveteran durch das Bistro. Als ich immer öfter von Gästen darauf angesprochen wurde, wandte ich mich an meinen Hausarzt, er schickte mich zum Orthopäden. Im Kernspintomografen kam die Ursache ans Licht: Mein rechtes Hüftgelenk war völlig verformt. Ohne Schutz rieben Hüftkopf und -pfanne aneinander und zerstörten sich gegenseitig. Ich fuhr buchstäblich auf den Felgen. »Das Gelenk muss raus«, befand der Orthopäde.

»Das kann doch nicht sein, ich bin erst siebenundzwanzig.«

»Ja, aber Sie haben eine Chemotherapie gemacht. Wahrscheinlich war sie sehr hoch dosiert. Dann kann es vorkommen, dass die Gelenke darunter leiden.« Der Arzt gab mir eine Überweisung ins Krankenhaus. »Kümmern Sie sich sofort darum, es ist dringend.«

Hängenden Hauptes verließ ich die Praxis und machte mich auf den Weg zur S-Bahn, mit der ich zurück ins Bistro fahren wollte. Still fluchte ich in mich hinein: Jetzt habe ich gerade mal eine Handbreit Wasser unterm Kiel und schon zieht das Schicksal mich wieder runter. Soll das immer so weitergehen? Was habe ich denn verbrochen? Sowie ich in der Bahn saß, verlor ich vollkommen die Fassung. Ich schluchzte vor mich hin, minutenlang, und fühlte Tränen wie Sturzbäche über meine Wangen rinnen. Mir war egal, was die anderen Leute dachten. Ich wollte nur noch vom Erdboden verschwinden. Ich hasste mein Leben.

Alex und Laura erwarteten mich schon. Stumm marschierte ich an ihnen vorbei in die Küche und schloss die Tür. Beide folgten mir. »Was ist denn los?«, fragte Laura zaghaft.

»So schlimm kann's doch nicht sein«, meinte Alex verunsichert.

»Ich muss wieder operiert werden. Ich kriege ein künstliches Hüftgelenk. Das ist der Lohn für meinen Sieg gegen den Krebs.«

Die Untersuchungen im Krankenhaus ergaben, dass mein rechtes Hüftgelenk tatsächlich nicht mehr zu retten war, es musste durch eine Prothese ersetzt werden. »Sie kommen sehr spät«, sagte der Facharzt. Durch die andauernde Fehlhaltung war mein linkes Hüftgelenk bereits in Mitleidenschaft gezogen. Obwohl monatelange Wartezeiten für Hüft-OPs üblich waren, bekam ich einen Termin in zwei Wochen. Ein circa dreiwöchiger Krankenhausaufenthalt sollte folgen, im Anschluss war eine Reha vorgesehen.

»So viel Zeit habe ich nicht«, erklärte ich dem Arzt. »Ich betreibe ein Bistro und kann keine Vertretung finanzieren.«

»Das ist kein Argument, Ihre Gesundheit muss vorgehen. Sie werden mindestens drei Monate brauchen, um sich zu erholen. Danach sollten Sie sich von der Gastronomie verabschieden. Ich empfehle Ihnen eine sitzende Bürotätigkeit.« Sicher ein gut gemeinter Ratschlag. Nur bedachte der Arzt dabei leider meinen Augenfehler nicht.

In der Zeit vor der Operation war Alex täglich mehrere Stunden im Bistro. Vorsichtig hatte ich ihn gefragt, ob er mich in meiner Abwesenheit als Geschäftsführer vertreten würde – er zögerte nicht eine Sekunde: »Na klar. Hauptsache, du wirst wieder gesund. Und komm bloß nicht auf die Idee, mich bezahlen zu wollen.« Die meisten kaufmännischen Abläufe im Bistro kannte Alex schon, alles Weitere musste ich ihm jeweils nur einmal erklären. Er hatte eine schnelle Auffassungsgabe, dachte in den gleichen Strukturen wie ich und tat nichts mit halbem Herzen. Als ich ins Krankenhaus ging, verfügte Alex über Vollmachten für alle Konten, er durfte mit Lieferanten verhandeln, Löhne auszahlen und war den Mitarbeitern gegenüber weisungsbefugt. Sogar die starke, eigenwillige Laura akzeptierte ihn uneingeschränkt als Boss.

Am 23. Mai 1997 wurde ich um zehn Uhr morgens in den OP-Saal gebracht und kam erst nach über sechs Stunden wieder hinaus. Das ganze Drumherum war für mich reine Routine – auch die Schmerzen nach dem Eingriff. Lästigerweise hatte sich mein Körper im Laufe der zahlreichen Krankheitsgeschichten an Medikamente gewöhnt, sodass normale Dosen nicht mehr wirkten. Ständig bettelte ich um mehr und stärkere Schmerzmittel. Mein rechtes Bein tat höllisch weh.

Am Morgen nach der Operation klingelte um Punkt acht Uhr das Telefon an meinem Bett. Es war Alex. Er gab mir den Umsatz des Vortags sowie alle Lagerbestände durch und kündigte die nächsten aktuellen Nachrichten für zwanzig Uhr an. Auch in der folgenden Zeit meldete sich mein kommissarischer Geschäftsführer zweimal täglich. Offensichtlich vernachlässigte er sein Studium aufs Gröbste und arbeitete rund um die Uhr im Bistro. Ich war wahnsinnig stolz, ihn als Freund zu haben.

Nachdem ich zwei Tage lang das Bett gehütet hatte, bekam ich Besuch von einer Krankengymnastin, sie brachte einen Rollstuhl mit. Mühsam hievte ich meine schmerzenden Knochen in das Gefährt, doch sobald ich saß, raste ich mit Karacho über den Flur. »Platz da oder ich fahr euch über den Haufen«, rief ich vergnügt. Die Anwesenden lachten über meinen vermeintlichen Scherz – woher sollten sie ahnen, dass ich sie nicht sah? Meine schwungvolle Jungfernfahrt brachte Abwechslung in das eintönige Stationsleben. Wieder einmal war ich der mit Abstand jüngste Patient. Schon am nächsten Tag bestand ich darauf, den Rollstuhl gegen Krücken einzutauschen. Weder die Schwestern noch die Physiotherapeutin wollten meine Entscheidung gutheißen. Sie überschütteten mich mit Warnungen und verstummten erst, als sie sahen, wie ich pfeifend loshinkte. Vor der Operation hatte ich beim Fitnesstraining mit Alex gezielt meinen Oberkörper und die Unterarmmuskulatur gestärkt, um mich auf den sicheren Gang mit Krücken vorzubereiten. Das Training führte ich im Kraftraum des Krankenhauses fort. Der Arzt lobte mein selbst erarbeitetes Sportprogramm und befreite mich von der Physiotherapie.

Elf Tage nach der OP wurde ich aus dem Krankenhaus entlassen. Strahlend holte Laura mich ab, wir fuhren direkt ins Bistro, wo Alex mich mit den neuesten Kassenberichten begrüßte. Alle

Warenbestände und Kontobewegungen gingen wir gemeinsam durch, Alex hatte einen perfekten Job gemacht.

Mein Hausarzt plante, mich zur Kur an die Nordsee zu schicken – ich bestand auf einer ambulanten Reha-Maßnahme in Hamburg. In den folgenden sechs Wochen pendelte ich täglich zwischen dem Reha-Zentrum in der Innenstadt und dem »Le Filou«, wo Alex mich in allen Schichten unterstützte. Mitte Juli stellte ich meine Krücken in die hinterste Ecke des Bierkellers. Natürlich humpelte ich noch ein bisschen, war aber fast schmerzfrei.

Der Alltag hatte mich zurück, und ich redete mir ein, nun werde alles seinen gewohnten Gang gehen. Aber was war der gewohnte Gang? Seit drei Jahren betrieben Laura und ich das »Le Filou«, ständig unterbrochen durch meine Krankheiten. Auch was unser Zusammenleben betraf, hatten wir erst wenig Erfahrung sammeln können. Immer stärker traten die Unterschiede zwischen uns hervor: Laura wollte nachts ausgehen, ich musste mich ausruhen. Sie kaufte sich teure Kleider und lud ihre Freundinnen in Cocktailbars ein, ich drehte jeden Pfennig zweimal um. Oft führten wir lange Diskussionen, um am Ende festzustellen: Keiner von uns beiden war im Recht oder im Unrecht. Das Dilemma bestand darin, dass wir uns in entgegengesetzte Richtungen entwickelten.

Wenn ich frühmorgens allein spazieren ging und mir gerade mal nicht den Kopf über meine Beziehung oder über das »Le Filou« zerbrach, stellte ich mein gesamtes Dasein infrage. Mein unsicherer Gang und die Stiche in beiden Hüften riefen mir bei jedem Schritt ins Bewusstsein: Deine Arbeit macht dich krank. Zugleich war ich der festen Überzeugung, dass meine Arbeit mich am Leben erhielt. Eine berufliche Alternative zur gastronomischen Selbstständigkeit bot sich mir nicht. Kein Arbeitgeber würde einen Seh- und Gehbehinderten anstellen. Und in einer Behinderteneinrichtung würde ich vollends zugrunde gehen.

Die einzigen Stunden, in denen ich mich unbeschwert fühlte, waren die Trainingseinheiten mit Alex. Anfang 1998 ging er für ein Auslandssemester nach Kalifornien.

Ungefähr zur gleichen Zeit eröffnete ein neues Restaurant in unserer Nachbarschaft. Aus dem gesamten Hamburger Westen strömte die Kundschaft zur »Cocktail-Happy-Hour« herbei und blieb auch zum Abendessen. Als ich mich einmal unter das Publikum der Konkurrenz mischte, musste ich anerkennen: Die Speisen waren besser als in meinem Bistro. Selbst wenn ich alle Gerichte verschenkt hätte, wären unsere Gäste nicht zurückgekommen.

Bei meinem nächsten Besuch in der Steuerkanzlei nahm sich der Sachbearbeiter mehr Zeit als sonst für mich. »Was liegt Ihnen auf dem Herzen? Sie sehen ja elend aus! Ist jemand gestorben? Los, erzählen Sie«, forderte er mich auf.

»Was mir auf dem Herzen liegt, können Sie den Zahlen in dieser Mappe entnehmen«, antwortete ich und deutete auf die Buchhaltungsunterlagen.

Der Sachbearbeiter warf einen kurzen Blick in die Akten. »Oh, tatsächlich, da müssen wir uns etwas überlegen.«

Ich zuckte mit den Schultern und verabschiedete mich.

Noch am selben Abend erschien der Buchhalter im Bistro. Er blieb, bis die wenigen anderen Gäste gegangen waren, dann setzte er sich an die Bar und bot mir das Du an. Andy war genauso alt wie ich und hatte aus irgendeinem Grund beschlossen, mich unter seine Fittiche zu nehmen. Von nun an trafen wir uns einmal wöchentlich, um ein Sanierungskonzept für mein marodes Geschäft zu erstellen. Seine exklusiven Beratungsgespräche führte Andy honorarfrei – er wusste, dass bei mir nichts mehr zu holen war. Im Gegenzug bemühte ich mich, ihn wenigstens anständig zu bewirten.

Dank der intensiven Betreuung gelang es mir, Geld einzusparen. Ich investierte es in Renovierungsarbeiten und Küchengeräte, zur Fußball-WM mietete ich eine Großbildleinwand. Der Plan funktionierte, wir konnten neue Kunden gewinnen. Doch der Erfolg war nur von kurzer Dauer. Dann ereilte mich die Nachricht, dass zwei große Firmen aus der unmittelbaren Nachbarschaft fortziehen würden – und mit ihnen ein Großteil unserer Gäste.

»Das war's, stoß den Laden ab«, meinte Andy nüchtern. Am nächsten Tag begann ich mit der Geschäftsauflösung. Über Zeitungsinserate suchte ich einen Nachpächter, ich verlangte keinen Abstand. Anfang Oktober war ein passender Interessent für das Bistro gefunden. Der Verpächter zeigte sich mit dem Nachfolger einverstanden und akzeptierte meine Kündigung. Alex, der zwischenzeitlich aus den USA zurückgekehrt war, half Laura und mir, unsere Habseligkeiten aus dem Bistro zu tragen. Als wir alles in einen kleinen Transporter geladen hatten, ging ich noch einmal durch das Lokal. Laut hallten meine Schritte durch die verlassenen Räume meines Lebenstraums. »Komm, Sali, lass uns losfahren«, rief Alex durch die geöffnete Wagentür. Mit zittrigen Fingern schloss ich das Bistro ab und kletterte in den Transporter.

1998 bis 2002. Gehe zurück auf Los

Dass sechs Flaschen Wein so schwer sein können, hätte ich nicht gedacht. Die ersten Kisten trage ich noch in sportlichem Tempo, eine nach der anderen. Ab Kiste Nummer neun werde ich langsamer, zwischen Nummer vierzehn und sechzehn muss ich schon Verschnaufpausen machen. So, das waren die Österreicher, jetzt sind die Rhône-Weine dran. Mit einer monströsen Lupe studiere ich die Etiketten der Flaschen im Regal, dann suche ich die entsprechenden Weine auf meiner Liste. Immer und immer wieder gehe ich die Liste durch – wo ist bloß der verdammte 1994er Crozes Hermitages? Nach einer gefühlten halben Stunde finde ich ihn – wie lange ich tatsächlich gebraucht habe, weiß ich nicht. Das Licht ist so schlecht, dass ich die Zeiger meiner Armbanduhr nicht erkenne.

Um mich herum herrscht Stille, die Luft ist staubig. So geht es nun jede Nacht: Nach Restaurantschluss steige ich in den Weinkeller und sortiere die gesamten Vorräte neu. Mir bleibt keine andere Wahl, denn während der Restaurantzeiten muss ich die Weine schnellstens blind finden. Unser Sortiment umfasst rund 250 verschiedene Rotweine und 100 Weißweine.

Mit zusammengebissenen Zähnen ignoriere ich die Schmerzen in den Hüften. Selbst an meinen freien Tagen erscheine ich im Restaurant. Sechs

Wochen lang schleppe und sortiere ich die Flaschen, bis die neue Ordnung endlich steht.

Laura hatte schnell eine Anstellung als Kellnerin in einer Pizzeria gefunden, ich saß erst mal ein paar Wochen zu Hause. Mein Orthopäde verbot mir körperliche Tätigkeiten, mein Hausarzt riet mir generell davon ab, in der Gastronomie zu arbeiten. Ein Gang zum Arbeitsamt kam für mich nicht infrage: Das Gefühl, als Bittsteller aufzutreten, fand ich genauso unerträglich wie die Gewissheit, als »unvermittelbar« eingestuft zu werden. Bald hatte ich keine Lust mehr, mir sinnlos den Kopf über berufliche Alternativen zu zerbrechen. Ich bat Alex und Andy, gemeinsam mit mir die Gastro-Stellenanzeigen in der Zeitung zu durchkämmen.

Am meisten interessierte mich die Position des Barchefs in einem neu eröffneten Hamburger Gourmet-Restaurant. Ich rief an und wurde sofort zum Vorstellungsgespräch eingeladen. Alex erstellte meine Bewerbungsmappe und das Anschreiben. Da er gerade seine Diplomarbeit schrieb, formulierte er wie ein Weltmeister.

In dem Restaurant erwartete mich der Inhaber, sein Händedruck war sympathisch, seine Stimme überaus angenehm. Ich lächelte und vermittelte ihm das Gefühl, in seine Augen zu schauen – die ich natürlich nicht sah. Zwischenzeitlich war mein Gehör derart geschult, dass ich Schallquellen zentimetergenau ausmachen konnte. So wusste ich schon bei den ersten Worten meines Gesprächspartners, wo sich sein Mund befand, und konnte meinen Blick entsprechend ausrichten.

Es folgte eine Führung durch das Gebäude, das Restaurant hatte hundertsechzig Sitzplätze auf zwei Etagen. Am Ende stiegen wir eine Treppe hinunter, eine quietschende Eisentür wurde geöffnet, dahinter befand sich ein riesiges Gewölbe mit langen Gängen, an deren Seiten hohe Regale standen. Es roch nach frischem Holz und altem Gemäuer. Der Tonfall des Restaurantinhabers veränderte sich, deutlich spürbar schwangen Emotionen mit, als er über das Weinsortiment sprach. Hin und wieder streute ich einen anerkennenden Kommentar ein und ließ dabei mein Wissen durchscheinen. Zum Glück zog der Mann keine einzige Flasche aus den Regalen, um das Etikett von mir begutachten zu lassen.

Am 1. Dezember trat ich meinen neuen Job als Barchef an. Hinter mir standen große Sichtkühler mit Weißweinen, dazu monumentale Klimaschränke für die Rotweine sowie ein üppiges Spirituosenangebot. Da das Restaurant gute Kritiken bekommen hatte, herrschte von meinem ersten Tag an Hochbetrieb, und da ich mitten in der Vorweihnachtszeit anfing, besuchten uns viele größere, trinkfreudige Gruppen. Wie sollte ich bloß den Überblick behalten? Meine offensichtliche Unsicherheit kommentierte die Restaurantleiterin mit den wenig aufmunternden Worten: »Es dauert, bis du hier durchsteigst. Dein Vorgänger ist am Umfang des Sortiments gescheitert.«

Ich erinnerte mich an mein Ordnungsprinzip im Fischrestaurant in Hannover. Damals hatte ich weniger als hundert Artikel zu verwalten, hier waren es knapp fünfhundert. Das Hannoveraner System musste ich nun auf die fünffache Menge übertragen. Zuerst sortierte ich die Flaschen an der Bar und in den Schränken entsprechend der Abfolge der Getränkekarte, danach machte ich mich an den Weinkeller. Morgens kam ich früher zur Arbeit, abends blieb ich länger, nachts lernte ich zu Hause die Karte auswendig – alles war wie früher, nur noch viel anstrengender. Zwei Monate dauerte es, bis ich Bar und Lager fest im Griff hatte. Doch auch in den ersten Wochen unterlief mir zum Glück kein gravierender Fehler.

Während Freizeit für mich zum Fremdwort wurde, vergnügte Laura sich an ihren freien Tagen auf Shoppingtouren, nachts investierte sie ihr Trinkgeld in Diskothekenbesuche. Begegneten wir einander ausnahmsweise im wachen Zustand zu Hause, stellten wir fest, dass wir uns immer weiter voneinander entfernten. »Heirate doch deinen Job«, warf sie mir im Streit an den Kopf. Erfolglos versuchte ich, mich zu rechtfertigen. Sie konnte oder wollte nicht verstehen, warum ich sieben Tage pro Woche an meinem Arbeitsplatz verbrachte und bis zu sechzehn Stunden am Stück schuftete. Eines Nachts kam Laura nicht nach Hause, und als ich sie bei der nächsten Gelegenheit fragte, wo sie geblieben war, antwortete sie nur: »Geht dich nichts an.« Bald schon machte sie keinen Hehl mehr daraus, dass sie einen neuen Freund hatte. »Was stört es dich? Du lebst doch sowieso wie ein Single«, hörte ich sie sagen. Ich war am Boden zerstört.

In einer Nacht-und-Nebel-Aktion verließ ich die gemeinsame Wohnung. Aus dem Keller holte ich meine alten Umzugskartons, Alex half mir, Kleidung, Papiere, Lupen und ein paar weitere persönliche Gegenstände zusammenzusuchen. Alle Möbel hatten Laura und ich zusammen angeschafft, ich ließ sie stehen. Auch die Küchengeräte aus dem aufgelösten Bistro sollte sie ruhig behalten. Dort, wo ich hinzog, hatte ich dafür ohnehin keine Verwendung: Es war ein Zimmer in einer unbewohnten Villa, die einem Bekannten aus dem Fitnessstudio gehörte. Das alte Haus wurde gerade saniert, ich durfte kostenlos darin wohnen. Jeden Morgen weckte mich Baulärm, die Handwerker rissen Wände ein, ersetzten die Treppe durch eine Leiter, schütteten neue Böden, wechselten die Fenster aus. Wenn ich nachts heimkam, hatte ich das Gefühl, ein Geisterhaus zu betreten.

Trostloses Zuhause, untröstliches Gemüt – das passte prima. Hätte ich zusätzlich eine langweilige Arbeit gehabt, wäre ich sehr wahrscheinlich bald selbst als Gespenst durch die alte Villa gespukt. Doch dem war nicht so. Je routinierter ich an der Bar und im Weinkeller arbeitete, desto mehr konnte ich mich einer meiner Lieblingsbeschäftigungen im Restaurant widmen: der Beratung der Gäste bei der Weinauswahl. Endlich übte ich meinen Beruf so aus, wie ich es mir immer erträumt hatte: Elegant gekleidet schwebte ich von Tisch zu Tisch, meine Bühne war ein feines Restaurant, zu meinem Publikum zählten bekannte Künstler und Politiker, renommierte Kaufleute, hanseatische Honoratioren.

Auf Wunsch meines Arbeitgebers belegte ich mehrere Seminare, in denen ich mein önologisches Wissen vertiefte. Auch mein ausgeprägter Geruchssinn half mir, mich immer sicherer in der großen, weiten Welt der Weine zu bewegen. Allerdings fand ich schnell heraus, dass gepflegtes Entertainment beim Weinverkauf viel Erfolg versprechender ist als fundierte Kenntnisse. »In welchem Land darf ich für Sie auf die Suche gehen?«, fragte ich die Gäste gern zuerst. Hatte ich es mit einem Paar zu tun, antwortete der jeweilige Herr oft mit ausschweifenden Betrachtungen zu Herkunftsländern auf verschiedenen Kontinenten. Die Damen neigten eher dazu, ihren letzten Urlaubsort zu nennen. »Wir waren im Sommer am Gardasee – so eine wunderschöne Reise!«, lautete eine typische Antwort. Selbstverständlich behandelte ich die Damen bevorzugt: Hatten die Gäste Fisch bestellt, legte ich ihnen einen Pinot Grigio aus dem Trentino ans Herz und beschrieb den fantastischen Ausblick vom Weinberg auf den Gardasee. In neunundneunzig Prozent der Fälle wurde eine solche Empfehlung angenommen – und mundete köstlich.

An der Bar stellte der Restaurantinhaber mir einen Assistenten zur Seite, damit ich mich noch intensiver um die Gäste kümmern konnte. Das fand ich erfreulich und sehr verständlich, denn im Vergleich zu aufwendig zubereiteten Speisen wirft edler Wein einen deutlich höheren Gewinn ab. Meine Ausführungen wurden immer detaillierter und lebhafter, ich beschrieb die Historie der Anbaugebiete und Güter, erzählte von schönen Winzertöchtern, pries Geschmacksmerkmale wie den feinfruchtigen Auftakt, interessant eingebundenen Kokosduft oder auch zarte Eisbonbonaromen. Am beliebtesten war die Geschichte über den Wein Growling Frog: »Die gleichnamige Amphibie gibt Laute von sich, die wie Hundeknurren klingen. Leider ist die Art vom Aussterben bedroht, erfreut sich jedoch in einem südaustralischen Sumpfgebiet noch bester Gesundheit und Fruchtbarkeit. Ganz in der Nähe jenes Biotops gedeihen die Trauben, aus denen dieser feine Tropfen gewonnen wird. Und, schauen Sie, so sieht der ›Knurrende Frosch‹ aus.« Zwischenzeitlich hatte ich das Etikett der Flasche ertastet und zeigte den Gästen das Froschporträt, das ich nicht sah. Growling Frog wurde ein echter Renner in dem Restaurant. Viele Stammkunden wollten nie wieder die Weinkarte sehen, sondern riefen, sobald sie mich sahen: »Bitte bringen Sie uns den Froschwein!«

Selbstverständlich waren gelegentlich echte Kenner unter unseren Kunden, ich identifizierte sie sofort anhand ihres Tonfalls und der Wortwahl. Einmal geriet ich in eine brenzlige Situation, als ein solcher Experte mit mir über Wein philosophieren wollte. Dabei lag die aufgeschlagene Karte vor ihm auf dem Tisch – ich konnte vage erkennen, wie seine Hand auf sie zeigte. Dank meiner langjährigen Erfahrungen als heimlicher Sehbehinderter wusste ich: Meine einzige Rettung bestand darin, die Ausführungen des Gastes nachzuplappern. »Ihre Auswahl ist perfekt. Es stimmt, der 94er dieses Weinguts ist etwas schwach ausgefallen. Der 93er hat eine vollmundigere Frucht, die Holznoten sind besser in den Geschmack integriert. Was unter anderem daran liegt, dass die Region 1993 einen Jahrhundertsommer erlebte«, redete ich wie ein Papagei – ohne zu wissen, über welchen Wein ich sprach. Kurz darauf veröffentlichte der Herr einen Artikel in einer großen deutschen Zeitung. Der Abend bei uns hatte ihm gut gefallen. Er erwähnte die Qualität der Speisen und Getränke, und er lobte den individuellen, fachkundigen Service des Hauses.

Im Frühjahr 1999 fiel mir auf, dass eine sehr freundliche junge Frau erstaunlich oft allein im Restaurant erschien und sich an die Theke setzte. Kollegen erzählten mir, sie sei Restaurantleiterin in einem anderen Hamburger Gourmettempel und besuche gelegentlich einen unserer Köche, mit dem sie früher zusammengearbeitet hatte. Bald tauchte sie mehrmals wöchentlich auf – auch an Tagen, an denen besagter Koch gar keinen Dienst hatte. Ging ich durchs Restaurant, spürte ich förmlich, wie ihre Blicke mich verfolgten. Stand ich an der Bar, unterhielten wir uns über die Eigenarten der Gäste und stellten schnell fest, dass viele meiner Kunden auch in ihrem Restaurant ein und aus gingen. Ich fand die Kollegin außerordentlich interessant, in ihrer Stimme lag etwas Verlockendes, Magisches. Als sie wieder einmal zu später Stunde hereinkam, flüsterte ein Kellner mir zu: »Glückwunsch, Sali. Deine

Verehrerin ist wie immer der schönste Gast des Abends.« Ihr Name war Tina. Wir wurden ein Paar.

Kurz zuvor hatte ich das Geisterhaus verlassen und war in eine kleine Wohnung in der unmittelbaren Nachbarschaft meines Arbeitsplatzes gezogen. Somit lag eine triftige Begründung, warum ich kein Auto hatte, auf der Hand. Wollte Tina an gemeinsamen freien Tagen mit mir essen gehen, schaffte ich es immer wieder, sie in ein chinesisches Lokal zu lenken, das ich früher regelmäßig mit Laura besucht hatte. Die Speisekarte kannte ich auswendig.

An meinem Arbeitsplatz gab es eine Terrasse mit achtzehn Tischen, im Sommer legte ich während jeder Schicht viele Kilometer zu Fuß zurück. Meine Gelenke brannten durch die Rennerei auf den harten Steinplatten. Traf ich Tina nach der Arbeit, kontrollierte ich jeden meiner Schritte, damit sie auf keinen Fall mein Hüftproblem bemerkte. Ich hatte ihr weder von dem Sehfehler noch von meinen anderen Krankheiten erzählt. Nicht dass ich ihr misstraute. Dennoch erschien mir das Risiko, dass Tina mich versehentlich gegenüber Kollegen enttarnen könnte, zu hoch. Die Hamburger Edelgastronomieszene besteht aus einem eingeschworenen Volk. Man kennt sich, man spricht sich, und Tina gehörte dazu.

Als wir ungefähr drei Monate zusammen waren, wünschte Tina sich, mit mir shoppen zu gehen. Natürlich war ich ihr bei der Auswahl ihrer Sommergarderobe keine wirkliche Hilfe. Sie probierte sehr viele Kleidungsstücke an, erschien dazwischen vor der Umkleidekabine und erhielt von mir so fantasielose Kommentare wie »Super!«, »Wow!« – bis ich das Gefühl hatte, langsam etwas konkreter werden zu müssen. Als Tina sich einmal in einem günstigen Winkel vor mir aufbaute, schien mir der passende Moment gekommen. »Wundervoll, die Bluse steht dir perfekt, und der dunkle, kurze Rock ist wie für dich gemacht.«

»Sehr witzig!«, fauchte sie mich an. »Sag doch lieber gleich, dass ich dir auf die Nerven gehe.« Soeben hatte sie den Rock angezogen, mit dem sie zum Einkaufsbummel losgegangen war.

Unsere Unternehmung wurde aufgrund akuter Beziehungsprobleme sofort abgebrochen. Schweigend fuhr Tina mich in ihrem Auto nach Hause, nur mit Mühe konnte ich sie überreden, mich in meine Wohnung zu begleiten. Nach dem Motto »Alles oder nichts« zählte ich ihr dann meine sämtlichen Gebrechen auf, als Beweis hielt ich ihr den Schwerbehindertenausweis unter die Nase.

»Was ist denn das für eine Show?«, fragte sie entsetzt. Sie glaubte mir kein Wort, hielt den Ausweis für eine Fälschung und befürchtete, an einen Verrückten geraten zu sein.

Als weitere Beweisstücke legte ich ihr meine vergrößerte Weinkarte sowie die Lupensammlung vor. »Glaub mir endlich, bitte!«, flehte ich sie an.

Tina sank in sich zusammen. »Oh, mein Gott! Entschuldige, verzeih mir!« Wahrscheinlich hatte sie die Hände vors Gesicht geschlagen, denn ihre Stimme klang gedämpft. »Und ich habe nichts gemerkt. All die Monate. Wie machst du das bloß? Wie schaffst du das alles?«

Bis in den frühen Morgen blieben wir wach, ich beschrieb ihr meinen ganzen Blinden-Werdegang, meine Tricks und Strategien sowie das Krebs- und das Hüftdrama. Ohne dass ich sie darum bitten musste, versprach Tina mir hoch und heilig, das Geheimnis zu hüten. Ihr Versprechen hat sie nie gebrochen.

In meinem bisherigen Leben ist Tina die Frau gewesen, mit der mich am meisten verband. Sie war extrem sportbegeistert, ging beinahe täglich ins Fitnessstudio – so oft wie möglich trainierten wir gemeinsam, zeigten dabei die gleiche Freude, auch den gleichen eisernen Willen. Ich mochte ihre muskulöse Figur, und sie ließ mich spüren, dass es ihr umgekehrt genauso ging. Über einen langen Zeitraum führten wir eine körperlich erfüllte, leidenschaftliche Beziehung. Aber großartiger Sex war noch lange nicht alles, auch auf mentaler Ebene liebte und bewunderte ich Tina. Sie war scharfsinnig, bedächtig und geistig flexibel. Außerdem führte sie gern ein ruhiges Privatleben – oft gingen wir zusammen spazieren – und hatte eine ausgeprägte häusliche Ader. Das kam mir sehr entgegen, denn seit mein Sehvermögen weniger als zehn Prozent betrug, hatte ich logischerweise nur noch wenig Freude an wilden Partynächten und anderen Menschenansammlungen in unübersichtlicher Umgebung. Tina und ich haben gern zusammen gekocht, auf meinem Balkon legten wir einen Kräutergarten an, wir pflanzten Blumen, Tomaten und Zierwein. Eine richtige kleine Oase.

Dass wir darüber hinaus in ähnlichen Berufen arbeiteten, die gleiche Haltung in Bezug auf die Gastrowelt und auch den gleichen Ehrgeiz hatten, fanden wir beide genial. Gemeinsam besuchten wir Ausbilderseminare, gemeinsam lernten wir, gemeinsam legten wir die Ausbildereignungsprüfung bei der Handelskammer ab – die wir beide bestanden. Unsere Lehrer und Prüfer hatte ich notgedrungen in mein Geheimnis eingeweiht, alles ging gut. Mein Chef stellte prompt einen jungen Mann ein, mit dessen Ausbildung er mich betraute.

An seinem ersten Tag trat der sechzehnjährige Tim unbefangen auf, er gab zu verstehen, dass alles, was mit Lernen und Lehrern zusammenhing, »voll nicht sein Ding« war, und meine Kollegen tuschelten über seine Kleidung – anscheinend war Tim im Outfit eines Gangsta-Rappers zum Dienst erschienen. Die Belegschaft stand ihm äußerst kritisch gegenüber, mit einer Ausnahme: Ich mochte Tim spontan sehr gern. Hinter seiner selbstbewussten Fassade, so spürte ich deutlich, befand sich ein wacher Geist und ein gesundes Maß an Eigenwilligkeit. Erschrocken vernahm meine direkte Vorgesetzte – die Restaurantleiterin, die keine Ausbilderzulassung besaß –, wie ich meinem Lehrling das Du anbot. Bald schon waren Tim und ich einander vertraut, und natürlich war er wissbegierig wie jeder kluge junge Mensch. Er lernte mit Freude – ich entdeckte meine Freude am Ausbilden. Oft dachte ich an meine eigene Lehrzeit und daran, wie viel Herr Krohn mir als Küchenchef fürs Leben mitgegeben hatte.

Täglich studierte ich mit Tim unser Sortiment. Jede Flasche hatte ihre eigene Geschichte, ich schilderte sie meinem Azubi in bunten Farben. Bald war er in der Lage, die gewünschten Weine im Keller zu finden, sodass ich nicht mehr allein die schweren Kisten ins Restaurant hinaufschleppen musste. Meine Hüften erholten sich spürbar.

Zu Tim habe ich bis heute guten Kontakt, er arbeitet jetzt in leitender Position in einem renommierten Hamburger Hotel. Und viele meiner Weingeschichten kann er immer noch nacherzählen.

Anfang des Jahres 2000 kündigte unsere Restaurantleiterin. Meine Kollegen waren sich einig, dass ich die Position übernehmen sollte. Keiner wusste von meinem Augenfehler, auch nicht Tim. »Ich habe genug zu tun«, behauptete ich. »Die Restaurantleitung interessiert mich nicht.« Was nur die halbe Wahrheit war: In der Tat gefielen mir meine Aufgaben so gut, dass ich sie nicht abgeben mochte – aber grundsätzlich traute ich mir zu, darüber hinaus Führungs- und Organisationsaufgaben zu übernehmen. Nur hatte ich keine Idee, wie ich die Abrechnungen und die Büroarbeit bewältigen könnte.

»Ich helfe dir, zusammen kriegen wir das hin«, meinte Tina.

Kurz darauf ließ mich der Geschäftsinhaber in sein Büro kommen und legte mir den Leitungsposten nahe. Ich bat um einige Tage Bedenkzeit, dann sagte ich zu. Wir vereinbarten, dass ich die Leitung zusätzlich zu meinem Bar- und Weinberaterjob machen würde.

An meinem ersten Tag als Restaurantleiter fragte mich die Sekretärin nach der Personalplanung für die kommenden zwei Wochen. Da ich keinen Plan hatte und auch keinen machen konnte, behauptete ich, die Unterlagen zu Hause vergessen zu haben. Ich versprach ihr, am nächsten Tag alles mitzubringen.

Nachts um halb zwei erschien Tina im Restaurant. Meine Mitarbeiter hatten schon Feierabend gemacht, nur Tim war noch im Weinlager. Routiniert widmete Tina sich dem Kassenabschluss und begann mit der Erstellung der Gesamtabrechnung. Als Tim die Treppe hochkam, bat ich ihn, auf einem Barhocker an der Kasse Platz zu nehmen. »Lass dir die Abrechnung von Tina erklären, ich muss noch mal ins Weinlager«, gab ich vor. Wäre ich bei der Einweisung dageblieben, hätte Tim mir sicherlich Fragen gestellt, die ich nicht beantworten konnte. Lauschend wartete ich hinter der Kellertür, bis der Crash-Kurs beendet war. Tim sprang vom Hocker und stürmte strahlend auf mich zu: »Ich hab's verstanden, das ist ja kinderleicht!«

»Wenn du Lust hast, kannst du in Zukunft öfters mal die Kasse machen, dann fahren wir dich nach Hause«, bestach ich ihn. Eigentlich war es ein Ding der Unmöglichkeit, die Abrechnung von einem Azubi im ersten Lehrjahr erstellen zu lassen – diese Aufgabe übernahmen gewöhnlich Führungskräfte mit langjähriger Berufserfahrung. Aber was sollte ich machen? Für mich galt das Prinzip Hoffnung. Tim impfte ich ein, mit niemandem über seine Sonderaufgaben zu sprechen, er gab mir sein Wort und hielt es.

Noch in derselben Nacht erstellten Tina und ich zu Hause den Dienstplan. Sie zeichnete eine Tabelle auf ein großes Blatt Papier und las mir die Veranstaltungstermine der kommenden Wochen vor. Im Kopf teilte ich die Mitarbeiter für das Tagesgeschäft und die Veranstaltungen ein, berücksichtigte dabei auch die freien Tage der Kollegen. Dann fügte ich mit einem dicken Filzstift alle Dienste in die Tabelle ein, Tina übertrug die hieroglyphenartigen Notizen säuberlich auf Formblätter. Um fünf Uhr morgens legten wir uns schlafen.

Kurz nach meiner Beförderung beauftragte mein Chef mich, zusätzlich zum Wein-, Bar- und Restaurantleitungsjob noch eine weitere Arbeit zu übernehmen: Ich sollte ein neues System erarbeiten, um die Warenein- und -ausgänge detaillierter zu dokumentieren und zu analysieren. Für die Entwicklung bekam ich zwei Wochen Zeit. Auch in einem Jahr hätte ich diese Herausforderung nicht bewältigen können – mein Freund Andy kam mir zu Hilfe. Gemeinsam dachten wir uns ein System aus, Andy entwarf entsprechende Formulare. In Zukunft trug Tim täglich alle Flaschen, die wir aus dem Keller entnahmen, in die Tabellen ein. Einmal pro Woche brachte ich diese Blätter sowie unsere Umsatzprotokolle zu Andy. Gemeinsam werteten wir die Daten aus, zum Monatsende erstellte Andy jeweils eine Monatsübersicht. Da er nach wie vor kein Geld von mir annahm, erstand ich regelmäßig ein paar edle Weine zum Einkaufspreis, die ich meinem Freund schenkte.

Ohne Tinas, Tims und Andys großzügige Unterstützung wäre ich täglich in meinem Beruf gescheitert, mit ihnen lief alles rund, und der Restaurantinhaber war sehr zufrieden. Natürlich tauschte ich mich weiterhin intensiv mit Alex aus, der seit dem Studienabschluss bei einem Autokonzern arbeitete. Mein Helfernetzwerk wurde außerdem bald durch Hamid erweitert, den neuen Spüler. Er kam aus Afghanistan und hatte vor seiner Flucht nach Deutschland in einem großen Kabuler Krankenhaus als Chefarzt gearbeitet. Der hochintelligente, hochgebildete Mann schuftete in unserem Restaurant für einen Hungerlohn, wurde von allen Mitarbeitern außer Tim und mir herablassend behandelt, aber er beklagte sich nie. Wir verstanden uns blendend, ich übte Deutsch mit ihm, er polierte für mich die Gläser.

Nach einigen Wochen merkte ich plötzlich, wie Hamid mich mit kritischen Blicken verfolgte. Ich hatte das Gefühl, sie klebten wie zähes Kaugummi an mir. Zwei Tage später kam unser Spüler mir einmal sehr nahe. »Du nie schreiben, es gibt so viele Flaschen hier, deine Kopf geht wie Computer«, flüsterte er in mein Ohr.

»Ja, ich habe ein gutes Gedächtnis, ich brauche keine Notizen«, entgegnete ich übertrieben fröhlich – und hoffte, er werde mir meinen Schrecken nicht anmerken.

»Gutes Gedächtnis, aber schlechte Augen«, sagte Hamid. Er empfahl mir dringend, einen Augenarzt aufzusuchen.

Hatte er mich dabei ertappt, wie ich in die Weinklimaschränke gekrochen war? Heimlich nahm ich mehrmals täglich alle geöffneten Flaschen in die Hand, um ihr Gewicht und damit den Befüllungsgrad zu erfühlen.

Als Tina, Hamid und ich nach Feierabend zusammensaßen, offenbarte ich ihm die Augenkrankheit. Meine übrig gebliebenen Lateinkenntnisse aus dem Biologie-Leistungskurs wurden zur Sprachbrücke, der Mediziner verstand alles sofort. Sanft nahm er meine Hand. »Ich bin deine Freund. Sage, wenn ich dir kann helfen.« Hamids Worte berührten mich tief. In seiner Stimme schwangen so viel Aufrichtigkeit und Mitgefühl, wie ich es nie von einem Menschen erwartet hätte, den ich kaum kannte.

Tina erklärte ihm das Kassensystem, das er sehr schnell erfasste. Ab dem nächsten Abend erstellte Hamid, genau wie Tim, regelmäßig die Abrechnungen. Im Gegenzug bot ich ihm an, ihn bei Behördengängen zu begleiten.

Kurz bevor ich meinen großen Sommerurlaub antrat, arbeitete ich innerhalb von drei Tagen meinen neuen Stellvertreter ein, den der Restaurantbesitzer kurzfristig eingestellt hatte. Schon als der Kollege sich mir vorstellte, hörte ich seltsame Untertöne in seiner Stimme. Ich befürchtete Schlimmes – leider zu Recht. Meine erste Urlaubswoche war noch nicht zu Ende, da rief Hamid mich aufgeregt an: »Neuer Mann macht Probleme. Deine ganze System kaputt.«

Hamids Beschreibungen zufolge ging im Restaurant alles drunter und drüber, und der Weinkeller sah entsprechend chaotisch aus. Mir graute es vor der Rückkehr. Wieder würde ich wochenlang durch den Weinkeller kriechen, Kisten schleppen, die Etiketten mit der Lupe entziffern. Zusätzlich musste ich davon ausgehen, dass mir Streit mit dem neuen Stellvertreter bevorstand. Mein Mut verließ mich. Ich mochte nicht, ich konnte nicht in das Restaurant zurückkehren. Unter den erschwerten Bedingungen, die mich dort erwarteten, wäre ich zusammengebrochen.

Von Tina ließ ich mir die Stellenanzeigen aus der Zeitung vorlesen, dann telefonierte ich mich durch diverse Hamburger Restaurants und Hotels, bis mir ein interessanter Job als Barmann angeboten wurde. Im Vorstellungsgespräch wickelte der Geschäftsführer mich mit verführerischen Versprechungen um den Finger: Viertagewochen, feste Dienstzeiten, keine Überstunden, ein höheres Gehalt … Am meisten überzeugte mich jedoch die Auskunft, dass es sich zwar um ein sehr großes Lokal handelte, das Getränkesortiment aber vergleichsweise übersichtlich war. Wir einigten uns darauf, dass ich zum übernächsten Monatsersten den Job antreten würde.

An meinen bisherigen Arbeitsplatz kehrte ich nur noch einmal zurück: um die Kündigung abzugeben. Der Restaurantinhaber bot mir sofort mehr Geld an, ich lehnte dankend ab. Mit einer innigen

Umarmung verabschiedete ich mich von Hamid. Dann stand Tim vor mir. »Was soll ich denn hier ohne dich?«, fragte er mit bangem Unterton.

»Mach einen guten Job, zeig, was du von mir gelernt hast«, riet ich ihm.

»Okay, Chef. Ich gebe mein Bestes. Versprochen!«

Als ich das Restaurant verließ und die Straße hinunterging, spürte ich, wie seine Blicke mich noch lange durchs Fenster verfolgten. Ich drehte mich nicht zu ihm um.

Voller Genuss verbrachte ich ruhige, erholsame Wochen im sommerlichen Hamburg. Tina und ich gingen mehrmals in dem Restaurant essen, in dem ich bald arbeiten würde. Gemeinsam erkundeten wir die Räume.

Mein neuer Job gefiel mir auf Anhieb. Das Team war kollegial, der Chef behandelte alle Angestellten fair. Um mich blind zurechtzufinden und nicht aufzufliegen, wandte ich die bewährten Sortierungs- und Lernstrategien an. Es war sehr einfach, ich musste mir nur fünfundzwanzig verschiedene Weine einprägen. Nach wenigen Wochen hatte ich meinen Arbeitsplatz im Griff, nach drei Monaten wurde ich erneut zum Restaurantleiter befördert. Mir waren vierundzwanzig Mitarbeiter unterstellt, Tina und Andy unterstützten mich bei den administrativen Aufgaben. Alles lief glatt, bis mich meine Gesundheit wieder einmal im Stich ließ.

Die starken Schmerzen in den Hüften zwangen mich, jeden Tag Tabletten zu schlucken. Mit der Zeit gewöhnte mein Körper sich daran, die Dosis stieg und stieg und wirkte irgendwann doch nicht mehr. Mein Orthopäde befand, es sei verantwortungslos, weiter in dem körperlich belastenden Beruf zu arbeiten. Er legte mir eine Frühverrentung nahe.

Tina, Andy und Alex waren derselben Meinung. Sie beobachteten nicht nur, wie ich mich vor Schmerzen quälte – sondern auch, dass ich Idiot aufs Neue viel zu oft viel zu tief ins Glas guckte. Was ihnen entging: Seit einiger Zeit schluckte ich zusätzlich zu den Schmerztabletten andere Medikamente. Vor Dienstbeginn nahm ich Aufputschmittel, nachts fand ich oft nur noch mithilfe von Schlaftabletten Ruhe. An manchen freien Tagen mixte ich mir Medikamentencocktails, die mein Bewusstsein für Stunden in eine andere Dimension beförderten. Ich lebte zunehmend im Rausch und fand mein Leben dennoch alles andere als berauschend. Sosehr ich mir auch einredete, bei der Arbeit alles unter Kontrolle zu haben, so groß war die unterschwellige Angst, irgendwann enttarnt zu werden und ins Nichts zu stürzen.

Nachdem ich den Arbeitsplatz gekündigt hatte, meldete ich mich bei der Rentenversicherung. Mit zweiunddreißig Jahren in Rente zu gehen war eine furchtbare Vorstellung, aber mir fiel nichts anderes ein. Tina füllte bergeweise Formulare für mich aus, die Versicherung schickte mich daraufhin zu verschiedenen Gutachtern und Amtsärzten. Alle kamen zu den gleichen Ergebnissen: Mein komplexes Behinderungsprofil spreche für einen schnellstmöglichen Berufswechsel. Eine Frühverrentung lehnten die sogenannten Sachverständigen jedoch ab. Obwohl ich wahnsinnig gern berufstätig geblieben wäre, legte ich Widerspruch ein. Denn leider konnte keiner der Ärzte mir sagen, wo und was ich arbeiten sollte. Die Rentenversicherung ließ mich wissen, dass die Angelegenheit beizeiten erneut geprüft werde: »Wir melden uns bei Ihnen.« Wovon ich in der Zwischenzeit leben sollte, verriet mir niemand.

Zähneknirschend suchte ich mir einen Job in einem Hotel. Dort machten mir nicht nur die Hüften zu schaffen, plötzlich schritt auch meine Augenerkrankung wieder voran. Mehrfach stürzte ich. Meine Ärzte zeigten sich mal besorgt, mal vorwurfsvoll. Auch Tina spürte, dass ich nun im Schlusskapitel meiner Gastro-Karriere angekommen war. »Dein Lügenspiel ist zu Ende, sieh es endlich ein«, drängte sie mich. Sie bestand darauf, dass ich mich umgehend noch einmal an die Rentenversicherung wandte. Am nächsten Tag ließ ich mir eine Krankschreibung geben. Meinem Arbeitgeber teilte ich mit, ich sei schwer krank, es bestehe keine Aussicht auf Besserung. Da ich mich noch in der Probezeit befand, erhielt ich zügig meine Kündigung.

Das Jahr 2002 neigte sich dem Ende zu. Tina ließ mich in jedem Moment spüren, dass sie mich liebte und bedingungslos unterstützte. Mit Andy und Alex standen mir die besten Freunde der Welt zur Seite. Trotzdem verachtete ich mein Dasein.

SECHS

Heute. Immer noch die Ausnahme

Meine Lügnerlaufbahn war vorbei. Warum habe ich mich nun nicht endlich an eine Behindertenberatungsstelle gewandt? Das bin ich schon oft gefragt worden. Früher wusste ich keine Antwort darauf und wollte auch gar nicht darüber nachdenken. Erst in letzter Zeit habe ich mich mit dieser Frage auseinandergesetzt. Und je größer der Abstand, desto besser weiß ich mir mein Verhalten zu erklären.

Ein Schauspieler, der Tag und Nacht denselben Charakter darstellt, verwächst irgendwann mit seiner Rolle. So ähnlich erging es auch mir: Dreizehneinhalb Jahre lang spazierte ich als vorgeblich Nicht-Behinderter durchs Leben, diese Situation wurde für mich zur Normalität. Mein Alltag war hart, nervenaufreibend, unendlich mühevoll, aber selbst wenn es mir möglich gewesen wäre, hätte ich daran wohl nichts ändern wollen – der Mensch ist ein Gewohnheitstier. Zudem half mir die Lügenfassade, die ich mir zugelegt hatte, nicht nur in Bezug auf meine Außenwirkung, sie stützte mich auch nach innen ab. Und als sie zu bröckeln begann, verlor ich den Halt.

Wie verhält man sich, wie denkt man als mehrfach Körperbehinderter, der zu seinen Behinderungen steht und offen damit umgeht? Das hatte ich nie gelernt, nie beobachtet. Es war für mich ein einziges Rätsel.

Nur wenige Male suchte ich den Kontakt zu anderen Sehbehinderten, um mich mit ihnen über unser Handicap und unsere Möglichkeiten auszutauschen. Die Informationen, die ich mir erhoffte,

erhielt ich nicht. Zum Beispiel ging ich einmal zu einem Blinden-
stammtisch. Ich wurde sehr freundlich aufgenommen, und als ich
von meinem Lebenslauf erzählte, hörte man mir mit großem Interesse zu. Aber es herrschte Ratlosigkeit, als ich Fragen zu meiner
beruflichen Weiterentwicklung stellte. Alle anderen Stammtisch-
teilnehmer waren in subventionierten Integrationsbetrieben oder
in Blindenwerkstätten tätig, arbeitslos oder Frührentner.

Ich war und bin bis heute ein Sonderfall. Dabei habe ich es nie
bewusst darauf angelegt. »Unglaublich, was Sie leisten – als Blinder unter Sehenden!«, höre ich oft. Das ist als Kompliment gemeint, ich weiß. Aber viel erfreulicher fände ich es, wenn meine
Leistungen als Mensch unter Menschen anerkannt würden.

Die Anzahl der Sehbehinderten und Blinden wird in Deutschland
nicht ermittelt, einer seriösen Schätzung zufolge liegt sie bei über
einer Million. Erwähne ich dies im Bekannten- und Kollegenkreis,
ernte ich immer erstaunte Reaktionen: »Wirklich, so viele?« Außer
mir kennen sie keine hochgradig Sehbehinderten. Weder persönlich noch vom Hörensagen. Auch in den Medien kommen Sehbehinderte oder Blinde kaum vor.

Als Kinder und Jugendliche werden sie aus dem regulären Er-
ziehungs- und Bildungssystem aussortiert, als Erwachsene landen
nur wenige von ihnen auf dem ersten Arbeitsmarkt. Die Konsequenz ist eine unsichtbare, kaum überwindbare Grenze zwischen
der Welt der Sehenden und der Blinden. Da ich selbst mit gefälsch-
tem Visum in der Welt der anderen lebte, bin ich fast nie mit mei-
nesgleichen zusammengekommen. Dabei hätte – rein statistisch
gesehen – jeder achtzigste meiner Restaurant- und Hotelgäste ein
Sehbehinderter sein müssen. Warum es nicht so war, darüber
kann ich nur spekulieren. Für möglich halte ich zum Beispiel, dass
unterdurchschnittlich wenige Sehbehinderte sich Besuche in teuren Lokalen und Häusern leisten können.

Es ist ein Jammer: Wo sind all die blinden Juristen, die sehbehinderten Manager? Die Psychologen und Soziologen, die Histori-
ker und Dolmetscher? Die Vorstandsvorsitzenden, die Rundfunk-

journalisten, die Politiker? Die Unternehmensberater? Es gibt sie, aber ihr Anteil an den Mitgliedern dieser Berufsgruppen spiegelt nicht einmal entfernt ihren Anteil an der Gesellschaft wider. Dabei ist ihre Behinderung keineswegs ein Hinderungsgrund, diese und viele andere Berufe erfolgreich auszuüben.

Dass ich mich schon früh gegen die Ratschläge sehender Behindertenberater gesträubt habe, war mein Glück. Wäre ich den Experten gefolgt, hätte ich es wahrscheinlich nicht halb so weit gebracht. In Ämtern und Einrichtungen, die Sehbehinderte betreuen, traf ich ausschließlich auf sehende Mitarbeiter. Die Verantwortlichen brachten es nicht fertig, Blinde so auszubilden, dass sie sie anspruchsvolle Aufgaben übernehmen lassen und von deren besonderen Fähigkeiten profitieren konnten.

Die zwei blinden Berater, mit denen ich in meinem Leben zu tun hatte, gaben mir die wertvollsten Tipps. Sie haben mir wirklich geholfen, weil sie die Probleme und die Lösungen aus eigener Erfahrung kannten. Und von ihnen wollte ich mir auch helfen lassen, weil sie – als hochgebildete, selbstständig lebende und in verantwortungsvoller Position arbeitende Blinde – Vorbilder für mich waren. Ich finde das logisch. Ein Maurer, der noch nie eine Kelle in der Hand hielt, kann Auszubildenden höchstens eine theoretische Basis vermitteln. Nur wenn Lehrlinge ihren Meister für dessen Künste bewundern, wenn sie seine Handgriffe nachahmen und seine Werke bestaunen, haben sie eine echte Chance, selbst einmal Meister ihres Handwerks zu werden.

Bei meinen eigenen Problemen kam ich am ehesten weiter, indem ich mich auf mein kritisches Urteilsvermögen verließ und konsequent handelte. Angebote, die sich an mich als Behinderten richten, prüfe ich immer noch sehr genau – und nehme sie gern an, wenn ich dadurch weder eingeschränkt werde noch mich in eine Abhängigkeit begebe. Zum Teil gibt es wirklich tolle Angebote wie etwa den Blindenservice mancher Airlines: Man wird am Bahnhof abgeholt, zum Check-in und zum Flugzeug begleitet und nach der Landung wieder abgeholt. Das ist eine großartige Dienstleistung, denn allein sind Blinde auf Flughäfen völlig verloren. Sie müssen sich einen Begleiter organisieren und die gesamten Reisekosten für ihn tragen. Bei der Deutschen Bahn und in anderen öffentlichen Verkehrsmitteln kann zum Glück ein Begleiter kostenlos mitfahren.

Zu meinen Konsequenzen gehört auch, dass ich mich heute mit einem großen Helfernetzwerk umgebe. Was ich meinen wenigen Freunden früher zugemutet habe, war maßlos – auch wenn sie freiwillig halfen, habe ich doch ihre Hilfsbereitschaft weit überstrapaziert. Zugleich verachtete ich mich selbst für meine Hilfsbedürftigkeit. Heute beschäftige ich einen ganzen Schwarm von Assistentinnen und Assistenten, die die Augenarbeit für mich übernehmen. Das kostet zwar eine Menge Geld, aber die Rechnung geht auf – wie in jedem gut organisierten Unternehmen: Der Chef delegiert, er muss sich auf die Aufgaben konzentrieren, für die er besonders qualifiziert ist. Und als Nebeneffekt erfüllt es mich mit Freude, dass ich Arbeitsplätze schaffe. Ein sehbehinderter Arbeitgeber, der mehrere nicht behinderte Familien ernährt: Auch das ist leider eine Ausnahme.

Die Einsicht, dass ich zu manchen Dingen nicht in der Lage bin, ist einer der wichtigsten Gründe für meinen Erfolg heute. Niemand kann alles können, na klar! Akzeptiere die Eigenschaften an dir, die du nicht ändern kannst – nur dann wirst du über dich hinauswachsen. Doch bis ich zu dieser Erkenntnis gelangte, machte ich den fatalen Fehler, meine Fähigkeiten durch Alkohol- und Medikamentenkonsum einzuschränken. Wie fast alle Süchtigen leugnete ich die Sucht vor anderen ebenso wie vor mir selbst. Als ich sie schließlich nicht mehr leugnen konnte, hasste ich mich. Erst nachdem ich es geschafft hatte, mich dem tödlichen Sog zu entziehen, erfuhr ich, dass Suchtprobleme bei Menschen mit Handicap ziemlich oft auftreten. Vor allem bei jungen, arbeitsfähigen und -willigen, aber arbeitslosen Menschen mit Handicap. Da war ich ausnahmsweise einmal keine Ausnahme.

2003 bis 2004. Absturz

Ein kleiner Raum, darin ein Bett, ein Tisch, ein Schrank. Der Klang meiner Schritte auf dem Linoleumfußboden hallt von den kahlen Wänden wider. Oder hallt es in meinem leeren Kopf? Noch einmal bin ich an einer »Station Ende« angelangt, aber dies hier ist kein Krankenhaus. Sondern eine Behinderteneinrichtung.

Die Rentenversicherung hat mich hergeschickt, um meine Eignung für die Teilnahme an Berufsbildungsmaßnahmen feststellen zu lassen. »Einrichtung«, »Maßnahme« – schon im Voraus war ich skeptisch in Anbetracht solcher Vokabeln. Es kommt noch schlimmer als befürchtet.

»Sie werden hier zum Bürokaufmann, zum Telefonisten oder Teilefertiger ausgebildet«, informiert mich ein Pädagoge, nachdem ich mich kurz vorgestellt habe.

»Und was ist mit meinen langjährigen Erfahrungen in der Gastronomie? Ich würde gern darauf aufbauen.«

»Das ist leider nicht möglich.«

In meinem Zimmer setze ich mich ans Fenster und starre hinaus ins Nichts. Kalter Schweiß bildet sich auf meiner Stirn, ich friere, ich zittere, ich krieche ins Bett und ziehe mir die Decke über den Kopf.

Ein lauter Gong lässt mich hochfahren, ich springe zur Tür: »Feueralarm! Seht zu, dass ihr rauskommt«, rufe ich den Menschen zu, die mit ihren Blindenstöcken den Gang entlanggehen. Einer dreht sich zu mir um und sagt mit belustigter Stimme: »Du bist wohl neu hier? Es gibt Abendbrot!«

Appetitlos kaue ich auf einem Würstchen und Kartoffelsalat herum. Anschließend gehe ich mit anderen Blinden und Sehbehinderten in einen kleinen Wald hinter dem Heim. Wir setzen uns auf Parkbänke, es riecht nach Alkohol, Zigarettenrauch und Haschisch. Unter dem Vorwand, ich sei müde von der Reise, ziehe ich mich früh auf mein Zimmer zurück und rufe Tina an. Ich heule wie ein Schlosshund. Ich kann nicht mehr.

Nach meinem Jobausstieg Ende 2002 dauerte es ein paar Wochen, bis ich mich wieder fasste, neuen Mut schöpfte und einen Plan entwickelte: Ich bewarb mich um einen Studienplatz im Fach Hotelbetriebswirtschaft an der Hotelfachschule Hamburg. Wenn niemand mir sagen konnte, was ich arbeiten und wovon ich leben sollte, musste ich die Sache eben selbst in die Hand nehmen. Eine Weiterbildung in meinem erlernten Beruf schien mir sinnvoll. Da es mir wegen meiner Gehbehinderung nicht mehr möglich war, operativ in der Gastronomie zu arbeiten, wollte ich mich stärker auf das Management konzentrieren. Dass ich blind lernen konnte, hatte ich mir ja schon mehrmals bewiesen. Und wie ich blind als Manager arbeiten könnte, würde sich später zeigen, dachte ich mir. Getreu meinem alten Motto: »What's now, what's next?«

Auch an die Rentenversicherung hatte ich mich erneut gewandt, sie ließ weitere Gutachten erstellen, diesmal mit dem Ergebnis, ich sei in der Lage, bis zu vier Stunden täglich zu arbeiten. Welche Tätigkeiten ich in dieser Zeit konkret verrichten sollte, vermochte mir jedoch kein Arzt und auch kein Versicherungsangestellter mitzuteilen. Also suchte ich das Arbeitsamt auf und bekam einen Termin bei einem Fachberater für die berufliche Wiedereingliederung von Menschen mit Schwerbehinderungen. Nachdem er meine Akten gesichtet und meine Geschichte gehört hatte, sagte er: »Herr Kahawatte, Sie sind mehrfach körperbehindert« – in einem Tonfall, als würde er mir die schwerwiegendste Nachricht des neuen Jahrtausends überbringen. »Sie sollten Ihre Frühverrentung vorantreiben«, lautete der Ratschlag des Spezialisten.

In sämtlichen medizinischen Untersuchungen und bei sämtlichen Beratungsgesprächen ging es immer nur um meine Handicaps. Für meine geistigen Fähigkeiten, meine Qualifikationen, Berufs- und Führungserfahrungen schien sich niemand zu interessieren.

Wieder zurück bei der Rentenversicherung, erwähnte ich meinen Studienwunsch. Der Berater fragte mich, ob ich noch weitere derartige Scherze auf Lager hätte.

Ohne Tinas Hilfe wäre ich nach wenigen Schritten in dem Behördenlabyrinth verloren gewesen. Sie recherchierte die zuständigen Adressen, füllte Anträge aus, formulierte Widersprüche, sie las mir alle ein- und ausgehenden Dokumente vor. Auch mental stärkte sie mir den Rücken, immer wieder ließ sie mich spüren, dass sie an mich und meine berufliche Zukunft glaubte. Doch erreichen konnte auch sie erst einmal nichts – außer dass ich Sozialhilfe bekam.

Eine Zeit lang herrschte Funkstille, dann meldete sich plötzlich ein Sachbearbeiter der Rentenversicherung bei mir: »Wir können Ihnen jetzt etwas anbieten«, sagte er verheißungsvoll. So landete ich für zwei Wochen in der Behinderteneinrichtung. Sie befand sich in einer süddeutschen Kleinstadt, ich wurde im Wohnheim der Schule untergebracht.

Schon in den ersten Minuten des ersten Gesprächs mit meinem zuständigen Pädagogen war klar, dass der Zweck der Veranstaltung nicht darin lag, meine berufliche Eignung zu ermitteln. Die Einrichtung bot Lehrgänge an und die Ausbildungsplätze sollten unbedingt belegt werden. Je mehr Teilnehmer in den Kursen saßen, desto mehr staatliche Gelder flossen in die Schule samt Wohnheim und desto größer war das Personalbudget. Überflüssig zu sagen, dass keiner der Ausbilder, Therapeuten, Betreuer und Verwaltungsangestellten behindert war.

»Hier bekommen Sie die einzige und letzte Chance auf eine behindertengerechte Berufsbildung«, behaupteten die Pädagogen. Und welchen Nutzen sollte die Ausbildung den Teilnehmern bringen? Diese Frage blieb offen. Auf alle Fälle konnte es – realistisch gesehen – nicht um eine Eingliederung in das Berufsleben gehen. Mit den Abschlüssen, die man an derartigen Einrichtungen erlangt, sind die Chancen auf Arbeit verschwindend gering. Auf dem ersten Arbeitsmarkt liegen sie ungefähr bei null – nur in subventionierten Behindertenbetrieben ist es anders.

Alle Teilnehmer an den Berufseignungstests waren entweder blind oder hochgradig sehbehindert wie ich. Die meisten freuten sich über die vermeintlich positiven Perspektiven und hofften, in einen der drei Kurse aufgenommen zu werden. Manche hatten seit Langem darauf gewartet. Andere waren bereits zum zweiten Mal hier: Nach ihrer Jahre zurückliegenden Ausbildung waren sie arbeitslos, nun sollte das Spiel für sie von Neuem beginnen. Wenn ich von meiner Laufbahn und meinen Berufsplänen erzählte, erlebte ich zum Beispiel die folgenden Reaktionen: »Warum bist du denn Kellner geworden? Das ist doch kein Beruf für Behinderte.« »Du willst studieren? Glaubst du denn im Ernst, du schaffst das?« Oder auch: »Sei froh, wenn sie dich hier nehmen. Dann musst du dich um nichts kümmern, machst deine Kurse, und abends wird gefeiert. Was willst du mehr?«

Für die anderen war ich ein Sonderling und ich selbst fühlte mich als Außenseiter. Inspirierende Gespräche? Fehlanzeige. Natürlich war jeder einzelne Heimbewohner mit Talenten, Ideen, Zielen und viel Energie ins Leben gestartet. Ich fand es wahnsinnig traurig, zu erfahren, was aus Menschen wird, denen von Kindesbeinen an eingebläut wird, sie seien zu nichts zu gebrauchen. Wer immer nur hört: »Das kannst du nicht«, der ist irgendwann selbst davon überzeugt. Er gibt sich geschlagen und richtet sich in einem trostlosen, behüteten Dasein ein. Welch ein Glück für mich, dass meine Mutter an mich geglaubt hatte und mich ein normales Gymnasium hatte besuchen lassen!

Mit den anderen Teilnehmern verbanden mich vor allem zwei Dinge: die Behinderung und der Alkohol. Er erfreute sich erstaunlich großen Zuspruchs. Auch wurde viel gekifft – da hielt ich mich raus. Ich wollte mit illegalen Drogen nichts mehr zu tun haben.

Immerhin: In jenen Wochen gab es für mich zwei Lichtblicke. Schon als wir zum ersten Mal in die Arbeitsräume geführt wurden, traute ich meinen Augen nicht. An meinem Platz stand ein seltsamer grauer Kasten. »Was ist denn das?«, fragte ich den Lehrer. »Ein Bildschirmlesegerät.« Der Lehrer wies mich kurz ein: Wenn man Arbeitsblätter, Zeitungen oder Bücher darunter legte, erschien die Schrift auf einem Monitor. An verschiedenen Knöpfen konnte ich den Grad der Vergrößerung und den Kontrast einstellen, bis ich klar identifizierbare Buchstaben und Ziffern vor mir hatte. Der Apparat funktionierte wie eine riesige elektronische Lupe. Vor Freude kämpfte ich mit den Tränen. Dann sprang ich auf und jubelte laut in den stillen Raum hinein: »Ich fasse es nicht, ich kann wieder lesen!« Wie ein aufgeregter kleiner Junge rutschte ich auf meinem Stuhl hin und her, während ich die Rechenaufgaben las. Sie waren nicht besonders schwierig – dennoch machte ich Fehler. Mein Herz klopfte wie verrückt, in meinem Kopf kreiste der Gedanke: Die Entdeckung des Lesegeräts wird mein Leben verändern.

Ein noch größeres Wunder erlebte ich tags darauf. Im Computerraum sollten unsere PC-Kenntnisse geprüft werden – zuerst bekam ich panische Angst. An einem Rechner hatte ich noch nie gesessen. Wozu auch? Weder auf Tastaturen noch auf Bildschirmen konnte ich etwas erkennen. Schon das Einschalten des Computers gelang mir nicht. Alle anderen im Raum waren längst mit dem Eingeben von Inhalten beschäftigt, die Tastaturen klapperten unter ihren Fingern, dazu hörte ich merkwürdige Roboterstimmen. »Ich krieg das Ding nicht an, bitte helfen Sie mir«, wandte ich mich schließlich an den Lehrer und schämte mich gleich doppelt: für mein Unwissen und meinen hysterischen Tonfall.

Leise summend fuhr der Rechner hoch. Meine Augen klebten beinahe am Monitor – so konnte ich das Bild einer Flagge auf blauem Grund erahnen. »Nun setzen Sie sich mal ganz entspannt hin. Ich zeige Ihnen etwas«, meinte der Lehrer. Nachdem er ein paar Tasten gedrückt hatte, vergrößerte sich die Schrift auf dem Bildschirm und es ertönten die gleichen Laute wie bei den Nachbarrechnern. »Hören Sie genau zu, der Computer erzählt Ihnen, wie's geht.«

Gebannt lauschte ich der monotonen Roboterstimme, sie beschrieb mir den Bildschirmaufbau. Dann drückte ich vorsichtig eine Taste, der Computer sagte: »Ha.« Ich wurde mutiger, klimperte auf der Tastatur herum, ich hörte: »JottJottHaUSechsWeWeWeDreiEEsss.« Mir blieb fast das Herz stehen. Was für eine geniale Erfindung! Meine Aufgabe bestand darin, Zahlen von einem Zettel in eine Computertabelle zu übertragen. Ich schob das Blatt unter ein Lesegerät, dann gab ich Ziffer für Ziffer ein. Die elektronische Stimme kommentierte jeden meiner Handgriffe. Nochmals wandte ich mich an meinen Lehrer: »Meinen Sie, ich könnte mit dieser Software lernen, Briefe zu schreiben und Rechnungen zu erstellen?«

»Selbstverständlich. Dieses Programm wurde genau dafür gemacht. Blinde und Sehbehinderte können damit alle gängigen Anwendungen bedienen.«

Wieder war ich den Tränen nahe. Seit bald zwanzig Jahren hatte ich mir sehnsüchtig gewünscht, am Computer arbeiten zu können. Immer schien es mir unmöglich, und nun sollte es plötzlich eine Selbstverständlichkeit sein. Mir war, als ginge eine neue Tür für mich auf. In dem Raum dahinter sah ich mich selbst als Studenten, sah mich beim Lesen von Fachbüchern am Lesegerät, beim Schreiben von Aufsätzen mithilfe der genialen Blindensoftware. Und dann, was für eine rosige Zukunft: Ich würde ohne Hilfe im Hotelmanagement arbeiten können, würde selbstständig alle Lese- und Schreibaufgaben erledigen, Kalkulationen und Abrechnungen erstellen.

Die Zukunftsträume wurden in der Behinderteneinrichtung immer wieder jäh unterbrochen. Ich machte großartige Entdeckungen, aber dennoch gehören jene zwei Wochen zu den düstersten meines Lebens.

Meine Testergebnisse seien gut, hieß es regelmäßig. Und dann: »Wir empfehlen Ihnen eine Ausbildung zum Bürokaufmann oder zum Teilefertiger.« Stets und ständig wurden meine Studienpläne als Hirngespinste abgetan.

»Aber ich habe doch schon einen Beruf erlernt. Vielleicht gibt es außer dem Studium andere Möglichkeiten, mich im Bereich Hotellerie weiterzubilden?«

»Das ist doch Quatsch. Sie sind viel zu krank«, entgegnete mein Pädagoge. Inhaltlich waren seine Worte verletzend, aber noch schlimmer fand ich den herablassenden Ton, in dem er sprach. Genau wie er behandelten auch alle anderen Mitarbeiter der Einrichtung die Teilnehmer wie dumme Kinder.

Tu dies, lass das! Sei still, sei gehorsam! Widersprich nicht! Sei froh, dass wir uns um dich kümmern. Allein kommst du nicht zurecht. Sieh ein, dass du schwach bist! So ungefähr war die Atmosphäre in der Einrichtung – ich empfand sie als demütigend. Hinzu kam viermal täglich der Gong: morgens zum Aufstehen und dreimal zu den Essenszeiten. Das Essen war unappetitlich, die kleinen Schlafzimmer wirkten steril, und ein Großteil der Teilnehmer strahlte Resignation aus. Meine Lebensfreude sank gegen null.

Während der ersten Tage schaffte ich es noch, mit dem Taxi in ein Fitnessstudio zu fahren und zu trainieren. Dann verließen mich Kraft und Willen, allabendlich saß ich mit Heimnachbarn zusammen, wir knipsten uns mit Hochprozentigem die Lichter aus. Wenn die anderen schlafen gingen, trank ich in meinem Zimmer allein weiter. Nach ungefähr einer Woche begann ich, Selbstmordpläne auszuhecken. Da ich ohnehin nichts mehr zu verlieren hatte, sagte ich den Pädagogen unverhohlen, was ich von ihrer Pädagogik hielt. Wie immer prallten meine Worte an ihnen ab – was ich ihnen im Nachhinein nicht ganz verdenken kann, denn wahrscheinlich war meine Alkoholfahne wenig kommunikationsfördernd. Zum Abschlussgespräch erschien ich nüchtern und aufrecht, aber genauso gut hätte ich auf allen vieren winselnd daherkriechen können. Niemand glaubte an mich, niemand sah für mich eine Zukunft außer in der angebotenen Umschulung.

Am Abend nach dem Abschlussgespräch rief Tina an, ihre Stimme strahlte. »Stell dir vor, du hast eine Zusage von der Hotelfachschule erhalten. Du kannst studieren!«

»Nein, das kann ich nicht. Ich schaffe das nicht. Ich bin zu behindert.«

Die Einrichtung verließ ich als gebrochener Mann.

Tina war mittlerweile zur Geschäftsführerin aufgestiegen, sie hatte noch längere und anstrengendere Arbeitstage als zuvor. Trotzdem nahm sie sich viel Zeit für mich und gab sich alle Mühe, mich wieder aufzubauen. Sie hörte mir zu, zeigte Verständnis, redete mir gut zu. Auch meine Freunde Andy und Alex stärkten mich, sodass ich begann, wieder an mein Studium zu glauben. Dann meldete ich mich bei der Rentenversicherung. Natürlich hatte mein Sachbearbeiter von meinem »unkooperativen Verhalten« in der Blindeneinrichtung erfahren, er war sehr zornig. Als ich meinen Studienwunsch noch einmal bekräftigte, machte er mir wenig Hoffnung. Aber ich blieb dran, schrieb mit Tinas Hilfe weitere Briefe und führte Telefonate, um die Finanzierung meines Studiums bei der Versicherung durchzusetzen.

Einige Wochen später musste ich ins Krankenhaus, wo der Grad meiner Schwerbehinderung erneut überprüft werden sollte. Zwei Tage lang durchlief ich viele Untersuchungen, mein Sehvermögen hatte sich nochmals deutlich verschlechtert. Am Ende wurde mir statt der bisherigen siebzigprozentigen eine hundertprozentige Schwerbehinderung bescheinigt.

Wie konnte ich bloß an die technischen Mittel gelangen, die ich für mein Studium brauchte? Die Sozialhilfe reichte für Miete und Lebensmittel, aber an eine Investition von mehreren Tausend Euro war nicht zu denken. Ich wandte mich an meinen Augenarzt, der versuchen wollte, das Lesegerät und die Blindensoftware über die Krankenkasse zu beschaffen. Seiner Erfahrung nach dauerten die Bewilligungsverfahren oft sehr lange und erforderten viel Durchsetzungsvermögen. Nach ein paar Wochen rief ich bei der Krankenkasse an. »Haben Sie Geduld, melden Sie sich in zwei Monaten wieder«, riet mir die Sachbearbeiterin.

Vor dem Studienbeginn prägte ich mir in Begleitung meines neuen Freundes Thomas den Weg zur Fachschule ein. Er wohnte seit einigen Monaten im selben Haus wie ich, eines Tages waren wir auf dem Hausflur ins Gespräch gekommen. Dabei stellte sich heraus, dass wir in derselben Branche arbeiteten: Thomas war Oberkellner in einem bekannten Hamburger Hotel. Gelegentlich hatte er früher Feierabend als Tina. Dann saßen Thomas und ich bis in die Nacht auf meinem Balkon, tauschten Hotel- und Restaurant-Anekdoten aus und lachten uns beide schief darüber. Aber wir kasperten nicht nur zusammen herum, wir sprachen auch über ernste Themen. Thomas hatte wie ich eine schwere Kindheit und Jugend hinter sich, und Drogen waren für ihn ein großes

Problem gewesen. Er hatte sehr lange darum kämpfen müssen, clean zu werden und es zu bleiben.

Wenn Thomas beobachtete, wie viel ich an einem Abend trinken konnte, ohne betrunken zu werden, sagte er nichts dazu, aber er wirkte nachdenklich. Einmal fragte er mich, ob ich außer dem Alkohol noch andere Substanzen konsumierte. Eine Antwort blieb ich ihm schuldig. Ich beichtete ihm nicht, welche Mengen von Medikamenten ich regelmäßig in mich hineinwarf.

Heute denke ich: Ich war genau das, was man sich unter einem Quartalstrinker beziehungsweise Quartalsdrogenkonsumenten vorstellt. Oft kam ich monatelang nicht auf den Gedanken, zu trinken oder Tabletten zu schlucken – das waren die Phasen, in denen ich Perspektiven hatte, mich in meiner Welt gut aufgehoben und wertgeschätzt fühlte. In anderen Phasen überkamen mich Orientierungslosigkeit, Fatalismus, das Gefühl der Nutzlosigkeit. Dann griff ich einmal zur Flasche, nahm eine Tablette – und konnte nicht wieder aufhören, bis meine Lebensumstände sich änderten.

Mitte August begann mein Studium – die Rentenversicherung hatte in letzter Minute eingelenkt und sich bereit erklärt, für meinen Unterhalt aufzukommen. Technische Hilfsmittel standen mir jedoch nicht zur Verfügung. In der Nacht vor meinem ersten Studientag hatte ich Albträume, morgens wachte ich schweißgebadet auf. Ich schleppte mich angsterfüllt in das Schulgebäude, wo mich ein Dozent am Sekretariat abholte. Auf dem Weg in den Klassenraum befragte er mich zum aktuellen Stand der Augenproblematik. Meiner Bewerbung hatte ich eine Kopie meines Schwerbehindertenausweises beigefügt, trotzdem fiel es mir schwer, mit einem Fremden über die Sache zu sprechen. Auch befürchtete ich, in letzter Minute doch noch abgewiesen zu werden. So ließ ich den Dozenten in dem Glauben, nur zu siebzig Prozent behindert zu sein. Dieses Mal pokerte ich zu hoch.

Von Anfang an fühlte ich mich wie ein Schiffbrüchiger allein auf hoher See. Mit bloßen Händen paddelte und paddelte ich, meine Kräfte schwanden schnell, ich sah meinem sicheren Untergang entgegen. Ich konnte fast nichts lesen, musste mich ausschließlich auf Gehör und Gedächtnis verlassen, und wie ich mich auf Klausuren vorbereiten sollte, war ein großes Mysterium. Den Anschluss verlor ich nicht, denn ich hatte ihn gar nicht erst gefunden. Oft wünschte ich mir meine Mutter, meine Schwester und den Nachbarsjungen aus meiner Zeit am Gymnasium herbei. Da Tina meistens arbeitete, wühlte ich zu Hause allein in meinen Unterlagen herum, obwohl es überhaupt keinen Sinn ergab. Die Erkenntnis, von Tinas Hilfe abhängig zu sein, empfand ich als demütigend. Und obgleich sie es nie sagte, meinte ich zu wissen, dass ich eine schwere Belastung für sie darstellte und ihre Karriere behinderte.

Weiterhin erschien ich jeden Tag zum Unterricht, aber auf meinem Platz saß eine Hülle. Innerlich war ich verloren, hatte mich aufgegeben, bestand nur noch aus der Gier nach Drogen, aus Depressionen und Todessehnsucht. Ich stand an der Schwelle zum Wahnsinn.

Ständig fing ich Streit mit Tina an, wir hatten uns voneinander entfernt, und durch mein Verhalten vergrößerte sich die Distanz in rasantem Tempo. Eines Nachts, als ich bei ihr schlief, sprang ich auf, packte meine Tasche, weckte Tina und erklärte unsere Beziehung für beendet. Bevor sie etwas erwidern konnte, hatte ich ihre Wohnung verlassen. Wenige Tage später traf ich Alex, ich wollte ihm mein Leid klagen und hoffte, er könnte mich retten. Unsere Begegnung dauerte ungefähr drei Minuten. »Du spinnst wohl, mich total besoffen vollzulabern!«, fuhr er mich an. »Sali, du bist mein Freund und wirst es immer bleiben. Aber so wie jetzt will ich dich nie wieder erleben. Ändere dich.« Dann wandte Alex sich ab, er ließ mich stehen – ich wackelte zum nächsten Kiosk und deckte mich mit noch mehr Alkohol ein.

Innerhalb weniger Monate landete ich fünfmal im Krankenhaus und hasste mich dafür, dass ich sogar zu blöd war, um mir das Leben zu nehmen. Jedes Mal hatte ich mich bis zum Umfallen vollgepumpt in der Hoffnung, nicht wieder aufzustehen. Einmal riefen Nachbarn die Polizei, als ich auf dem Balkon stand und mich mit den Bäumen ringsum unterhielt. Da ich nicht imstande war, zurück in meine Wohnung zu gehen und den Beamten die Tür zu öffnen, ließen sie die Feuerwehr kommen, die mich über den Balkon hinunterbrachte. Ein anderes Mal taumelte ich halluzinierend auf der Straße herum, da bestellten Passanten einen Krankenwagen. Immer ließen die Ärzte mich nach wenigen Tagen wieder gehen. Bis ich ernst machte.

In den vergangenen Monaten hatte ich mich intensiv der Recherche nach Ärzten gewidmet, bei denen ich erfolgreich um starke Schlafmittel betteln konnte. Das Ergebnis war eine ziemlich lange Adressliste, die ich im Kopf hatte. Nun klapperte ich die Adressen eine nach der anderen ab und ergatterte zahlreiche Rezepte. In verschiedenen Apotheken löste ich sie ein, am Ende holte ich mehrere Flaschen billigen Wodka aus dem Supermarkt. Hektisch stolperte ich in meine Wohnung, zog alle Vorhänge zu, riss das Telefon aus der Netzdose und warf mein Handy ins Klo. Dann wankte ich zur Wohnungstür. Ich stieg auf einen Stuhl und zerrte die Klingel aus der Wand. Von Minute zu Minute wuchs mein Selbstmitleid. Schluchzend kauerte ich mich auf mein Bett, verdammte die Rentenversicherung, die Behinderteneinrichtung, alle Gutachter, die Krankenkasse und auch Tina. Die ganze Welt und die gesamte Menschheit waren schuld an meinem Unglück – nur mich selbst stellte ich nicht infrage.

Ich drückte alle Tabletten aus den Riegeln, spülte eine nach der anderen mit Wodka hinunter. Bis ich die Hände nicht mehr bewegen und nicht mehr schlucken konnte. Mein Kopf fiel aufs Kissen, meine Arme und Beine waren taub. Ein dichter schwarzgrauer Schleier legte sich über meine Augen. Nie gehörte Stimmen wirbelten leise durch den nebligen Raum. Mein Gesicht wurde angenehm warm, mein Körper fühlte sich leicht an. Endlich war ich frei und musste nicht mehr kämpfen. Ein wunderschöner Moment. Pures Glück.

Als ich erwachte, war um mich herum alles ruhig und weiß. Der Himmel, die Ewigkeit, das Nichts? Hatte ich es geschafft? Gerade begann ich, innerlich zu jubeln, da entdeckte ich ein verschwommenes Gesicht über mir. »Wo bin ich? Wer bist du?«, fragte ich mit kaum hörbarer Stimme.

»Sie sind im Krankenhaus. Ich bin Schwester Birgit. Keine Angst, alles ist gut.«

Schockiert zuckte ich zusammen. Nichts war gut. Welch eine Enttäuschung!

Als ich das nächste Mal aufwachte, saß Tina weinend an meinem Bett. »Was machst du bloß für Sachen? Wie kannst du uns so was antun?«, hörte ich sie sagen. Einer Eingebung folgend, hatte Tina, die noch einen Schlüssel zu meiner Wohnung besaß, sich am Vorabend zu mir aufgemacht und mich fast leblos gefunden. Fragen, Vorwürfe und verzweifelte Worte sprudelten aus ihr heraus. Ich konnte nichts darauf entgegnen und bat sie, mich in Ruhe zu lassen.

Am folgenden Tag erschien Thomas im Krankenhaus. »Hey Kumpel, wie siehst du denn aus?«, fragte er. Sein Tonfall war entwaffnend – als sei ich gerade von einem wüsten Fußballspiel zurückgekehrt und nicht von der Grenze zum Jenseits. »Los, jetzt wäschst und rasierst du dich erst mal, und dann ziehst du dir etwas Ordentliches an. Hier, nimm, ich habe dir einen neuen Jogginganzug mitgebracht.«

Da sprach ein echter Fachmann. Thomas kannte die Hölle, in der ich mich befand, aus eigener Erfahrung.

»Pass auf, mein Guter«, sagte er zu mir. »Du bist körperlich und seelisch abhängig. Das heißt, man wird dir substituierende Medikamente geben und du wirst sie brav nehmen. Tag für Tag. Du wirst auch ansonsten immer genau das tun, was die Ärzte und Schwestern dir raten. Einschließlich Teilnahme an Selbsthilfegruppen und allem Drum und Dran.«

Jedem seiner Ratschläge folgte ich blind. Und das war das Beste, was ich tun konnte.

Sowohl Thomas als auch die Ärzte waren der Meinung, ich sollte über einen längeren Zeitraum im Krankenhaus bleiben. Ich willigte ein. Die Zeit von November 2003 bis Februar 2004 verbrachte ich in der geschlossenen Psychiatrie. Zuerst stand der körperliche Entzug im Vordergrund, dann begann der lange Prozess der geistigen Genesung. Eine Selbsthilfegruppe wurde von einem emeritierten Physikprofessor geleitet, der selbst Suchterfahrungen gemacht hatte. Er und Thomas waren meine wichtigsten Stützen und Berater in jener schweren Zeit.

Als ich mich halbwegs wieder aufgerappelt hatte, boten die Ärzte mir an, nach Hause zu gehen und ambulante psychologische Betreuung in Anspruch zu nehmen. Aber ich spürte, dass ich noch nicht so weit war. Auch Thomas riet mir, unter ständiger Beobachtung zu bleiben. So kam ich in ein anderes Krankenhaus mit einer speziellen Abteilung für Suchtkranke. Nach zwei Wochen dort traute ich mich zum ersten Mal wieder auf die Straße. Dass ich es schaffte, allein einen Spaziergang zu unternehmen, ohne rückfällig zu werden oder eine Panikattacke zu erleiden, empfand ich als großen Triumph. Thomas beglückwünschte mich zu diesem Erfolg, und er meinte es ernst.

Von Tag zu Tag freute ich mich mehr darüber, dass ich überlebt hatte. Langsam, ganz langsam lernte ich wieder, Freude zu empfinden. Echte Freude und nicht solche, wie sie einem der Alkohol- oder Drogenrausch vorgaukelt.

Auf eigenen Wunsch kehrte ich nach dem zweiten Krankenhausaufenthalt noch immer nicht nach Hause zurück, sondern zog in eine therapeutische Einrichtung. Dort konnte ich wohnen, essen und an Gesprächsgruppen teilnehmen, aber es stand mir auch offen, jederzeit hinauszugehen. Für mich war es eine gute Möglichkeit, Schritt für Schritt ein sucht- und angstfreies Leben in der Großstadt zu erlernen.

Zu Beginn hatte ich eine Einzelsitzung mit einem Psychologen. Ich erzählte ihm von meiner Herkunft, meiner Krebserkrankung und meinen körperlichen Behinderungen, von meinem Berufsweg, meinen Lügenjahren, meinen Zukunftsplänen. »Ihre Geschichte reicht für drei Leben. Vor Ihnen liegt noch unendlich viel Arbeit«, lautete der Kommentar des Therapeuten. Er empfahl mir, alle Angebote der Einrichtung intensiv zu nutzen.

In ihrer Gesamtheit stellten die Patienten einen Querschnitt durch die Gesellschaft dar. Ein alkoholkranker Busfahrer war darunter, eine manisch-depressive Mutter und Hausfrau, ein Schriftsteller mit Ehe- und Kokainproblemen, eine magersüchtige Rechtsanwältin. Anfangs fand ich es noch interessant, mich mit ihnen zu unterhalten. Doch bald schon kannte ich alle verkorksten Lebensgeschichten auswendig und sah keinen Sinn mehr darin, mit den anderen im verqualmten Aufenthaltsraum zu sitzen, den ich »Café Seltsam« taufte.

Im Garten des Therapiezentrums gab es einen kleinen Teich. Ich fand einen großen Stein an seinem Ufer und stellte fest, dass er für mich der perfekte Sitz- und Nachdenkplatz war. An jenem Ort lernte ich meine innere Stimme neu kennen und begann, Dialoge mit mir zu führen. In täglicher, stundenlanger Selbstbetrachtung entdeckte ich meine asiatisch-buddhistischen Wurzeln wieder. Der Moment, in dem ich sie gekappt hatte, lag nun vierzehn Jahre zurück – erst jetzt erkannte ich ihn als Anfang meines vorläufigen Endes. Mit allen möglichen und unmöglichen Mitteln hatte ich seither versucht, mein Glück zu finden, und mich dabei immer weiter von mir selbst entfernt. Kehr um, sagte ich mir, geh zurück zu dem, was du in deiner Kindheit gelernt hast. Ich begann, Atemübungen zu machen, die Gedanken fließen zu lassen, zu meditieren. Es funktionierte, es tat mir auf Anhieb gut. In den folgenden Wochen entwarf ich den strukturierten Tagesrhythmus, der bis heute mein Leben bestimmt.

Weder mein Einzelgängertum noch meine selbst entwickelte therapeutische Methode gefielen den Psychologen der Einrichtung. Sie versuchten, mich von dem eingeschlagenen Weg abzubringen, aber ich ließ mich nicht beirren.

In Gedanken räumte ich mein ganzes Leben auf. Jede Erfahrung betrachtete ich von allen Seiten, bis ich erkannte, welchen Wert sie noch für mich hatte. Wie ein kleiner Junge, der sein Kinderzimmer aufräumt: Die wertlosen Erfahrungen waren kaputtes oder langweiliges Spielzeug, ich warf sie weg. Die wertvollsten Erfahrungen erhielten Ehrenplätze in den Fächern meines zukünftigen Lebens.

Insbesondere mit der Krebserfahrung beschäftigte ich mich lange. Ich erinnerte mich daran, wie ich den Krebs während der dritten Phase meiner Chemotherapie ausgetrickst und dann für immer in die Wüste geschickt hatte. Diese Fähigkeit steckt noch immer in dir, überzeugte ich mich selbst. Du musst sie nur aktivieren.

Parallel zum gedanklichen Aufräumen machte ich mit Thomas' Hilfe auch einen gründlichen Frühjahrsputz in meiner Wohnung. Zuerst entsorgten wir alle übrig gebliebenen Medikamente, dann wurden alte Kleidungsstücke, angeschlagene Tassen, fadenscheinige Handtücher und anderer Unrat aussortiert. Schließlich strichen wir die gesamte Wohnung und shampoonierten den Teppichboden. Mein Freund Andy sichtete zwischenzeitlich meine Post aus den vergangenen Monaten. Eine Neuigkeit trieb mir die Tränen in die Augen: Die Krankenkasse erklärte sich bereit, ein Lesegerät zu bezahlen. Es sollte in Kürze geliefert werden.

Den nächsten großen Schritt tat ich im Juni: Ich wollte versuchen, allmählich in ein eigenständiges Leben zurückzukehren. Zuerst schlief ich testweise einmal in meiner Wohnung, es ging gut. In den folgenden zwei Wochen verbrachte ich je vier Tage zu Hause und drei Tage in der therapeutischen Einrichtung. Ich trank keinen Tropfen Alkohol, nahm keine einzige Tablette, hielt mich an meine neue Tagesstruktur. Ich hatte es geschafft. Das positive, leichte Lebensgefühl, das ich nach meinem Sieg gegen den Krebs erlebt hatte, kehrte zu mir zurück. Voller Zuversicht verabschiedete ich mich für immer aus der Suchttherapie.

Als das Lesegerät geliefert wurde, kaufte ich mir mit hüpfendem Herzen eine Zeitschrift. Einen ganzen Tag lang las ich darin – bis meine Augen brannten und mein Kopf vor Anstrengung brummte. Am nächsten Tag schrieb ich unter dem Lesegerät einen Brief an den Direktor der Hotelfachschule und bat um Wiederaufnahme. Zusätzlich meldete ich mich erneut in meinem alten Fitnessclub an.

Das Fundament meines neuen Lebens, so hatte ich mir vorgenommen, sollte auf vier Säulen ruhen. Jeder Säule gab ich einen

Namen, alle begannen mit dem zweiten Buchstaben des Alphabets. Abgekürzt nannte ich sie »die vier Bs«.

Die erste Säule waren die Beziehungen. Zum Glück standen mir mit Andy und Thomas aufrichtige Freunde zur Seite. Den Kontakt zu Alex nahm ich wieder auf. Er war vor Kurzem nach Dresden gezogen, ich rief ihn an und schon nach wenigen Sekunden sagte Alex: »Da ist ja wieder der Sali, den ich kenne!« Bald kam er mich besuchen, wir verstanden uns so gut wie früher. Auch meine Mutter und meine Schwester hielten zu mir, wir telefonierten regelmäßig. Mein emotionales Netzwerk war fest und verlässlich. Nur schade, dass keine Lebenspartnerin mehr dazu zählte – ich hatte es mir selbst zuzuschreiben.

Die zweite Säule war die Beschäftigung. Ich meldete mich zu einem Computerkurs für Blinde und Sehbehinderte an. Der Lehrer war selbst hochgradig sehbehindert und konnte sich daher perfekt in die Lage der Teilnehmer hineinversetzen. Als weitere Beschäftigungsschritte plante ich zuerst mein Studium, danach strebte ich eine angesehene Position auf dem ersten Arbeitsmarkt an.

Die dritte Säule war die Bereicherung meines Lebens. Nicht durch materielle Dinge, daran lag mir nach wie vor wenig, sondern durch Tätigkeiten, die mir Freude bereiteten. Jeden Tag ging ich in den Sportclub, um meinen Körper wieder fit zu machen. Später entdeckte ich meine Liebe zum Schreiben. Die neue Leidenschaft bildete die Grundlage für dieses Buch.

An der vierten Säule, der Besinnung, arbeitete ich noch. Ein beständiges inneres Gleichgewicht sollte mich dauerhaft stark machen. Rein zufällig lernte ich einen erfahrenen Qigong- und Meditationslehrer kennen, dessen Lehrgänge ich besuchte. Zudem nahm ich an Ayurveda-Workshops teil und wandte mich an das Buddhistische Zentrum in Hamburg. Seitdem schließe ich mich zwar nicht wöchentlich, aber doch regelmäßig den sonntäglichen Treffen der Buddhisten an. Schnell erwachten eingeschlafene Verhaltensmuster aus meiner Kindheit. Oft sah ich mich mit meiner Dschungeloma im kleinen Tempel am Ausgang unseres sri-lankischen Dorfs sitzen. So entwickelte ich wieder die spirituelle Beziehung zu mir und meiner Umwelt, die mir meine Großmutter nahegebracht hatte.

Bald erhielt ich einen Brief der Hotelfachschule, den ich mit zitternden Händen in mein Lesegerät schob. Ich durfte mein Studium noch einmal beginnen! Glücklicherweise war ich in dem Moment allein. Niemand sah, dass ich wie ein Hampelmann johlend durch die Wohnung hüpfte.

Seit meinem Zusammenbruch im November 2003 hatte die Rentenversicherung ihre Zahlungen an mich eingestellt, ich lebte wieder von Sozialhilfe. Nun informierte ich die Versicherung über die neue Lage und bat um Unterstützung. Die zuständige Sachbearbeiterin wies mich energisch zurück. »Sie sind schon einmal gescheitert, wir helfen Ihnen gewiss nicht«, teilte sie mir am Telefon mit. Ich ließ mich nicht einschüchtern. Ich wusste: Diesmal würde mich nichts und niemand mehr aufhalten.

2004 bis 2006. Im Blindflug zum Erfolg

Pling! Eine E-Mail von Alex: »Bin am Wochenende in Ha Ha Punkt Hast du Lust zu trainieren Fragezeichen«, sagt die Roboterstimme. Ich antworte prompt: »Samstag Komma 15 Uhr im Studio Punkt Passt das Fragezeichen Freu mich Ausrufezeichen«.

Es ist acht Uhr, ein warmer Herbstmorgen. Seit eineinhalb Stunden sitze ich zu Hause am Schreibtisch und bereite ein Referat vor. Dabei hilft mir mein frischgebackener Assistent. Er hat mein Herz im Sturm erobert, der flinke Helfer – ein Notebook mit Sehbehinderten-Software. Dank ihm gelingt mir die E-Mail-Korrespondenz, er liest mir die Skripte der Fachschulveranstaltungen vor. Mit seiner Unterstützung kann ich lernen und schreiben, und manchmal finde ich sogar Homepages, die mein Assistent für mich entziffern kann. Eine kleine Macke hat er allerdings – er spricht alles deutsch aus. Bei Wörtern wie »Homepage« klingt das aus seinem Lautsprecher einfach putzig.

Ich klappe mein Notebook zu und gehe auf den Balkon. Entzünde ein Räucherstäbchen, atme tief ein und aus, lasse die Gedanken kommen und gehen, genieße die Stille und Leichtigkeit, die sich in mir ausbreiten. Nach der Meditation schnappe ich mir meinen Rechner und die Aktentasche, beschwingt verlasse ich das Haus in Richtung Hotelfachschule. In meinem Kopf kreist eine Melodie von Louis Armstrong. »What a wonderful world«, summe ich vor mich hin.

Im August 2004 nahm ich mein Studium der Hotelbetriebswirtschaft wieder auf. Gleich zu Beginn wandte ich mich an den Leiter der Hotelfachschule und informierte ihn über meine fortgeschrittene Erblindung. Auch bat ich ihn um Hilfe: Ich wünschte mir, dass wir gemeinsam die Hindernisse aus dem Weg räumten, die zu meinem Scheitern beim ersten Studienversuch geführt hatten. Der Direktor kontaktierte die Blindenschule Hamburg – mit dem Erfolg, dass sie mir ein zweites Lesegerät zur Verfügung stellte sowie ein Notebook inklusive Lesesoftware. Mein jahrzehntelang gehegter Traum ging in Erfüllung: Ich hatte einen behindertengerechten Studienplatz.

Ein Lesegerät zu Hause, eines in der Schule, dazu das Notebook: So konnte ich fast überall lernen, wo ich wollte und musste. Während der Seminare gab ich meine Notizen direkt in den Rechner ein. Meine Studienbedingungen ähnelten denen meiner Kommilitonen, mein Studium machte mir richtig Spaß. Auch wenn es weiterhin Einschränkungen gab: Wurde etwas an die Tafel geschrieben, war ich wie eh und je auf die Hilfe meiner Banknachbarn angewiesen. Erst im dritten Semester bot mir eine Dozentin einen speziellen Service an: Jedes Wort, das sie an die Tafel schrieb, trug sie gleichzeitig laut vor. Auch meine Nachbarn atmeten auf, denn nun konnten sie sich selbst besser auf die Seminarinhalte konzentrieren.

Kurz nachdem ich das Notebook erhalten hatte, richtete Andy einen Internetzugang in meiner Wohnung ein. Am 24. August 2004 schrieb ich die erste E-Mail meines Lebens. Für mich ein historischer Moment – seit so vielen Jahren gehörten E-Mail und Internet zum Alltag der Menschen um mich herum, nur an mir war die Entwicklung vorbeigegangen. Bald bat ich meine Dozenten, mir die Themen der bevorstehenden Seminareinheiten jeweils im Voraus per Mail zu schicken. Oft bekam ich auch Infografiken, die die Lehrer in der nächsten Stunde auf die Leinwand projizieren wollten. So konnte ich mich perfekt vorbereiten und den Seminaren folgen.

Rhetorik und Präsentation waren meine Lieblingsfächer im ersten Semester. Da schlummerte ein Talent in mir, das ich seit meiner Zeit als Weinkellner nicht genutzt hatte. Nun konnte ich es wieder aktivieren, meinen Stil und neue Techniken trainieren. Die Kommilitonen benutzten für ihre Vorträge Karteikarten als Gedächtnisstützen, mir hätten nur Notizen in riesigen Buchstaben weitergeholfen. Da ich auf keinen Fall mit Spickzetteln im Posterformat vor das Publikum treten wollte, hielt ich alle Referate in freier Rede.

Über die Blindenschule lernte ich eine Behindertenberaterin kennen, die selbst blind war. Die Begegnungen mit ihr waren eine Wohltat: Meine Probleme musste ich ihr nicht lange erklären, für meine Studienwünsche und die Berufsplanung brauchte ich mich nicht zu rechtfertigen. Den Satz »Das können Sie nicht« habe ich aus ihrem Mund nie gehört. Als ich mich traute, ihr meine Suchtvergangenheit zu beichten, war sie nicht schockiert, sondern fragte nur: »Und jetzt? Nehmen Sie noch etwas? Alkohol, Drogen, Medikamente?«

»Nein, nichts.«

»Brauchen Sie Hilfe, um abstinent zu bleiben?«

»Nein danke, mit dem Thema bin ich durch.«

Und damit war das Thema auch für die Beraterin abgehakt, sie kam gleich auf den nächsten Punkt zu sprechen. Ihre direkte, sachliche Art gefiel mir unheimlich gut. Immer verliefen unsere Gespräche nach dem Prinzip: Frage – Antwort – Problem – Lösung. Praxis statt Theorie. Taten statt Worte.

Die Spezialistin riet mir, gegenüber der Rentenversicherung standhaft zu bleiben, und brachte mich mit einem weiteren blinden Experten in Kontakt. Er war promovierter Jurist und Geschäftsführer eines Vereins, bei dem blinde und sehbehinderte Menschen sich gegenseitig in beruflichen Fragen beraten und unterstützen. Der Experte bestätigte mir, dass die Versicherung laut Sozialgesetzgebung verpflichtet war, meine Wiedereingliederung ins Berufsleben zu finanzieren.

Die zuständige Sachbearbeiterin der Rentenversicherung sah die Sache anders: »Mit einem hundertprozentigen Behinderungsgrad bleibt der Arbeitsmarkt für Sie unerreichbar. Einkommen und Ersparnisse haben Sie nicht, für BAföG sind Sie zu alt. Zusätzlich zu Ihrer physischen Behinderung sind Sie psychisch instabil. Wir können Ihr Studium nicht unterstützen.«

Statt mich einzuschüchtern, spornten ihre Worte mich noch mehr an. Mit einem Notendurchschnitt von 1,9 schloss ich das erste von insgesamt vier Semestern ab.

Für meinen Unterhalt kam weiterhin das Sozialamt auf – also die Gemeinschaft der Steuerzahler. Dafür war ich dankbar, zumal die Sozialhilfe so großzügig bemessen war, dass ich nicht nur meine Wohnung behalten und mich ordentlich ernähren konnte, sondern auch die Kosten für Festnetz- und Mobiltelefon sowie Internetanschluss gedeckt waren. Ich musste nicht in Lumpen herumlaufen und konnte mir sogar die Mitgliedschaft im Fitnessclub zu einem sehr günstigen Studententarif leisten. Trotzdem geriet ich in finanzielle Bedrängnis – schuld daran war die Literatur, die ich fürs Studium brauchte. Da es in Bibliotheken keine Lesegeräte gab, musste ich bergeweise Fachbücher kaufen. Sie kosteten mich ein kleines Vermögen. Entgegen meinem Vorsatz, nie wieder Schulden zu machen, lieh ich mir mehrmals Geld von Alex und Andy. Sie hätten es mir auch geschenkt, aber das kam nicht infrage. Ich würde die Beträge zurückzahlen. Entweder aus den Mitteln der Rentenversicherung oder zur Not etwas später: von meinem Einkommen als Hotelmanager.

Um mein Recht gegenüber der Versicherung durchzusetzen, in die ich etliche Jahre eingezahlt hatte, wandte ich mich an die Presse. Doch wo ich auch anrief, ob bei Tageszeitungen oder Magazinen: Niemand interessierte sich für meinen Fall. Weit über hundert Telefonate führte ich. »Sie sind heute schon der Vierzigste mit einer spannenden Geschichte«, sagte mir zum Beispiel die Redaktionsassistentin eines Nachrichtenmagazins. Als ich zum Hörer griff, um eine Hotellerie-Fachzeitschrift zu kontaktieren, nahm ich mir fest vor, nach diesem Versuch aufzugeben. Oh Wunder: Ich wurde zu einem Journalisten durchgestellt! Vor lauter Aufregung stotterte ich. Trotzdem hörte der Journalist aufmerksam zu. Kurz darauf besuchte er die Hotelfachschule.

Der Schuldirektor gab ein Interview, in dem er mich als äußerst qualifizierten, motivierten und leistungsfähigen Studenten beschrieb. Er ließ keinen Zweifel offen, dass meine Weiterbildung sinnvoll und förderungswürdig war. Als der Artikel erschien, hoffte ich, damit weitere Argumente gegenüber der Rentenversicherung in der Hand zu haben. Außerdem beschloss ich, einen Anwalt einzuschalten. Meine neuen, kompetenten Berater empfahlen mir, mich an den Sozialverband VdK zu wenden, der unter anderem die Interessen von Behinderten vertritt. So fand ich einen Rechtsbeistand, dem Fälle wie meiner vertraut waren. Von einer Klage gegen die Versicherungsanstalt riet er mir ab: »Sie können gewinnen, aber derartige Prozesse ziehen sich erfahrungsgemäß über Jahre hin.« Auch riet er mir, größere Geldsummen bereitzuhalten. Meine Zeit war knapp und Geld hatte ich nicht, aber ich wollte mich auf keinen Fall kampflos geschlagen geben. Wir einigten uns darauf, dass der Anwalt meine Bemühungen mit Rat und Tat unterstützen werde, eine Klage wollten wir der Versicherung und uns jedoch möglichst ersparen.

Im Sommer 2005 reiste ich gemeinsam mit meiner Mutter und meiner Schwester für eine Woche nach Colombo. Schon als wir das Flugzeug verließen, nahm ich den vertrauten Geruch des Landes wahr und sog ihn glücklich in mich ein. Seit sechzehn Jahren hatte ich Deutschland nicht verlassen, sechzehn Jahre lang war ich meiner asiatischen Heimat ferngeblieben. Und genauso lange hatte ich meinen Freund Thuya nicht gesprochen.

Auf unserem Reiseplan stand weder Erholung noch das vergnügliche Auffrischen alter Kontakte. Anlass der Unternehmung war der Tod meines Vaters. Vier Jahre zuvor war er ermordet worden und es gab noch viele Formalitäten zu erledigen. Meine Mutter und meine Schwester hatten sich schon 2001 nach Sri Lanka aufgemacht, um das Grab zu besuchen und etwas über die Todesumstände herauszubekommen. Selbstverständlich hatten sie mich damals gefragt, ob ich mitkommen wollte – und selbstverständlich hatte ich abgelehnt. Erst jetzt, nach meiner geistigen Genesung und der inneren Rückkehr zu meinen asiatischen Wurzeln, konnte und wollte ich mich dem Thema widmen.

Auf meinen Wunsch hin begleiteten Seetha und meine Mutter mich noch am Tag unserer Ankunft auf den Friedhof. Lange stand ich am Grab meines Vaters, vertiefte mich ein letztes Mal in Gedanken an unsere gemeinsame Geschichte und zog den Schlussstrich darunter. »Rest in peace«, sagte ich dann, drehte mich um und ging.

Auf der Rückfahrt zum Hotel schlug Seetha vor: »Wollen wir einen kleinen Umweg machen? Ich würde gern schauen, was aus Thuyas Haus geworden ist.« Die Idee gefiel mir. In der richtigen Straße angekommen, baten wir den Taxifahrer, ganz langsam die Villen und Gärten zu passieren. Gerade als wir vermuteten, Thuyas Haus wiederentdeckt zu haben, hielt ein großer Wagen in der Einfahrt und unser Freund sprang aus dem Fond. Seetha und ich stürmten auf ihn zu, wir umarmten uns, Thuya bat uns hinein. Es war, als hätten wir uns gestern zuletzt getroffen. Wir erzählten und lachten und merkten gar nicht, wie die Stunden vergingen. Kein vorwurfsvolles Wort fiel, keiner kam auf den Gedanken, den anderen zu fragen: »Warum hast du dich nie gemeldet?« Noch einmal wurde deutlich, dass Thuya und ich Seelenverwandte waren. Verwandtschaft bleibt auch bestehen, wenn man jahrzehntelang nichts voneinander hört.

Thuya war zwischenzeitlich ein erfolgreicher Unternehmer geworden, auch zu Hause beschäftigte er viel Personal. Seine Köche, Küchenhilfen und Diener hatten an jenem Abend alle

Hände voll zu tun: Thuya wies sie an, spontan ein Festmenü zu zaubern. Wir schlemmten und redeten bis in die Nacht.

Die nächsten Tage verbrachten Seetha, Mutter und ich überwiegend mit Behördengängen, auch dem Polizeipräsidium statteten wir einen langen Besuch ab. Unsere Recherchen drehten sich um zwei Themen: Wie war mein Vater zu Tode gekommen? Und was war mit seinem Vermögen geschehen? Beim ersten Punkt kamen wir nur zu sehr vagen Ergebnissen. Der Autopsiebericht war verschwunden, die Täter hatte man nie gefasst, es gab nichts als Gerüchte rund um den Mord: Es hieß, mein Vater habe sich tief in unseriöse Geschäfte verstrickt und sich dabei viele Feinde gemacht. Anscheinend hatte jemand versucht, ihn zu vergiften, doch er überlebte. Und während er noch im Krankenhaus lag, machten Fremde ihm mit roher Gewalt den Garaus. Immer wieder hörten wir, mein Vater sei am Ende seines Lebens ein einsamer, verbitterter Mann gewesen.

In Bezug auf das Vermögen erhielten wir weitaus konkretere Informationen: Es war nichts mehr vorhanden. Die geerbten Ländereien, das aus Deutschland mitgenommene Geld – alles fort. Gestohlen, verprasst, verloren. Um die Wälder und Felder im sri-lankischen Hochland tat es mir ein bisschen leid – wer weiß, was für Wendungen Seethas und mein Leben noch genommen hätte, wenn sie in unseren Besitz übergegangen wären? Aber zum Glück bin ich nicht der Typ, der sich lange mit solchen Fragen herumschlägt. Was wäre, wenn? Was hätte sein können? Was soll's! Mich interessiert vor allem, was ist.

Eine gewisse Genugtuung empfand ich bei der Erkenntnis, dass das Kapital, das mein Vater seiner Familie geraubt hatte, und das Unterhaltsgeld, das er uns im Lauf vieler Jahre schuldig geblieben war, ihm kein schönes Leben ermöglicht hatten. Materie macht nicht glücklich. Und verdorbenes Geld führt dich nicht zu Reichtum, sondern ins Verderben.

Seetha beschrieb mir, wie sehr das Stadtbild sich in den vergangenen Jahren verändert hatte. Im Zentrum waren hochmoderne Gebäudekomplexe entstanden. An einem Nachmittag fuhren wir ins Liberty Plaza, eine neue Shoppingmall. Auf der Suche nach srilankischer Popmusik schlenderten wir durch die Geschäfte, als ich plötzlich zu zittern begann und Atemnot spürte. Die klimatisierte Luft bekommt mir nicht, dachte ich und eilte allein nach draußen. Eine Weile stand ich still vor dem Einkaufszentrum, dann wurde mir klar: Nicht die Klimaanlage machte mir zu schaffen. Es war die Schwermut. All die Krankheiten, Verletzungen, Anstrengungen und Enttäuschungen der vergangenen sechzehn Jahre drückten mir auf die Seele. Gerade wollte ich vor Selbstmitleid zerfließen, da nahm ich im Schatten einen dunklen Haufen wahr. Er bewegte sich und stieß seltsame Laute aus. Ich trat näher, setzte mich auf den staubigen Boden. Vor mir saß ein in übel riechende Lumpen gehüllter Bettler, dem ich vermutlich direkt ins Gesicht schaute. Ich fühlte, wie seine hungrigen Blicke mich abtasteten. Vorsichtig rückte ich an ihn heran, berührte seinen Arm und fühlte nur Haut und Knochen. Ich schämte mich.

An einem nahe gelegenen Straßenimbiss kaufte ich Reisfladen und eine große Flasche Wasser. Die Lebensmittel stellte ich vor dem Bettler ab, dann drückte ich ihm ein paar Geldscheine in seine ledrige Hand. Der Mann flüsterte Worte des Dankes, verbeugte sich und begann hastig zu essen.

Als Seetha mich am Ausgang der Shoppingmall abholen wollte, ließ ich sie allein ins Hotel zurückfahren. Ein Taxi brachte mich zum Ganga-Rama-Tempel, das ist die größte buddhistische Anlage Colombos. In Begleitung eines Mönchs, der zufällig in der Nähe war, durchquerte ich die Eingangshalle. Wir wechselten ein paar Worte auf Englisch. Ich bat den Mönch, mich in den Tempelgarten zu bringen.

Unter einem Schatten spendenden Baum ließ ich mich nieder und machte Atemübungen. Ich nahm die Stille der Tempelanlage in mich auf, den zarten Gesang der Tropenvögel, den Duft der Räucherstäbchen, Lotusblüten, Öllämpchen. Meine Gedanken lösten sich auf, alle Last fiel von mir ab. Eine tiefe innere Ruhe breitete sich aus. Zugleich spürte ich deutlich, wie neue Energien in mich strömten.

In jenen Stunden vertiefte sich die Erkenntnis, dass es nicht gut ist, grollend zurückzublicken. Auch nahm ich mir fest vor, mich zukünftig entschlossener der Sonne zuzuwenden. Das Schicksal hatte Schatten auf mein Leben geworfen, nun war es an mir, aus dem Schatten herauszutreten.

Abends saßen Thuya und ich in einer kleinen Strandbar, lange sprachen wir über meine Erlebnisse des Tages. Mein Freund verstand auf Anhieb, was ich fühlte. Er nahm mir das Versprechen ab, den eingeschlagenen Pfad nie wieder zu verlassen. »Du steckst voller Kraft und Glauben an dich selbst, das Feuer in dir ist spürbar – es leuchtet«, versicherte er mir.

Zurück in Hamburg, nutzte ich die restlichen Semesterferien für mein zweites Management-Praktikum. Bei der Suche nach dem ersten Praktikumsplatz hatte mich der Direktor der Hotelfachschule sehr unterstützt, schließlich durfte ich es in einem bekannten Hotel in der Hamburger Innenstadt absolvieren. Mit dem sehr guten Zeugnis von dort bekam ich auch weitere Verträge. So lernte ich verschiedene Verwaltungsbereiche und -abläufe in Hotels und großen Gastronomieunternehmen kennen. Natürlich waren immer alle Vorgesetzten und Kollegen über meine Krankheiten informiert.

Bald jobbte ich auch während des laufenden Semesters, und zwar in einem gemeinnützigen Gastronomiebetrieb. Dort wurden schwer vermittelbare junge Leute ausgebildet und beschäftigt, viele von ihnen hatten Drogenprobleme und waren schon mehrfach mit dem Gesetz in Konflikt geraten. An jedem Wochenende konnte ich meine gastronomischen Kenntnisse und meine Erfahrungen als Ausbilder einbringen, zudem half mir mein persönlicher Hintergrund, die jungen Menschen zu verstehen und ihnen Orientierung zu geben. Oft erzählte ich von meinen Krankheiten, von meiner Suchtvergangenheit und dem Selbstmordversuch. I've been there, I've seen it, vermittelte ich ihnen glaubwürdig. Und ich lebte ihnen vor, was viele für unmöglich oder zumindest maßlos schwierig hielten: dass man seine Probleme lösen und sein Leben in die Hand nehmen kann, auch wenn man tief gesunken ist. Mit dem Ergebnis, dass meine Azubis mich akzeptierten und schätzten – gerade wegen meiner überwundenen Schwächen. Manche meiner Schützlinge wuchsen mir richtig ans Herz, und ich erlebte mit Freude, wie sie sich entwickelten.

Ein anderes Projekt übernahm ich auf ehrenamtlicher Basis: Die Hamburger Blindenstiftung wollte zu ihrem hundertfünfundsiebzigjährigen Bestehen ein Fest geben, suchte nach einem geeigneten Organisator und kontaktierte die Hotelfachschule. Der Direktor betraute mich mit der Aufgabe. Innerhalb von zwei Wochen gewann ich ein großes Unternehmen als Hauptsponsor, von dem Geld konnte ich das gesamte Buffet und alle Getränke beschaffen. Als Vorbereitungs- und Serviceteam warb ich fünfundzwanzig Hotel- und Gastronomie-Azubis sowie vier Fachschul-Kommilitonen an – sie alle waren bereit, unentgeltlich zu arbeiten. Das Event fand in einer großen Location am Hamburger Hafen statt und wurde ein voller Erfolg. Unter den Gästen waren viele bekannte Vertreter der Hamburger Politik, Wirtschaft und Kultur, die Presse berichtete sehr positiv über die Veranstaltung. Da wir keinerlei Personalkosten hatten, blieb ein großer Teil der Sponsorengelder übrig. Die Summe konnten wir der Blindenstiftung spenden.

Mithilfe meines Schuldirektors und der Sehbehinderten-Experten, die mich berieten, erreichte ich, dass mir die Hamburger Sozialbehörde ein kleines, tragbares Lesegerät finanzierte, mit dem ich in Büchereien arbeiten konnte. Außerdem erfuhr ich, dass es in der Staats- und Universitätsbibliothek einen speziellen Raum für Sehbehinderte gab. Dort waren die Arbeitsplätze mit allen technischen Mitteln ausgestattet, die ich brauchte. Meine Berater halfen mir bei der Registrierung, von nun an musste ich keine teure Fachliteratur mehr kaufen. Mein Studium war endlich komplett barrierefrei.

Was mich aber weiterhin störte: dass die Steuerzahler für das aufkamen, was meine Versicherung zu zahlen verpflichtet war. Ich schrieb an den Hamburger Senatskoordinator für die Gleichstellung behinderter Menschen, eine Antwort habe ich nie erhalten. Als Nächstes telefonierte ich mit dem Norddeutschen Rundfunk. Eine Sekretärin hörte sich meine Ausführungen an und bat mich, ihr Kopien aller vorliegenden Dokumente, der Korrespondenz mit der Rentenversicherung sowie meiner Schul- und Praktikumszeugnisse zu schicken. Drei Tage später rief mich ein Redakteur aus dem Ressort Politik & Aktuelles an: »Ich bin an Ihrem Fall dran.«

Der Redakteur recherchierte sehr genau, unter anderem interviewte er meinen Anwalt und den Fachschuldirektor. Als ich schließlich selbst in das Mikrofon sprechen sollte, verschlug es mir vor Nervosität mehrmals die Sprache. Wie peinlich! Ich hatte mich auf das Interview vorbereitet und hielt mich für einen guten Redner – nun musste ich feststellen, dass eine Medienproduktion eine ganz andere Herausforderung ist als ein Live-Vortrag. Aber die Sache war die Aufregung zweifelsohne wert. Nach Ausstrahlung des Radiobeitrags meldete sich der Sprecher einer Hamburger Senatsfraktion in der Redaktion und sagte, er wolle sich für mich einsetzen. Viele Freunde und Bekannte klopften mir auf die Schulter, mein Eifer beeindruckte sie und sie glaubten daran, dass ich mein Recht doch noch durchsetzen werde.

Beim Fest für die Blindenstiftung hatte ich Mitarbeiter des ZDF kennengelernt, kurz darauf nahm ich den Kontakt zu ihnen wieder auf und hatte Erfolg: Der Sender wollte einen Beitrag über mich drehen. Sofort informierte ich den Pressesprecher der Rentenversicherung über diese Pläne. Wenige Tage später, als ich gerade von der Fachschule kam und meine Wohnungstür aufschloss, hörte ich es drinnen klingeln. Jeder Anruf konnte der entscheidende sein – vor lauter Hektik riss ich das Telefon vom Tisch, als ich den Hörer abnahm. Der zuständige Fernsehredakteur war am Apparat: »Es gibt eine gute und eine schlechte Nachricht.« Mir wurde heiß und kalt, meine Aktentasche glitt mir aus der Hand. »Zuerst die schlechte Nachricht, bitte«, krächzte ich.

»Es tut mir leid, wir müssen die Story abblasen.«

»Warum, was ist passiert?« Meine Stimme überschlug sich.

»Die Rentenversicherung hat eingelenkt. Sie erkennt Ihr Studium an und wird für Ihre Kosten – auch rückwirkend – aufkommen.«

Um mich herum drehte sich alles. Ich hyperventilierte geräuschvoll in den Hörer.

»Herr Kahawatte? Das war gerade die gute Nachricht! Warum sagen Sie nichts? Alles in Ordnung?«

»Nein, ja … Alles okay. Es ist nur … Ich, ich … kann es nicht fassen.«

Nachdem wir aufgelegt hatten, saß ich lange schweigend im Sessel. Dann sprang ich auf und rief nacheinander alle meine Freunde und Helfer an. Ein Sturm der Begeisterung brach aus.

Als das Geld eintraf, beglich ich zuerst meine Schulden bei Alex und Andy. Ich ersetzte meine beinahe schon antiquarische Waschmaschine durch ein gebrauchtes, aber deutlich jüngeres Modell. Ich kaufte mir einen Anzug, ein Paar Schuhe und zwei Hemden für mein nächstes Praktikum. Ich abonnierte mehrere Fachzeitschriften. Und startete entspannt in meine Examensphase.

Sowohl die Diplomarbeit als auch die Vorbereitungen auf die Examensklausuren waren für mich trotz des eigentlich barrierefreien Studienplatzes aufwendiger als für meine Kommilitonen, denn Barrierefreiheit war im Internet eine Ausnahme, und sie ist es bis heute. Freunde und Studienkollegen schlugen mir vor, mich bei Online-Recherchen zu unterstützen. Ich nahm das Angebot gern an, achtete aber darauf, dass ich ihre Hilfsbereitschaft nicht überstrapazierte.

Mein Studium wollte ich unbedingt mit guten Noten abschließen. Mit einem durchschnittlichen Zeugnis, stellte ich mir vor, wären die Chancen auf einen attraktiven Arbeitsplatz für jeden Bewerber gering – und für mich als Behinderten erst recht. Ich lernte sehr konzentriert, bei Tag und bei Nacht. Mein strukturierter Tagesrhythmus half mir, den Belastungen standzuhalten.

Mehrfach täglich unterbrach ich meine Arbeit und legte Minuten der Stille ein. Ich ernährte mich ayurvedisch, unternahm kurze Spaziergänge und trainierte regelmäßig im Fitnessstudio.

Nach den Abschlussklausuren begann ich, Bewerbungen zu schreiben, immer informierte ich die Unternehmen über den Schweregrad meiner Behinderung. Viele Firmen reagierten gar nicht, andere schickten sofort eine Absage. Ich ließ mich nicht beirren, schrieb fleißig weiter und weiter. Die Rentenversicherung sagte mir schriftlich eine finanzielle Unterstützung meiner Eingliederung in den Arbeitsmarkt zu. Das bedeutete: Für den Arbeitgeber, der mich einstellen würde, standen finanzielle Mittel zur Schaffung eines behindertengerechten Arbeitsplatzes bereit. Leider interessierte dieser Anreiz die Personalleiter nicht. Ich bewahrte mir meine Zuversicht und blieb dran – Hartnäckigkeit war erwiesenermaßen eine meiner Spezialitäten.

Mitte Juni 2006 waren die Diplomarbeit und alle Klausuren ausgewertet: Ich schloss meine Weiterbildung zum Staatlich geprüften Betriebswirt der Fachrichtung Hotel- und Gastronomiemanagement mit einem Notendurchschnitt von 1,9 ab. Da ich mit den Medien zwar wenige, aber gute Erfahrungen gemacht hatte, kam ich auf die Idee, eine Pressemitteilung zu verfassen. Alex half mir beim Formulieren, er war es auch, der den Titel der Mitteilung kreierte: »Im Blindflug zum Diplom«. Wir schickten den Text in viele Redaktionen und hofften, durch Berichte über meinen Studienerfolg meine Chancen auf dem Arbeitsmarkt zu verbessern. Eine Journalistin des *Hamburger Abendblatts* lud mich zu einem Interview ein, drei Stunden lang sprachen wir miteinander. Danach meldete sich ein Redakteur vom lokalen Privatfernsehen bei mir: »Glückwunsch! Sie sind weltweit der erste hochgradig sehbehinderte Student, der diesen Abschluss geschafft hat.« Was sich sehr gut anhörte, auch wenn der Superlativ möglicherweise übertrieben war. Der Redakteur hatte große Pläne, und sie waren bereits mit der Schulleitung abgestimmt.

Am 30. Juni erhielt ich mein Abschlussdiplom vor laufender Kamera. Im anschließenden Interview zeigte ich erneut alle

Symptome höchster Nervosität, nach der Aufzeichnung hätte ich meinen Anzug fast auswringen können. Als um zwanzig Uhr die Stadtnachrichten liefen, saß ich im Wohnzimmer meines Freundes Andy vor dem Fernseher. Überrascht stellte ich fest, dass meine Stimme gar nicht so hysterisch klang, wie sie sich im Interview angefühlt hatte. »Und wie sehe ich aus?«, fragte ich Andy.

»Respekt, mein Lieber!«

Mein Fernsehausflug blieb ein folgenloses Abenteuer. Wie Hagel prasselten die Absagen auf mich nieder, während viele meiner ehemaligen Kommilitonen fröhlich ihre Anstellungsverträge unterschrieben. Offensichtlich bewerteten die Arbeitgeber meine körperlichen Schwächen höher als meine Erfahrungen und guten Noten. Manchmal erlaubte ich mir, auf eine Absage hin in der entsprechenden Personalabteilung anzurufen und nach den Gründen zu fragen. Meist erhielt ich ausweichende Antworten, bis mir endlich ein freundlicher Herr erklärte: Der besondere Kündigungsschutz, den schwerbehinderte Arbeitnehmer in Deutschland genießen, sei ein Hindernis. Mich könne man nicht so schnell wieder loswerden wie einen gesunden Hotelmanager.

Die Tage verstrichen, mein E-Mail-Postfach quoll über vor Absagen und ich hatte kein Einkommen. Erst frisch zum Hotelbetriebswirt gekürt, musste ich mich arbeitslos melden. In der Arbeitsagentur füllte mein Berater die vielen Formulare für mich aus. »Sie werden mit Hartz IV auskommen müssen«, sagte er dann. Ich wusste, dass der monatliche Betrag für meinen Unterhalt ausreichte. Aber die Vorstellung, schon wieder auf Kosten der Gemeinschaft zu leben, machte mir schwer zu schaffen.

Immer brav nach vorn schauen, befahl ich mir, rief beim *Hamburger Abendblatt* an und fragte, wann der Artikel erscheinen sollte, von dem ich mir so viel versprach. »Am 8. Juli«, sagte die Journalistin. Bis dahin war es noch über eine Woche. Eine weitere Woche des Wartens und Hoffens. Mehr Bewerbungen schreiben, mehr Absagen horten – etwas anderes konnte ich nicht tun. Oder vielleicht doch? Als ich so vor mich hin grübelte, kam mir plötzlich die

Idee, eine persönliche Internetseite einzurichten. Vielleicht würden mich nach der Veröffentlichung des Artikels Leser im Internet suchen. Dann sollten sie auch etwas finden.

Aber wie hatte eine gute Homepage auszusehen? Ich bat Thomas um Hilfe. Gemeinsam durchforsteten wir das Internet, er beschrieb mir die Präsenzen anderer Privatleute, auf dieser Basis erarbeiteten wir ein Konzept für meine Seiten. Kurz darauf stieß Tim, mein ehemaliger Azubi, mit dem ich seit einiger Zeit wieder in Kontakt war, zu meinem kleinen Webdesignerteam. In der Nacht vor dem Erscheinen des Artikels ging meine Homepage online. Die Seiten erfreuten sich regen Besuchs, täglich stiegen die Klickraten. Einige User kontaktierten mich auch per E-Mail. Nur leider: Es waren keine Arbeitgeber darunter. Die große Hoffnung, die ich in die Zeitungsveröffentlichung gesetzt hatte, verflog.

Trotzdem rief ich weiterhin mehrmals täglich meine Post ab, auch nachts vor dem Schlafengehen horchte ich immer noch einmal ins elektronische Brieffach. So auch an dem Abend, als eine E-Mail mit dem Betreff »Coach gesucht« einging. Schon wieder Spam, dachte ich mir und legte den Zeigefinger auf die Löschtaste. Da meldete sich meine innere Stimme: »Halt! Öffne die Mail! Du suchst etwas, der fremde Absender sucht etwas – womöglich findet ihr euch!«

Der Absender war eine Absenderin. Sie arbeite als Managerin in verantwortungsvoller Position, schrieb sie mir, und befinde sich gerade in einer schwierigen Lebensphase. Meine Lebensgeschichte habe sie tief gerührt, sie bewundere mich für meinen Mut und meine Kraft. Ob ich ihr einen Telefontermin anbieten könne? Ohne lange zu überlegen, schlug ich ihr einen Termin am nächsten Tag vor. Erst nachdem ich meine Antwort abgeschickt hatte, wurde mir klar, dass mein Leben vielleicht soeben eine ungeahnte Wendung genommen hatte.

Ich, ein Coach? Was für eine Idee! Und am Ende gar keine schlechte … Nie zuvor war mir in den Sinn gekommen, meine Fähigkeit, schwere Schicksalsschläge zu überwinden, beruflich zu nutzen.

Die Stimme der Frau klang frisch und sympathisch. Nach einer halben Stunde fasste sie offensichtlich Vertrauen zu mir, sprach über den Leistungsdruck am Arbeitsplatz und ihre Ehekrise. »Trotz scheinbar unüberwindbarer Hürden schaffen Sie es, erfolgreich zu denken und zu handeln. Ich will das von Ihnen lernen«, sagte sie schließlich und bat um ein schnellstmögliches Treffen. Dann fragte sie noch nach meiner Coaching-Methodik. Sie hoffte, ihre Probleme in einem Wochenend-Crashkurs zu lösen, und verwies auf ähnliche Angebote der Mitbewerber. Leider hatte ich weder einen Crashkurs noch sonst irgendein Coaching-Konzept zur Hand. Um Zeit zu gewinnen, schlug ich vor, alles Weitere im persönlichen Gespräch zu klären. Ich behauptete, erst in der folgenden Woche wieder einen Termin vergeben zu können, wir verabredeten uns.

Als ich den Hörer auflegte, ratterte mein Gehirn, schon befand ich mich mitten in der Coaching-Konzeption. Obwohl ich keine Ausbildung in diesem Fach hatte und es undenkbar war, mir auf die Schnelle ein paar theoretische Grundlagen anhand von Büchern anzueignen – das Lesen am Lesegerät ist sehr zeitaufwendig –, zweifelte ich nicht an meiner Eignung als Coach. Das Wissen, das ich für die Aufgabe brauchte, hatte ich durch persönliche Erfahrungen gesammelt. Ich musste nur noch einen Weg finden, es erfolgreich weiterzugeben.

Am besten erschien mir ein Vorgehen in mehreren Schritten: Zuerst sollte ein mehrstündiges Orientierungsgespräch stattfinden, in dem ich mich in den Menschen hineinfühlen würde. Darauf aufbauend, wollte ich die geeignete Lernatmosphäre schaffen, um auf die individuellen Bedürfnisse der Mandantin eingehen zu können. Erst im dritten Schritt würden wir beginnen, konkrete Problemlösungen gemeinsam zu erarbeiten.

Meine Fähigkeit, Menschen anhand ihrer Stimme und des Tonfalls zu charakterisieren, hatte ich in den vergangenen Jahren stetig weiterentwickelt. Sie war ein Potenzial, durch das ich mich deutlich von anderen Coaches unterschied, und aus dieser Quelle würde ich schöpfen. Vor allem in der Orientierungsphase wollte ich mein Hauptaugenmerk nicht auf den Inhalt der Worte legen, sondern auf die Art, wie sie gesprochen wurden. Ich wusste, dass es mir dadurch gelingen würde, zum wahren Wesen meiner Coachee vorzudringen.

Wenige Tage später meldete sich eine weitere weibliche Führungskraft bei mir. Auch sie hatte mich aufgrund des Zeitungsartikels im Internet gesucht und wünschte sich ein Business-Coaching. Mit den Interessentinnen verabredete ich mich nacheinander zu Schnuppertreffen in dem noblen Hotel, das 1993 mein erster Hamburger Arbeitsplatz gewesen war. Noch immer bewegte ich mich hier mit traumwandlerischer Sicherheit. Beide Orientierungsgespräche verliefen angenehm und aussichtsreich. Wir stimmten die nächsten Schritte miteinander ab und legten Meilensteine auf unserem gemeinsamen Arbeitsweg fest.

Kurz nach den ersten Coaching-Terminen reisten meine Mutter, meine Schwester und ich erneut für eine Woche nach Sri Lanka. Diesmal gab es einen sehr erfreulichen Anlass: Der Sohn eines ehemaligen Studienfreundes meiner Eltern heiratete seine sri-lankische Braut. Es sollte eine prächtige Hochzeit gemäß den Traditionen der Hochlandkaste werden. Rund fünfhundert Gäste waren eingeladen, sie reisten aus aller Welt an und wohnten im besten Hotel der Insel. Dort fand auch das Fest statt. Es begann damit, dass das Paar auf einem Elefanten reitend an den Gästen vorbeizog, begleitet von mindestens hundert Tänzern. Nach dem Ringtausch und vielen Reden eröffnete der Bräutigam das üppige Buffet. Wir tanzten bis in den Morgen. Das Sprachengewirr, die typisch asiatische Lebensfreude, die Musik, die ganze Atmosphäre – es war wie auf den Festen meiner Jugend.

In den nächsten Tagen verbrachte ich viel Zeit mit Thuya. Einmal fuhren wir mit dem Jeep in den Urwald, wo er gerade seine zweite Papierfabrik baute. Er hatte ein Verfahren entwickelt, mit dem sich Elefantendung zu ungewöhnlich robustem Papier verarbeiten ließ. Der Herstellungsprozess ist sehr umweltschonend, und obendrein spendete Thuya große Teile der Erlöse für den

Schutz und Erhalt der bedrohten Wildelefantenbestände auf Sri Lanka. Seine Erfindung machte ihn auch im Ausland bekannt.

Pro Strecke dauerte die Fahrt vier Stunden, unser Gespräch stockte nicht eine Minute. Wir lachten über unsere gemeinsamen Jugenderlebnisse, wir tauschten alle Neuigkeiten des vergangenen Jahres aus, wir sprachen über Gott und die Welt. Erst als Thuya mich aufforderte, in seinem Unternehmen zu arbeiten, wurde ich still. Er suchte einen Marketing Manager mit Kenntnissen des asiatischen und europäischen Marktes. »Du bist genau der richtige Mann«, meinte Thuya. »Bitte, sag Ja!« Ich musste Nein sagen. Den Job hätte ich wahnsinnig gern und wahrscheinlich auch gut gemacht. Doch mit meinen kaputten Hüften konnte ich nicht auf Sri Lanka leben. Was sollte geschehen, wenn es Komplikationen mit der Prothese gäbe? Was, wenn das andere Gelenk mir endgültig seinen Dienst versagte und ersetzt werden müsste? Die medizinische Versorgung auf Sri Lanka ist schlecht, viele qualifizierte Ärzte haben das Land wegen des Bürgerkriegs verlassen. Und die Behandlungen in den wenigen guten Krankenhäusern sind so teuer, dass ich sie mir selbst mit einem stattlichen Managergehalt nicht hätte leisten können.

Später besuchten Thuya und ich die sri-lankische Handelskammer, um die Möglichkeiten einer Zusammenarbeit im Tourismussektor zu erkunden. Die Repräsentanten zeigten sich sehr aufgeschlossen, meine Handicaps kümmerten sie nicht. Spontan trugen sie mir verschiedene Posten an, die ich allesamt ausschlagen musste. Die Tätigkeiten hätten meine ständige Anwesenheit auf der Insel erfordert. Eine Kooperation mit einem Standort in Deutschland war leider nicht im Angebot.

Einer der Höhepunkte unserer Reise war ein Jazzkonzert am Strand vor einem der edelsten Nachtclubs weit und breit. Seetha, Thuya und ich saßen in schweren, stilvollen Sesseln, die vermutlich pro Stück mehr gekostet hatten als meine gesamte Hamburger Wohnungseinrichtung. Der sanfte Dinnerjazz zog durch die warme Tropenluft, im Hintergrund rauschte das Meer, Thuya und

Seetha tranken fruchtige Cocktails, ich Ingwerlimonade. Viele Gäste tanzten barfuß am Strand. Kann es sein, dass extreme Glücksgefühle Schmerzen verursachen? Oder schmerzte mich die Gewissheit, dass ich nicht in Sri Lanka bleiben konnte? Ich weiß es nicht. Jedenfalls hielt ich es vor lauter Glück und lauter Schmerzen nicht mehr aus und verabschiedete mich von Seetha und Thuya. Ein Butler brachte mich zum Ausgang, er setzte mich in einen Three Wheeler.

Three Wheelers sind kleine, dreirädrige Taxis. Von einem Zweitaktmotor angetrieben, knattern sie in allen Städten Sri Lankas stinkend durch die Straßen. Wenn man damit einen Hügel überwinden möchte, müssen die Fahrgäste meist aussteigen und zu Fuß gehen, damit das Taxi nicht zurückrollt. Der Vorteil der Three Wheelers liegt in ihrer Wendigkeit. Sind die Straßen verstopft, fahren sie auch mal schnell über den Bürgersteig – falls es einen gibt und er nicht gerade ebenfalls überfüllt ist.

Der Fahrtwind erfrischte meine Haut und meine Seele, und jetzt konnte ich das Glücksgefühl genießen. Bunte Lichter und die Gerüche unzähliger Straßenküchen zogen an mir vorbei. Die ganze Nacht hätte ich so durch die Stadt fahren können, durch diese bezaubernde Kulisse. Auch früher waren Seetha, Thuya und ich oft nachts mit Three Wheelers gefahren. Mir kam es vor wie gestern. In Gedanken versunken stieg ich aus dem Taxi und hätte fast vergessen zu bezahlen. Wo war die Zeit nur geblieben?

Im Hotel holte ich mein Notebook hervor, setzte mich auf den Balkon und begann, meine Lebensgeschichte aufzuschreiben.

Am vorletzten Tag unserer Reise lud Thuya mich zum Fischessen in ein Restaurant in der Innenstadt ein, er wollte mir einen Geschäftspartner vorstellen. Mahindra wirkte sehr selbstbewusst, sein Händedruck war auffallend kräftig. Seine Jugend hatte er in ärmlichen Verhältnissen zugebracht, alle seine Angehörigen waren im Bürgerkrieg gestorben. Als junger Mann war Mahindra in die Vereinigten Arabischen Emirate gegangen, hatte sich als Tagelöhner durchgeschlagen und war erst zwei Jahrzehnte später in seine Heimat zurückgekehrt. Nun besaß er ein mittelständisches Unternehmen in der Hauptstadt, das er selbst aufgebaut hatte. Nachdem ich fasziniert seiner Geschichte gelauscht hatte, sprachen wir lange über meine Krankheiten und meine berufliche Situation. Mahindra meinte, ich solle meine Coaching-Aktivitäten unbedingt ausbauen. »Konzentriere dich rein auf deine Stärken«, riet mir der tüchtige Selfmademan. Und zu meinen Stärken, so seine Einschätzung, gehörten gastronomisches Fachwissen, Lebenserfahrung, Menschenkenntnis und Kommunikationstalent.

Vor unserem Abflug besuchte ich noch einmal den Ganga-Rama-Tempel. Am Eingang hielt ich andächtig inne, nach einigen Minuten ging ich langsam, tief konzentriert hinein und blieb vor einer großen Buddha-Statue stehen. Ich wurde ruhig und eröffnete den Dialog mit mir selbst im stillen Gebet. Meine Dankbarkeit war unermesslich. Als ich schließlich den Tempelgarten betrat, fühlte ich mich beinahe schwerelos. Ich entzündete ein Räucherstäbchen und genoss den Duft.

Während des Rückflugs entstand mein Geschäftskonzept; zu Hause angekommen, tippte ich es in mein Notebook. Meine Tätigkeitsschwerpunkte sollten auf den Bereichen auditives Coaching und Consulting liegen. Die Arbeitsagentur unterstützte mein Vorhaben: Sie bewilligte mir nicht nur die Fortzahlung der Hartz-IV-Leistungen während der Gründungsphase, sondern legte insgesamt noch tausend Euro obendrauf.

Am 15. September 2006 meldete ich mein Gewerbe an. Ich taufte es auf den Namen minusVisus.

SIEBEN

Heute. Und morgen

Oktober 2006: Die ersten beiden Coachings schließe ich erfolgreich ab, beide Mandantinnen geben mir vorzügliche Referenzschreiben. Außerdem laufen die Dreharbeiten zu einer dreißigminütigen Fernsehdokumentation, in der ich die Hauptrolle spiele: RTL verfilmt meine Lebensgeschichte. Auch meine Mutter, Seetha, Alex und Tim nehmen teil. Einige Szenen werden in meinem ehemaligen Bistro gedreht. Das Ganze ist für mich ein Crashkurs in Sachen Selbsterkenntnis. Parallel dazu schreibe ich weiter an diesem Buch.

Winter 2006/2007: Mein Rechner gibt seinen Geist auf. Den Existenzgründungszuschuss investiere ich in ein gebrauchtes Notebook sowie eine große, schwarze Aktentasche, die meiner Meinung nach unbedingt zum souveränen Auftritt eines Geschäftsmannes gehört. Ich brauche neue Kunden, mit Thomas' Hilfe recherchiere ich die Namen der für mich interessanten Ansprechpartner in zweihundertdreißig Hamburger Hotels. Ich rufe sie alle an. Thomas und ich erarbeiten aufwendige PowerPoint-Präsentationen. Die gesamte Aktion bringt mir keinen einzigen Auftrag ein. Als ich mein Glück bei kleineren Gastronomiebetrieben versuche, renne ich mit meiner schwarzen Aktentasche wochenlang durch die Stadt – wieder ohne Erfolg. Dafür ergibt sich über eine Bekannte der Kontakt zu einem jungen Barbesitzer. Nach sechs Wochen habe ich seine Betriebsabläufe optimiert, von meinem Honorar lasse ich eine minusVisus-Firmenhomepage erstellen. Sie verschafft mir einen Beraterjob in einem überschuldeten Restaurant. Die kreditgebende Bank ist hocherfreut über die steigenden Gewinne, ich erhalte einen Folgeauftrag.

Frühjahr 2007: Ich beginne, als Dozent an Berufsbildungsinstituten zu arbeiten. Die Fernsehdokumentation wird ausgestrahlt, mich erreichen unzählige E-Mails und Briefe von Zuschauern – zu meinem Erstaunen stammt die Mehrheit der Zuschriften von Menschen ohne Handicap. Auf der Straße werde ich oft angesprochen. Viele Menschen beglückwünschen mich zu meinem Durchhaltevermögen und sagen, dass meine Geschichte ihnen Mut gemacht hat. Hoch motiviert schreibe ich weiter am Buch.

Sommer 2007: Der erste Auftrag aus der Hotellerie, mehrere Häuser sollen restrukturiert werden.

Ende 2007: Ich stelle zwei Teilzeit-Mitarbeiterinnen ein und miete Büroräume an – gemeinsam mit meinem Freund Andy, auch er hat sich selbstständig gemacht. Im Arbeitsalltag tauschen wir uns rege aus.

2008: Ich erweitere mein Team, betreue über fünfzig Existenzgründungen und führe viele Coachings durch. Mehrere Auftraggeber bitten mich, Gastronomiekonzepte zu erstellen und gemeinsam mit ihnen umzusetzen. Zwischendurch reise ich nach Wien, London, Paris, Amsterdam und Mallorca, wo ich in Begleitung meiner Mitarbeiter Inspirationen für die Entwicklung kreativer Gastroprojekte sammle. Im Sommer schließe ich die erste Manuskriptfassung meines Buches ab. Pünktlich zum zweiten Jahrestag der Firmengründung werden die minusVisus-Trainingsprogramme und unser Jobcoaching-Angebot erstmals offiziell geprüft und zertifiziert.

2009: Stetig kommen neue Projekte hinzu, so biete ich nun auch Wein- und Feinkostseminare an, sie werden von Einzelhandelsketten gebucht. Immer öfter beauftragen mich Unternehmen, speziell auf ihre Bedürfnisse zugeschnittene Management-Trainings zu erarbeiten und durchzuführen. Außerdem erstelle ich unter anderem ein Konzept für ein Restaurant mit dreihundert Sitzplätzen. Und ich feile noch einmal an meinem Buch.

Erwähnte ich bereits, dass ich ein glücklicher Mensch bin? Ich kann es immer noch kaum fassen: was sich innerhalb der letzten Jahre für mich ergeben hat, was ich erreichen konnte, wie schnell plötzlich alles ging. Arbeit sei das halbe Leben, heißt es. Ich musste ungefähr die Hälfte meines bisherigen Lebens darum kämpfen, die Arbeit leisten zu dürfen, für die ich eine Begabung habe und die mich begeistert. Jetzt ernte ich die Früchte meiner Anstrengungen – vor allem im ideellen Sinne, der materielle interessiert mich nach wie vor weniger. Natürlich ist auch das Ernten alles andere als geruhsam, aber weshalb sollte ich mich ausruhen?

Für magere Jahre, die sehr wahrscheinlich nicht ausbleiben werden, bin ich dank bitterer Erfahrungen gut gewappnet. Dank all der Hürden auf meinem Lebensweg und auch dank der vielen Fehler, die ich selbst gemacht habe. Sicher, auf manchen Schicksalsschlag hätte ich verzichten mögen. Aber das Heute ist das Produkt des Gestern – von nichts kommt nichts.

Die wichtigsten Dinge habe ich in meinen schwersten Phasen gelernt. Zum Beispiel auf »Station Ende«: Die Fähigkeit, innere Widersacher zu erfassen, zu durchschauen und zu beseitigen, konnte ich aufgrund meiner Krebserkrankung ausbilden. Nach der Heilung war ich glücklicher und kraftvoller als in der Zeit, bevor die Krankheit mich erwischt hatte. Später dann, während meiner Sucht- und meiner Seelentherapie, fand ich eine ganz neue, positive Lebenshaltung. Noch einmal stieg ich stärker aus dem Ring, als ich hineingegangen war.

Auch den Aufenthalt in der Blindeneinrichtung zähle ich zu den einschneidenden Erlebnissen, die mich weiterbrachten. Ich sah nur noch schwarz – und dann, plötzlich: strahlendes Licht. Die Entdeckung des Lesegeräts, des Blinden-PCs! Dadurch hat sich mein Leben drastisch zum Guten gewendet.

Mein Laptop läuft seit Jahren fast rund um die Uhr. Und ich habe gelernt, in demselben Tempo zu hören, in dem Sehende lautlos lesen. Wenn die Roboterstimme mir Excel-Tabellen vorliest, klingt das Zahlengeratter für andere gespenstisch, sie verstehen nichts. Dann kann es passieren, dass mir meine Mitarbeiter dazwischenrufen: »Bitte nerv uns nicht mit dem Gelaber!« Ich entschuldige mich und setze die Kopfhörer auf. Mein Team besteht aus Menschen, die ich extrem schätze und respektiere.

Wer schnell gehen will, geht am besten allein. Wer weit gehen will, geht am besten in guter Gesellschaft. Ich war schon immer eher der Langstreckentyp. Und ich weiß: Ohne meine Mitarbeiter wäre an der nächsten Ecke für mich Schluss. Ohne meine Freunde wäre für mich schon lange Schluss gewesen.

Die wertvollsten Freundschaften habe ich in meinen schwersten Zeiten geschlossen. Alles, was ich besaß, war ein Sack voll Probleme – diese Menschen kamen auf mich zu und sagten: »Wir mögen dich, komm, wir helfen dir.« Gurkan, der, ohne dass ich ihn bitten musste, meinen Umzug nach Hamburg organisierte und mir während meiner Krebserkrankung zur Seite stand: Heute betreibt er mit seiner Freundin ein italienisches Restaurant in Hannover, wir telefonieren regelmäßig und treffen uns gelegentlich. Alex, der sich meiner in so vieler Hinsicht annahm: Er arbeitet jetzt im Management eines deutschen Autokonzerns; manchmal hören wir wochenlang nichts voneinander, doch unsere Verbindung bleibt auch ohne Worte intensiv. Andy, der plötzlich in meinem Bistro stand und mir unentgeltliche Beratung anbot: Ihn treffe ich heute fast täglich im Büro. Tim, mein ehemaliger Azubi, der für mich Weinkisten schleppte, Abrechnungen machte und mir später bei meiner Homepage half: Jetzt arbeitet er als Oberkellner in einem Hamburger Fünf-Sterne-Hotel. Ich bin stolz auf seine Entwicklung und darauf, ihn meinen Freund nennen zu dürfen. Thomas, der mir den Weg aus der Sucht wies, mich stützte und mit anpackte, wo er nur konnte: Auch er ist weiterhin als Oberkellner tätig, ich besuche ihn oft an seinem Arbeitsplatz. Und Thuya, mein sri-lankischer Seelenbruder, mein asiatischer Inspirator: Ende 2006 gewann er mit seinem Unternehmen den ersten Preis im Wettbewerb »BBC World Challenge«. Die umweltfreundliche Geschäftsidee wird heute auch in anderen Ländern umgesetzt, und das Papier aus Elefantendung erfreut sich großer Beliebtheit in aller Welt. Thuya und ich tauschen uns regelmäßig per E-Mail aus. Er wünscht sich weiterhin, dass ich nach Sri Lanka ziehe und wir zusammenarbeiten.

Es ist einer der wenigen bedauerlichen Umstände meines jetzigen Lebens, dass ich nicht einfach in eine andere Stadt umziehen kann, geschweige denn in ein anderes Land. Zum einen aus medizinischen Gründen, zum anderen wegen der Orientierung. Ich habe Jahre gebraucht, bis ich mich in Hamburg frei bewegen konnte. Wenn ich heute durch die Stadt gehe, sehe ich einen Stadtplan vor meinem inneren Auge. Ich weiß, wie viele Schritte es von der Litfaßsäule bis zur Post sind, von der Ampel zum U-Bahnhof, von der Bankfiliale mit der großen roten Leuchtreklame bis zur Unterführung und so weiter und so fort. Mein persönliches Navigationssystem ist ausgereift, es funktioniert in weiten Bereichen Hamburgs. Um mir eine zusätzliche Stadt draufzuschaffen, bräuchte ich abermals Jahre. Im Falle Colombos wohl eher Jahrzehnte, weil die Stadt sich so schnell verändert und auf den Wegen so viel Gewusel herrscht.

Mein körperlicher Zustand hat sich seit meiner seelischen Genesung und Neuorientierung im Jahr 2004 stabilisiert. Ich fühle mich fit. Meine Augenerkrankung ist nicht fortgeschritten. Der Krebs hat sich nie wieder gemeldet. Meine Organe sind in Ordnung – auch die Bauchspeicheldrüse, die seit dem Versagen infolge der Chemotherapie unter regelmäßiger Beobachtung stehen muss.

Ich hoffe, ich kann mein linkes, natürliches Hüftgelenk noch eine Weile behalten. Die Prothese auf der rechten Seite soll bald ausgetauscht werden, diese OP lässt sich nicht aufschieben, sie steht mir bevor. Das neue künstliche Gelenk muss dann bis an mein Lebensende halten. So ist zumindest der jetzige Stand der Dinge. Aber die medizinische Forschung geht weiter, in ein paar Jahren sieht es vermutlich schon anders aus.

Fortschritte gibt es auch in der Augenmedizin, erste Tests mit künstlichen Netzhäuten sind bereits gelaufen. Möglicherweise könnte ich mir in einigen Jahren Implantate einsetzen lassen und würde wieder normal sehen. Ich weiß nicht, ob ich das wollte. Wahrscheinlich wäre es purer Stress. Oder auch nicht? Vielleicht hätte ich mit meinem ungewöhnlich stark ausgebildeten Tast-, Hör- und Geruchssinn plus neuem Augenlicht den totalen Durchblick? Die Vorstellung finde ich abenteuerlich, und solange die Frage sich mir nicht in konkreter Weise stellt, denke ich nicht weiter darüber nach.

Wenn ich nichts mit meinen Augen unternehme, bleibt im besten Fall alles, wie es ist. Im schlechteren Fall tritt Alterskurzsichtigkeit ein, dann senkt sich der Vorhang noch weiter. Im ungünstigsten Fall erblinde ich vollständig. Darauf bin ich mental vorbereitet.

Einer meiner größten Wünsche ist, noch einmal eine Pilgrim zu unternehmen, eine Pilgerreise zu den großen buddhistischen Stätten Sri Lankas. Den Duft der Tempel mit ihren historischen Gemäuern, den Lotusblüten, dem brennenden Palmöl, den Räucherstäbchen möchte ich noch einmal in mir aufnehmen. Noch einmal die Geräusche des Urwalds hören, das Zirpen der Zikaden, die knisternden Wege. Und die festliche, geheimnisvolle Atmosphäre der heiligen Orte spüren. Es wäre etwas ganz anderes als in meiner Jugend und Kindheit. Unsere Großfamilie ist zerfallen, ich würde mit einer kleinen Gruppe reisen oder vielleicht nur zu zweit, mit Seetha oder Thuya. Ich hoffe sehr, mir diesen Wunsch erfüllen zu können.

Mein zweiter großer Traum, die Gründung einer eigenen Familie, wird vermutlich ein Traum bleiben. Zwar bin ich zuversichtlich, dass ich meine Frau fürs Leben noch finde. Aber welche Chancen hat jemand wie ich, ein Kind zu adoptieren? Realistisch gesehen, sind sie sehr gering. Früher ging ich wie selbstverständlich davon aus, einmal Vater zu werden – eine wunderschöne Vorstellung. Aber seitdem ich weiß, dass mein Augenfehler wahrscheinlich vererbbar ist, halte ich es für besser, auf leibliche Kinder zu verzichten.

Es hat mich viel Zeit und Kraft gekostet, mich mit dem Gedanken an ein kinderloses Leben anzufreunden. Richtig gelungen ist es mir erst, als mir klar wurde, dass sich durch diesen Verzicht wiederum neue Möglichkeiten eröffnen. Dann gib doch auf andere Art etwas an die Menschheit weiter!, sagte ich mir.

Ich möchte eine Stiftung gründen mit dem Ziel, benachteiligten jungen Menschen den Zugang zu Bildung und den Weg auf den ersten Arbeitsmarkt zu ebnen. Zurzeit bin ich im Gespräch mit potenziellen Stiftungspartnern, und wir sondieren, wem das Programm konkret zugutekommen soll. Natürlich läge es nahe, dass ich mich für blinde und hochgradig sehbehinderte junge Menschen engagiere, ihnen technische Hilfsmittel und kompetente Beratung zukommen lasse. Aber vielleicht wird die Stiftung sich auch an eine ganz andere Personengruppe wenden, nicht an Menschen mit Handicap. Großen Bedarf an speziellen Bildungs- und Berufsförderungsangeboten beobachte ich zum Beispiel bei jungen Migrantinnen und alleinerziehenden Müttern. Es gibt so viele begabte und motivierte junge Leute, die aus irgendeinem Grund benachteiligt sind und es verdienen, dass man ihnen neue Perspektiven eröffnet.

Wer mich kennt, der weiß: Was ich mir in den Kopf setze, das ziehe ich auch durch. Im Moment fehlen mir zwar noch die finanziellen Mittel, um eine Stiftung ins Leben zu rufen. Aber da meine Geschäfte gut laufen und ich für mein eigenes Leben nur wenig Geld brauche, bin ich optimistisch, dass ich meinen Plan bald verwirklichen kann. Vielleicht zuerst im Kleinen – Hauptsache, man fängt erst einmal an. Schon wenn ich einen einzigen jungen Menschen in Ausbildung und Beruf bringen könnte, wäre ich überglücklich.

Als Stifter kann ich etwas an die Gesellschaft weitergeben beziehungsweise: zurückgeben. Ich bin zutiefst dankbar für das Leben, das ich führen darf, und die Möglichkeiten, die mir offenstehen. Auch wenn ich mir an manchen Punkten meiner Biografie bessere Chancen und mehr Verständnis gewünscht hätte – meine Wertschätzung und mein Respekt gegenüber den Menschen und dem sozialen System in Deutschland sind unendlich groß. Welch ein Glück, Bürger dieses hoch entwickelten Landes zu sein! Manches gefällt mir in Sri Lanka vielleicht etwas besser. Aber ich weiß, wie es den meisten Sehbehinderten dort ergeht: Wenn sie keine reiche Familie haben, müssen sie auf der Straße betteln. Ich weiß auch, dass ich in Sri Lanka den Krebs sehr wahrscheinlich nicht überlebt hätte. In Deutschland führe ich ein sicheres Leben. Ich bin medizinisch bestens versorgt, habe Bildung genossen, man hat mir viel Hilfe angeboten, mich über viele Jahre finanziell unterstützt. Es ist sensationell, was die Gemeinschaft hier leistet. Und ich will das Meinige dazu beitragen.

»Unsere Verabredung mit dem Leben findet im Augenblick statt. Und der Treffpunkt ist genau da, wo wir uns gerade befinden«, so sprach Gautama Siddhartha Buddha. Es hat lange gedauert, bis ich lernte, dem Augenblick die Hand zu reichen. Mittlerweile habe ich meinen Platz am Tisch des Lebens gefunden, und mehr noch: Ich weiß, woher ich komme, wer ich bin und wohin ich weitergehen möchte. Weitergehen nicht auf der Suche nach dem Glück, sondern glücklich weitergehen in jedem Moment meines Lebens. Ganz wie Buddha lehrte: »Es gibt keinen Weg zum Glück. Glück ist der Weg.«

DANKE!

An meine Mutter; an meine Schwester Seetha; an Alex, Andy, Claudia, Gurkan, Thomas, Tim und Thuya; an Roberts Eltern; an Kati, Laura und Tina; an mein minusVisus®-Team; an Frau Schweppe; an Herrn Dr. Richter; an Herrn Krohn; an Herrn Panz; an alle meine Ärzte; an Nele-Marie Brüdgam; an die vielen anderen Menschen, die mich auf meinem Weg begleitet haben:

Danke!

Für das Leben, die Liebe, die Freundschaft, das Vertrauen, das Verständnis, die Unterstützung, die Beratung, die Bestätigung, die Kritik, die Diskussionen, den Streit, das Engagement, die Ideen, die Zusammenarbeit, die Zuversicht, die Perspektiven, das Glück:

Danke!

Saliya Kahawatte